JN025867

米国はいかに国民の退職後を支援しているか

"DC年金は高所得者優遇"という社会的通念への挑戦

ピーター J. ブレイディ ［著］

一般社団法人投資信託協会
Investment Company Institute ［共訳］

How America Supports Retirement
Challenging the Conventional Wisdom on Who Benefits

一般社団法人 **金融財政事情研究会**

How America Supports Retirement

Challenging the Conventional Wisdom on Who Benefits

Peter J. Brady, PhD

ISBN 1-878731-58-0

Copyright © 2016 by the Investment Company Institute.

Investment Company Institute (ICI) は、米国投資ファンドの全国協会である。ICI は、高い倫理基準の順守を促し、一般大衆の理解を促進するほか、ファンド、ファンドの投資家、ファンドのディレクター、ファンドのアドバイザーの利益向上を目指している。

日本語版はしがき

　米国のInvestment Company Institute（ICI）が2016年に上梓した"How America Supports Retirement"（Sub Title：Challenging the Conventional Wisdom on Who Benefits）の日本語版として、"米国はいかに国民の退職後を支援しているか"（副題："DC年金は高所得者優遇"という社会的通念への挑戦）が出版される運びとなり、弊会が日本語版出版の重責を担うこととなりました。

　ICIは1940年に設立された米国のファンド業界を束ねる業界団体であり、ミューチュアル・ファンド、ETF、クローズド・エンド・ファンド、ユニット・インベストメント・トラスト（UIT）といった米国籍の規制ファンド[注1]や米国外の規制ファンドのために、高い倫理基準の遵守奨励や公共向け広報活動を行う一方、ファンド、投資家、ファンドの役員、資産運用会社の利益向上を目指しており、米国のみならず米国外においても法令面や規制面の課題に関する意見を発信しています。

　（注1）　Regulated Fund：一般投資家向けに募集する等のために法規制がなされている投資ファンドを指す。米国では、1940年投資会社法に基づくファンド。日本では、投信法に基づく投資信託（証券投資信託やその他）、投資法人（REITやその他）が該当する。

　ICIの会員は、米国SECが規制するファンド、その資産運用会社、ファンドの元引受会社、また、世界中の投資家にファンドを提供する会社に及んでおり、それら会員は、2018年12月末現在、米国では1億人以上のファンド投資家のために23.5兆ドルの資産を運用し、米国外では6.9兆ドルの資産を運用しています。

　米国は世界最大の規制ファンド残高を有する国ですが、その発展の大きな

部分を401(k)や個人退職勘定（IRA）といった私的年金制度に負っています。2018年12月末現在、米国ミューチュアル・ファンド残高の53％が私的年金制度からの投資であり、また視点を替えると、DCプラン残高の56％、IRA残高の45％がミューチュアル・ファンドに投資しています（ファクト・ブック(注2)：2019年版p.180）。米国政府は長年をかけて国民のためにこれら退職後資金支援制度を構築し、現在多くの国民がその恩恵に浴しています。米国は、これらの制度からの安定的な長期資金の流入とともにファンド業界が発展し、その結果として、自国の資産運用業界が高度化するのみならず、経済成長も促進され、その恩恵をまた国民が享受するという好循環を実現している国といえるでしょう。

 （注2） Fact Book：ICIが出版・公表している米国ファンド業界の年次統計資料。2019年版は第59版。

 本書の著者Peter J. Brady氏（PhD）は米国財務省勤務のあと、長年ICIの調査部門に奉職し、米国の退職後資金支援税制を専門とするエコノミストとして、米国財務省やICIにおける実際の経験をもとに本書を著しました。ICIが出版する書籍としては「ファクト・ブック」が世界的に著名ですが、本書はICIが「ファクト・ブック」以外に出版した唯一の書籍であり、ICIがいかに本書の主張を重視しているかがうかがえます。

 本書のエッセンスはPeter J. Brady氏による「日本語版によせて」に譲りますが、国民の退職後資金支援制度がここまで発展・充実した米国においてさえ、「国民の退職後資金支援制度が高所得者優遇である」という社会的通念が広く行き渡っていることは驚きであります。しかし、本書はそのような社会的通念に対して、広範かつ精緻な実証分析を用いて反論しています。非課税の年金拠出は「課税の繰延」に過ぎず、その効果は、雇用者が提供する「確定拠出型年金制度」と政府が提供する「社会保障制度（日本の基礎年金制度に相当）」を一体としてとらえ、国民の年金受給後の税負担を含めて分析

する必要があり、「全体としてみれば高所得者優遇にはあたらない」と論証しています。また、年金の運用益の非課税制度についても、高所得者を優遇しているどころか、就労者の所得の多寡や所得税率の水準にかかわらず、すべての国民に均等に貯蓄動機と資産形成動機を与えていると結論づけています。

　本書の分析は、日本における年金制度や非課税貯蓄・投資制度の今後のあり方を検討する際に、多くの示唆を与えてくれることと思います。日本のご関係の皆様には、本書をぜひご一読いただき、ご参考にしていただければと存じます。

　最後に、本書の出版を了承してくださった弊会会員の皆様、本書の翻訳・出版にご協力・ご尽力をいただいたICIのスタッフの皆様、出版作業をスケジュールどおりに進めて頂いた株式会社きんざいの皆様、そして本書の出版実現に向けて長時間の作業に粘り強く取り組んでくれた弊会スタッフの皆さんに厚く御礼を申し上げます。

　令和元年11月

一般社団法人 投資信託協会

会長 **松谷博司**

日本語版に寄せて

　本書の発端は、私が米国財務省の税務局（Office of Tax Policy）でエコノミストとしてのキャリアをスタートした20年前にさかのぼります。米国財務省での仕事には国民の退職後資金支援政策が含まれていました。この仕事をするなかで私は、「課税の繰延」が個人の税負担と政府の税収にどのような影響を与えたかを理解するだけでなく、それを人々に説明しなければなりませんでした。

　「課税の繰延」は、税負担が減少する時期がある一方、税負担が増える時期が存在するため複雑であり、その説明にはしばしば困難を伴いました。エコノミストでない人々は、「課税の繰延」がもたらすさまざまな効果、とりわけその恩典の一部は相殺されるという効果に当惑することがありました。税制を専門としないエコノミスト、退職後資金支援制度を専門としない税制エコノミスト、退職後資金支援税制を専門とする私のようなエコノミストであっても、「課税の繰延」の経済性を充分な時間をかけて考察していないエコノミストも同様に当惑しました。

　私のキャリアは、最初に米国政府に勤務した後、Investment Company Institute（ICI）に転じましたが、ICIでは「課税の繰延」が世の中に正しく理解されていないという思いがますます強くなりました。実際に「課税の繰延」について、単なる誤解ともいえるいくつかの社会的通念が世の中に広く受け入れられ、しばしば繰り返されていました。

　本書の目的は、雇用者が設立した退職プランと個人退職勘定（IRA）の課税の取扱いについて、世間一般に伝統的に信じられている社会的通念の多くが、なぜ正しくないかを説明することにあります。この目的のためには、

「課税の繰延」がどのように個人の税負担に影響を与えているかを説明するだけでなく、退職プランが米国の巨大な退職後資金支援システムのなかで果たしている役割を説明する必要があります。米国政府は、国民の退職後の生活を主として2つのメカニズムを通じて支援しています。その1つはすべての就労者のための強制拠出年金である「社会保障制度（Social Security）」であり、もう1つは「課税の繰延（tax deferral）」です。「課税の繰延」は、雇用者には自発的に退職プランを就労者に提供するインセンティブを与え、勤労者には自発的に退職プランに加入するインセンティブを与えます。

本書の研究成果の要旨は以下のとおりです。

- 全体としてみると、米国の退職後資金支援システムは累進的である。「社会保障制度」と「課税の繰延」を組み合わせてみると、所得の低い就労者のほうが所得の高い就労者よりも割合として大きな恩典を受けている。
- 所得の高い就労者は「課税の繰延」から割合としてより大きな恩典を受けているが、その理由は、所得のより多くの割合を繰り延べるからであり、繰延額から得られる恩典がより大きいからではない。
- 「課税の繰延」が貯蓄に逆効果を与えているという社会的通念はまったく本質をとらえておらず、「課税の繰延」はすべての勤労者に、限界的な所得税率に関係なく、貯蓄する動機を均等に与えている。

私は米国の政策関係者向けに本書を書きましたが、世界中から本書に関心が寄せられたことは著者として嬉しい驚きでした。米国の退職後資金支援システムをよりよく理解しようとする方々にとって、私は本書がお役に立つものと信じています。それ以上に、本書で展開した次の2つの分析の視点は、米国以外の国々にも当てはまると思われます。

- 退職後に向けた貯蓄を奨励する最善の税制を考察している政策立案者のために、本書では、「課税の繰延」がどのように税負担に影響を与えているかの具体例を提供し、「課税の繰延」を他の税制インセンティブで代替しようとする提案の長所と短所を論じています。
- 退職者がどのように「社会保障制度」と雇用者設立の退職プランの両方を頼りにしているかを調べることによって、本書は国民の退職後資金支援システムを分析する際に採用すべき全体論的アプローチの一形態を提供しています。

　一般社団法人投資信託協会には、本書の日本語版の出版を実現していただいたこと、そして私の仕事に関心をもっていただける方々をさらに広げていただいたことに感謝いたします。また、一般社団法人投資信託協会が本書の翻訳と出版に取り組むにあたり、さまざまな協力をしてくれたICIの同僚にも感謝したいと思います。

ピーター J. ブレイディ
シニア・エコノミック・アドバイザー
インベストメント・カンパニー・インスティテュート

本書に関する更なる情報とICIの退職後資金支援制度に関するリサーチについては、以下のサイトをご参照ください。

www.ici.org/whobenefits.

著者紹介

ピーター J. ブレイディ

Investment Company Institute（ICI）のシニア・エコノミスト。米国の退職後資金支援制度や投資家動向の専門家として、年金、退職後資金、投資所得課税に関する調査を多数手がける。現在、米国National Tax Association（NTA）のプレジデント。ICI以前には、米国財務省で金融エコノミスト、米国FRBでエコノミストを務めた。
ウィスコンシン大学PhD（経済学）。

目　　次

図

図 xiii

CHAPTER 5　所得税負担に対する社会保障の影響の詳細な考察

CHAPTER 6　租税支出の配分分析は妥当か？

CHAPTER 7　課税繰延を公平性、経済成長性、簡素性の基準から判断する

付論　課税繰延への追加的な制限付与と根本的な変更に対する提案

研究成果の要旨

» 米国政府による国民の退職後資金支援制度を評価する場合、社会保障制度と課税繰延の両方をあわせて評価することが重要である。これらを組み合わせてみると、2つのプログラムからの恩典は累進的になる。従前の研究と一致しているが、この研究では、課税繰延からの恩典は就労者の所得の増加に比例して大きくなることを示している。しかし、課税繰延は米国政府による退職後資金支援制度の一部にすぎない。社会保障は米国政府による退職後資金支援制度の中心的な構成要素であり、社会保障制度からの恩典は、就労者の生涯所得の減少に比例して大きくなる。

» 課税繰延の政策論議は、しばしば就労者が享受する減税に焦点を当てがちで、退職後にこれらの就労者が支払う高い税金を無視している。退職プランへの拠出は非課税ではなく課税の繰延である。この研究の分析では、高所得就労者にとって、課税繰延は、生涯の税金支払総額に与える影響よりも、税金を支払う時点に与える影響のほうが大きい。高所得就労者が退職後に支払う税金の増加は、現在価値に換算すると、就労中に享受した減税の半分以上を相殺する。

» この研究の分析では、社会通念とは対照的に、課税繰延の限界的な恩典（所得を追加的に1ドル繰り延べることの恩典）は、平均してみると、高所得就労者よりも低所得就労者のほうが大きくなっている。低所得就労者は、就労中の限界税率は低いものの、退職後に限界税率が最も低下するので、限界的な恩典は大きくなる。

» **生涯所得の増加とともに課税繰延の恩典が増加するのは、所得税の設計ではなく、社会保障制度の設計に起因する。**この研究で行ったシミュレーションでは、高所得就労者のほうが課税繰延からの恩典が大きくなる。これは退職プランに拠出する１ドルごとの恩典が大きいからではなく、より大きな金額を拠出するからである。社会保障給付は、退職前所得の代替率が低いので、高所得就労者はより多くの金額を貯蓄して、退職後の目標所得代替率を達成する必要がある。

» **現行税法がもたらす貯蓄インセンティブは「逆効果」をもたらさない。**通常の所得税制措置は、投資収益に課税することで、貯蓄インセンティブを奪っている。課税繰延は、貯蓄インセンティブに「逆効果」をもたらすどころか、すべての就労者の投資収益に対する税率を効果的にゼロにすることで貯蓄インセンティブを平準化している。

» ***個別税法の累進性***（*microprogressivity*：**特定の税法の適用が累進性に与える影響）に焦点を当てた政策論議は本質をとらえていない。**連邦所得税の包括的な改革が実施される場合、政治家は提案された改革に含まれるすべての変更が、どのように税制全体の累進性に影響を与えるかを考えることが重要である。その際に、特定の税法の適用が累進性に与える影響は懸念すべきではない。それ自体は累進的でなくても、所得税法の改革に、理にかなった政策目標を達成する条項を導入することは可能である。

» **就労者に生涯にわたる本質的な「所得の平準化」をもたらすことによって、課税繰延は間違いなく租税システムの公平性を（低下させるのではなく）高める。**累進的な税率表が正当化される理由は、納税者の経済状況を合理的に示すものが年間所得であるという仮定に大きく依拠しているが、個人の生涯所得は平準ではないため、この仮定には問題が生じる。就労者がその報酬の一部を退職するまで別にとっておくことを許容することで、

所得のライフサイクル・パターン（就労者の年収は通常、若い時に増加し、後に頂点に達し、退職後にゼロとなる）の影響を軽減でき、生涯の経済状況をより良く示す課税年間所得という尺度が生まれる。

» **大規模な退職後資金支援制度改革案のほとんどは、税法の公平性を低下させることになる。**現行の所得税は、確定給付（DB）年金制度と確定拠出（DC）年金制度を通じた課税繰延、事業者拠出と従業員拠出のための課税繰延、民間企業従業員と公務員による課税繰延といった、異なる課税繰延方式において、課税の取扱いはほぼ中立的になっている。課税繰延のさらなる制限や根本的な改革案は、DCプランのみをターゲットにしたり、就労者のDCプランや個人退職勘定（IRA）への課税繰延拠出だけをターゲットにしており、この中立性を損なうことになる。

» **課税繰延の前倒しの恩典を制限する改革案は、税法をより複雑にする。**課税繰延は、就労者にとって比較的理解しやすく、政府にとっても管理がしやすい。課税繰延は就労者に報酬の一部を退職に備えて別にとっておくことを許容し、就労者は給付時にだけそれを課税所得に含めることが求められる。課税繰延に取って代わる多くの改革案は、退職プランをより複雑にする決定を必要とし、政府は長期にわたる個人納税者の情報追跡を余儀なくされる。

エグゼクティブ・サマリー

はじめに

　本研究では、米国政府による国民の退職後資金支援制度がもたらす恩典を、課税繰延と社会保障制度を合算して全体的に分析し、米国の退職後資金支援制度がもたらす恩典が累進的であることを示す。すなわち、生涯所得に対する割合（％）としてみた場合、社会保障と課税繰延を合算した恩典の割合は、低所得者のほうが高所得者よりも大きくなる。

米国政府による国民の退職後資金支援制度は、課税繰延と社会保障制度を合算してみると累進的である

　米国人は、退職後にさまざまな資金に依存するが、多くの米国人にとって、社会保障給付が最も重要な資金源（resource）である。さらに、定年退職に近い就労者世帯のおよそ80％には、課税繰延された退職後の資金源が用意されている。これらは、確定給付型（DB）年金プランに計上された退職給付金、確定拠出型（DC）年金プランもしくは個人退職勘定（IRA）の退職金資産、またはその両方である。退職後の資金源の十分性にとって重要なのは、1つの選択肢から出る金額ではなく、世帯が有するいくつかの選択肢をあわせた総額である。

　社会保障制度と課税繰延のいずれを分離して分析しても、米国政府による国民の退職後資金支援の全体像はみえてこない。これは、退職後の資金源の

構成が、各世帯の経済状況によって異なるためである。生涯所得の低い世帯は、より大きく社会保障給付に頼っているのに対し、生涯所得の高い世帯は、課税繰延された退職金により大きく頼っている。このように退職後の資金源の構成に違いが出るのは、制度設計に起因する。社会保障給付の支払計算式は累進的であり、生涯所得の低い就労者の所得代替率は高くなる。雇用者が提供する退職年金制度は社会保障制度を補完しており、生涯所得の高い就労者は、これにより大きく依存している。

> # 社会保障制度と課税繰延を個別に分析しても、米国政府による国民の退職後資金支援制度の全体像はみえてこない

　米国政府による国民の退職後資金支援制度の恩典を評価した調査、すなわち、政府が提供する退職後資金政策が個人にどの程度ネットで恩典を与えているかを全体的に評価した調査は、いまのところほとんどない。それに代わるものとして、社会保障制度か課税繰延のいずれかに焦点を当てた最近の調査は存在するが、この2つの調査は、恩典を同一基準で測定していないため、結果を単純に比較することはできない。だれが社会保障制度から恩典を受けているかを分析する調査は、通常、生涯にわたる個人の純給付金を測定している。つまり、社会保障給付の現在価値から社会保障費の給与天引き分の現在価値を差し引いたものである。だれが課税繰延から恩典を受けているかを分析する調査は、通常、ある年度のすべての納税者について、退職金制度への拠出に要する租税支出を評価するものである。すなわち、課税勘定への拠出に関連する税負担と、課税繰延退職金制度への拠出に関連する税負担の差額を評価する。

　雇用者が提供する退職年金制度とIRAに関連する租税支出の評価に（少な

くとも一部は）動機づけられ、包括的な連邦所得税の改革案と大統領年次予算に含まれる狭義の税制改革案はともに、課税繰延に着目している。これらの改革案が最初に公表された時から、課税繰延とその他の税法規定に関連する租税支出の評価は、連邦所得税を改正する取組みに重要な役割を果たしてきた。現行の租税支出に焦点を当てた税法改革論議では、現在最も大きな租税支出の１つとなっている、雇用者が提供する退職制度とIRAの税の取扱いに疑問が投げかけられている。さらに、最近のいくつかの研究では、租税支出が所得区分ごとに納税者にどのように配分されているかを推計することにより、異なる税法規定からそれぞれだれが恩恵を受けているかを分析している。これらの研究は、退職プラン税制を精査することで、高所得の就労者が課税繰延から恩典を受けていることを示している。

　本書では、米国の退職後資金支援制度全体を評価するにあたり、租税支出の評価のために課税繰延の恩典だけを分析した過去の研究で使用した尺度と同じ尺度を使用する。この分析は、課税繰延の恩典に関する過去の調査を理解するための背景を提供すること、そして、課税繰延と社会保障制度を組み合わせた場合、米国の就労者に退職後の資金源をどのように提供しているかの理解を向上させることを目的としている。

分析の範囲
　米国の退職後資金支援制度の恩典は、課税繰延と社会保障の組合せに関連する租税支出として測定される。すなわち、恩典は、課税繰延と社会保障の両方を排除したシミュレーションと、現行政策に基づく基準シミュレーションとの差である生涯税負担の差額として測定される。生涯税負担は生涯に支払う所得税と正味の社会保障税の合計である。

　またこの研究では、課税繰延に関する２つの誤解を払拭する。第一の誤解は、高所得の就労者はより高い限界税率の適用を受けるため、課税繰延に

よってより大きな恩典を受けているというものである。実際には、社会保障給付の仕組みにより、生涯所得の高い就労者は課税繰延により大きく依存することになり、その結果、課税繰延からより大きな恩典を受けているのである。第二の誤解は、現在の税制が貯蓄に「逆効果」となるインセンティブを提供しているというものである。実際には、課税繰延が所得税に内在する貯蓄抑制効果を排除しており、異なる限界税率の就労者に等しく貯蓄するインセンティブを与えている。

誤　解
高所得の就労者は、より高い限界税率が適用されるため、
課税繰延からより大きな恩典を受けている。

事　実
より高い生涯所得の就労者が課税繰延からより大きな恩典を得ている理由は、
社会保障給付の支払いが退職前所得に占める割合が低いという
事実に呼応して、より多く貯蓄するためである。
結果として、高所得の就労者は、社会保障給付を補完するために
雇用者が提供する退職プランとIRAからの給付に
より大きく依存することになる。

誤　解
現行の税制は、貯蓄に「逆効果」となるインセンティブを提供している。

事　実
投資収益に課税すれば、所得税は貯蓄を阻害する。
投資収益に対する税率を効果的にゼロにすることで、
課税繰延はこの「逆効果」となるインセンティブを排除し、
貯蓄するインセンティブを等しく与えている。

次にこの研究では、一般的な課税繰延概念の限界と、租税支出の配分分析

の限界について精査する。特定の税法規定が累進性に効果があるという狭い範囲の政策論議は本質をとらえていない。包括的な所得税改革が実施されるのであれば、考慮すべき重要な点は、提案される改革が所得税全体の累進性に及ぼす効果であろう。特定の税法規定による恩典配分が包括的改革に及ぼす影響は懸念材料ではなく、またそうであってはならない。

　所得税が改革されるのであれば、その焦点は、特定の税法規定が公平さ、経済成長、そして簡素さに及ぼす影響に置くべきであり、この観点からは、課税繰延は評価が高い。就労者が退職するまで、その報酬の一部を蓄えておくことを許容することで、所得の生涯にわたる変動（life-cycle pattern）の影響を減らし、結果として、就労者の生涯の経済状況をより良く示す基準として課税年間所得が得られる。課税繰延は、どのような所得税にも内在する貯蓄の阻害要因を排除することで、経済的歪みを軽減する。また課税繰延は、内国歳入庁（IRS）にとって管理が容易で、就労者にとって理解が容易である。

**課税繰延は、どのような所得税にも内在する
貯蓄の阻害要因を排除することで、
経済的歪みを軽減する**

　対照的に、課税繰延に制限を加えたり根本的な変更を行う提案は、税法をより不公平にし、より複雑にする。提案の多くが、DCプランのみ、また場合によっては、DCプランもしくはIRAへの従業員拠出のみを対象とするため、税法は不公平になる。現行税法はすべての形式の適格繰延報酬に対してほぼ中立的な税法上の取扱いをしていることから、このような提案は相当大きな変更を意味する。課税繰延の前倒しの恩典を変更する提案は、複雑さを増長し、就労者にとっては退職プランに拠出する判断がより困難となり、

IRSにとっては管理と実施がより困難となる。

■ 租税支出の概念

　1961年から1969年まで米国財務省の租税政策担当補佐官を務めたStanley Surreyは、財務省による最初の租税支出評価に関与した。*租税支出（tax expenditure）*という用語をつくりだしたのは彼だといわれている。1974年に議会は、年度予算プロセスの一環として、租税支出評価の公表を要求した。以来、合同税務委員会（JCT）と財務省は毎年詳細な租税支出評価を公表している。

　財務省は租税支出を納税者の所得階層ごとには公表せず、JCTは12件の個別租税支出についてのみ情報開示しているが、近年いくつかの研究により、租税支出のより広範な配分分析が行われている。それが所得税改革の一環であっても、また個別提案であっても、租税支出をなくしたり制限したりする提案においては、これらの研究成果が恒常的に引用されている。

　租税支出の概念は、税法を2つの部分に分割する。最初の部分は*通常の所得税構造*である。ここに含まれる法令は、厳格に歳入の計上に関連する法令で構成され、所得を定義し、会計規則を指定し、税率表の規定を含む。第二の部分は、その他の税制規定をすべて含み、*租税支出*として分類される。租税支出には特別な優遇、たとえば除外、控除、繰延、税額控除、優遇税率などが含まれており、これらは通常の所得税構造の一部ではなく、本来は政府の直接支出プログラムにより対処されるべき政策目標に関連している。

　JCTと財務省が公表する租税支出評価の詳細なリストは独立的なものであり、静的なものである。評価が独立的とは、特定の税法規定に関する租税支出評価は、現行の税制下における税負担と、その規定は排除されるが他のす

べての租税支出規定を含む他の法制は不変である場合の税負担との差を意味するからである。さらに、評価が静的とは、現行政策に基づく基準シミュレーションと比較して、その規定が排除されても納税者の行動が変わらないことを仮定しているからである。

なぜ課税繰延は他の租税支出と異なるのか

課税繰延の恩典は、その他の租税支出より評価がむずかしい。ほとんどの租税支出は、除外（所得から雇用者提供の健康保険料を除外するなど）、または控除（所得から住宅ローンの金利支出を控除するなど）であり、これらは単年度の税金を減額するが、その他の年の税負担には影響を及ぼさない。除外や控除とは異なり、課税繰延は就労者の税負担を生涯にわたって変化させる。

> **単年度の税金を減額するが、**
> **その他の年の税負担には影響を及ぼさない**
> **除外や控除とは異なり、**
> **課税繰延は就労者の税負担を生涯にわたって変化させる**

現行法における適格繰延報酬は、以下の3つの時点において、通常の所得税構造における課税とは異なる方法で課税される。

➤ 第一に、すべての種類の退職プランへの雇用者拠出と、401(k)タイプのプランへの任意の従業員拠出は、拠出時には課税対象とならない。通常の所得税構造のもとでは、すべての報酬は所得に含まれ、課税対象となり、課税後の金額のみが課税対象の投資勘定に拠出される。

➤ 第二に、退職プランへの拠出で得た投資収益は受取時点では所得とみなされず、資金が分配されるまで課税は繰り延べられる。通常の所得税構造のもとでは、課税対象の投資勘定におけるすべての投資所得は所得に含まれ、受取時点で課税対象となる。

» 第三に、退職プランからの分配は所得に含まれ課税対象となる。対照的に、通常の所得税構造のもとでは、課税対象の投資勘定からの引出しは通常所得とはみなされず課税対象とならない。

退職プランに対する公式の租税支出評価は、キャッシュフロー基準で測定される。毎年の予算期間について推定額を算出し、全予算期間の租税支出推計は毎年の推計総額に等しくなる。たとえば、DCプランに関連した租税支出の年間キャッシュフロー測定値は、以下の3つの個別推計を組み合わせている。
» DCプランへの拠出から生じたその年の税額の減額
» DCプランで蓄積されたすべての資産から得た投資所得に対する課税を控えたことから生じたその年の税額の減額
» DCプランからの分配から生じたその年の税額の増加

課税繰延の配分分析

公式の租税支出評価は通常、課税繰延からだれが恩典を得るかの調査には利用されない。総租税支出を納税者個人に配分することはできるが、そのような調査の結果を解釈することは困難である。なぜならキャッシュフローの測定には3つの課税繰延が含まれるが、その効果は同じ納税者に帰属するものではないからである。拠出による税収の減少は、納税者（就労者）に帰属する。分配における税収の増加は、他の人々（主に退職者）に帰属する。投資所得において課税を繰り延べることによる税収の減少は、就労者、退職者に限らず、DBプランの恩典を積み上げた者、またはDCプランやIRAで資産を蓄積した者全員に帰属する。

Cronin（1999）が説明したとおり、財務省は退職プランの恩典を個々の納税者に配分する際、租税支出評価の現在価値を使用し、課税繰延に関するほとんどの配分分析では同様の方法を使用している。現在価値の測定では、就

労者の退職プラン拠出金の1年分を使用して生涯にわたって受け取る恩典を見積もっている。

■ 米国の退職後資金支援制度の恩典を測定する

この研究では、米国の退職後資金支援制度の恩典を測定するために、租税支出評価を使用する。租税支出の評価方法と一貫性を保つため、米国の退職後資金支援制度の恩典を見積もるにあたっては、課税繰延と社会保障制度を排除し、その他は現行制度と同じである代替的な課税移転制度と現行政策を比較することによって見積もる。さらに、恩典の評価は静的である。つまり、政策の変更に呼応して納税者の行動は変わらないものと仮定する。

就労者の生涯所得によって恩典がどのように異なるかを示すために、米国の退職後資金支援制度の生涯恩典を6人の代表的就労者を例示して評価する。現行政策に基づく基準シミュレーションでは、法律で許される限り、すべての就労者が同じ目標所得代替率を退職プランで達成するよう拠出額を調整する。次にこの研究では、基準シミュレーションで支払う生涯税金と、別のシミュレーションで支払う生涯税金の2つを比較する。課税繰延の恩典についての他の調査と比較するため、第一のシミュレーションでは課税繰延を排除し、社会保障制度を維持する。第二のシミュレーションでは課税繰延と社会保障の両方を排除して、退職後資金支援制度全体の恩典を評価する。

退職プランへの拠出額を調整する利点は、課税繰延の恩典の評価が、同額の退職後資金源を提供するどのような退職プランでもほぼ同じになることである。すなわち、シミュレーションでは、401(k)プランの課税繰延報酬は雇用者と従業員が拠出する形式と仮定しているが、従業員拠出のみで資金調達されるDBプランを介してもたらされる課税繰延報酬の恩典は、DBプラン給付が退職前所得と同じパーセンテージで代替される場合、ほぼ同等となる。

この評価によると、社会保障と課税繰延を合算してみると、米国の退職後資金支援制度が累進的であることが示される。高所得者にとっては、課税繰延の恩典が生涯所得に対するパーセンテージとして大きくなるが、低所得者にとっては、社会保障制度の恩典が生涯所得に対するパーセンテージとして大きくなる。全体として、低所得者は米国の退職後資金支援制度から大きな恩典を得る。

過去の恩典評価との比較

　この研究では、各代表的就労者について、課税繰延の生涯にわたる恩典を見積もる。社会保障に関する研究では生涯にわたる恩典を測定することが標準的であるが、課税繰延の評価に関する従前のほとんどの調査では、単年度の拠出から就労者が得る恩典を評価している。単年度の測定では、就労者が平均して生涯にわたって得る恩典を反映しない可能性がある。たとえば、雇用者が提供する退職金制度に加入していない若年就労者が、その就労キャリアのなかで後になって加入することがあるが、この場合、当該就労者は課税繰延から恩典を受けないとみなされる。

　さらにこの研究では、課税繰延と社会保障制度の恩典を合算して評価する。政治家は長い間、社会保障と雇用者が提供する退職金制度の関連性を認識してきたが、この2つの政策の恩典をあわせて評価し、米国の退職後資金支援制度全体の累進性を測定する調査はほとんど存在しなかった。最も顕著な例外はSylvester Schieberによる一連の関連研究である[1]。

　この研究は、租税支出評価という同一の指標を使用して、課税繰延と社会保障制度の両方の恩典を測定した最初の研究である。従前の課税繰延に関する研究では、租税支出評価を使用してその恩典を測定していた[2]。対照的に、従前の社会保障制度に関する研究では、純給付金を使用していた。つまり、社会保障給付の支払いの現在価値から、徴収された社会保障費の給与天

引き分の現在価値を差し引いてその恩典を測定していた[3]。この研究では、課税繰延と社会保障制度の両方に起因する租税支出をあわせて評価している。すなわち、現行政策に基づく（所得税と純社会保障税の両方を含む）生涯税負担と、課税繰延と社会保障制度を除いた生涯税負担を比較している。純社会保障給付支払いに加えて、租税支出評価には所得税額に対する社会保障制度の影響も含まれている。

　2つのプログラムの相対的優劣は、同じ指標を使って測定した場合にのみ比較が可能となる。純社会保障給付支払いは、社会保障制度が通常の所得税構造に関連する所得税額に影響を及ぼさないと判断される場合にのみ、租税支出の測定手段となる。しかしながら、第2章で説明するとおり、社会保障の所得税の取扱いは、雇用者が提供する退職金制度の所得税の取扱いと似ている。社会保障は、現行の雇用者が提供する退職金制度の税の取扱いが通常の所得税構造の一部であるとみなされた場合にのみ、所得税額に影響を及ぼさないと判断される。もちろん、雇用者が提供する退職金制度の恩典を測定するために同じ基準を利用する場合、すなわち、現行政策のもとでの雇用者プランの税の取扱いが通常の所得税構造の一部と仮定される場合には、定義上これらのプランに関連する租税支出はないことになる。

6人の代表的な就労者

　米国の退職後資金支援制度の生涯にわたる恩典を示すために、6人の代表的な就労者を設けるが、彼らは、1966年に生まれ、2006年に40歳となり、2033年に社会保障制度のもとでの完全退職給付年齢である67歳に達する。個人が生涯に受け取る全所得は、雇用された職場から得る所得とし、賃金収入、社会保障からの給付、および401(k)プランからの分配とする。この代表的個人は32歳から66歳まで35年間継続して働き、社会保障の給付支払いを決定する平均標準報酬月額（AIME）の上限額を適用する。

図 E.1は、就労者の生涯所得の区分を示している。就労者の「名称」は32歳から66歳までのインフレ調整後平均賃金所得を示し、すべてのドル額は実質米ドル（2014年基準）で示されている（図 E.2）。プラスの所得を有する35歳から44歳までのすべての就労者のなかで、40歳時点における代表的就労者の所得分布は、18パーセンタイル（所得21,000ドル層）、46パーセンタイル（所得43,000ドル層）、73パーセンタイル（所得69,000ドル層）、85パーセンタイル（所得92,000ドル層）、92パーセンタイル（所得122,000ドル層）、98パーセンタイル（所得234,000ドル層）にある。

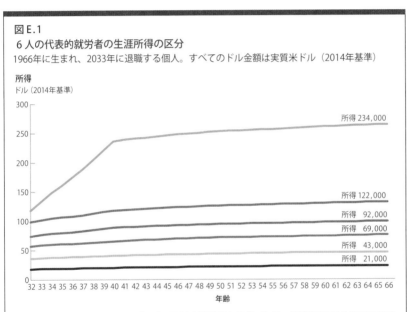

図 E.1
6 人の代表的就労者の生涯所得の区分
1966年に生まれ、2033年に退職する個人。すべてのドル金額は実質米ドル（2014年基準）

注記：生涯所得区分はBrady 2010年により示された所得区分に基づいている。生涯所得の区分は40歳の所得を起点とし、2006年における35歳から44歳までのフルタイム・通年勤務の就労者の所得中央値を40歳の所得とし、高等学校卒（所得43,000ドル層）、学士（所得69,000ドル層）、および大学院卒（所得92,000ドル層）としている。その他の所得区分は、すべての年齢で所得が所得43,000ドル層の就労者の半分である就労者（所得21,000ドル層）、および所得92,000ドル層の就労者より3分の1高い就労者（所得122,000ドル層）を設けている。いちばん上の所得区分（所得234,000ドル層）は、32歳で所得122,000ドル層の就労者より20%高い所得があった就労者で、40歳まで所得が所得122,000ドル層の2倍増加し、その後2倍のままになる。

出典：ICI simulations

現行政策に基づく基準シミュレーション

　代表的就労者がその生涯を通じて得る所得はすべて雇用された職場から得る。働いている間、個人はその労働の対価として報酬を得る。報酬の一部は社会保障給付税の支払いに充当され、また一部は401(k)プランに拠出して退職に備える。個人は、401(k)プランの他には何も貯蓄しないと仮定する。退職時には、社会保障給付と401(k)プランの分配の2つが退職後資金源となる。

　生涯を通じて、代表的就労者は401(k)プランへの拠出と税金を支払った後の残りの所得で消費をまかなう。働いている間、代表的就労者は、所得税および社会保障給付税を支払い、401(k)プランへも拠出する。退職後は引き続き所得税の対象となるが、社会保障給付税の支払いも401(k)プランへの拠出も行わなくなる。

　各就労者の401(k)プランへの拠出は、退職後の所得が目標所得代替率を満たすように調整される。目標所得とは、純退職時所得（社会保障の給付＋401(k)プランの分配－所得税額）であり、退職前の平均純所得（賃金所得－所得税－社会保障給付税－401(k)プランへの拠出）の94％を代替する。

　すべての就労者は同じ所得代替率の目標を有するが、全員が401(k)プランに同じ率で拠出するわけではない（図 E.2）。社会保障給付とあわせると、所得21,000ドル層の就労者は、52歳から給与の6.0%（従業員拠出と雇用者拠出計）を401(k)プランに拠出すれば、目標の94％の純代替率を達成できる。対照的に、所得122,000ドル層の就労者が同じ目標所得代替率を達成するには、36歳からの給与の10.0%（従業員拠出と雇用者拠出計）を拠出する必要があり、所得234,000ドル層の就労者では、自分で法令上最大の拠出を行い、雇用者拠出から32歳から66歳まで給与の3.0%を受け取っても、目標所得代替率を達成できない。

図 E.2
6人の代表的就労者の主要統計
1966年に生まれ、2033年に退職する個人。すべてのドル金額は実質米ドル（2014年基準）

所得層（ドル層）	代表的就労者					
	21,000	43,000	69,000	92,000	122,000	234,000
	所得					
32～66歳のインフレ調整後平均賃金所得（ドル）	21,497	42,994	69,299	91,818	122,424	234,046
40歳時の年間賃金所得（ドル）	20,472	40,944	65,433	88,648	118,197	236,394
35～44歳のフルタイム・通年勤務の就労者の所得中央値と等しい40歳時所得	高卒の半分	高卒	大卒	院卒	院卒の1.33倍	院卒の2.66倍
35～44歳の全就労者が40歳時の賃金所得順位（所得の低いほうから100分位）	18位	46位	73位	85位	92位	98位
	401(k)プラン拠出の効果[2]					
401(k)プランの加入時年齢（歳）	52	47	43	37	36	32
拠出率（従業員＋雇用者）（％）	6.0	9.0	9.0	9.0	10.0	11.5
66歳時の口座残高（千ドル）	26.0	111.0	227.3	404.6	625.7	1,566.6

[1] 生涯所得区分はBrady 2010年により示された所得区分に基づいている。生涯所得区分は、40歳の所得を起点とし、2006年における35歳から44歳までのフルタイム・通年勤務の就労者の所得中央値を40歳の所得とし、高等学校卒（所得43,000ドル層）、学士（所得69,000ドル層）、および大学院卒（所得92,000ドル層）としている。その他の所得区分は、すべての年齢で所得が所得43,000ドル層の就労者の半分（所得21,000ドル層）、および所得92,000ドル層の就労者より3分の1高い就労者（所得122,000ドル層）を設けている。いちばん上の所得区分（234,000ドル）は、32歳で所得122,000ドル層の就労者より20%高い所得があった就労者で、40歳まで所得が所得122,000ドル層の2倍増加し、その後2倍のままになる。40歳の所得は、2007年3月のCurrent Population Surveyに基づいており、2006年における35歳から44歳までの所得のある就労者の所得配分のおよそ18、46、73、85、92、98パーセンタイルを表している。
[2] このシミュレーションでは、401(k)プラン拠出金は3.0%とインフレ率の合計に等しい利息を支払う債券に投資されると仮定している。すべての投資収益は、年1回の利払い形式である。

出典：ICI simulations

　高所得就労者が早期に貯蓄を開始し、しばしば給与からより多くのパーセンテージを貯蓄する理由は、生涯所得の低い就労者よりも、生涯所得の高い就労者のほうが、平均所得に占める社会保障給付の代替率が低いからである（図 E.3）。この場合、平均総賃金に対して社会保障給付が代替する割合は、所得21,000ドル層の就労者で67％と高く、所得234,000ドル層の就労者は17％と低くなる（図 E.3の青い部分）。対照的に、401(k)プランからの給付が生涯所得を代替する割合は高くなる。401(k)プランからの給付によって代替

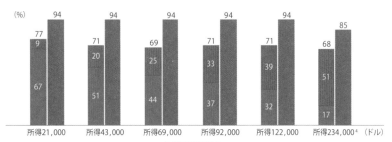

図 E.3
代表的就労者の所得代替率目標を達成するように調整された退職貯蓄
物価調整された平均総所得と平均純所得に対する割合としての物価調整された退職後所得

■ 401(k)プランの総所得代替率[1]
■ 社会保障給付の総所得代替率[1]
■ 退職後純所得の退職前純所得に対する割合[2]

(%)

所得21,000: 94 / 77 / 9 / 67
所得43,000: 94 / 71 / 20 / 51
所得69,000: 94 / 69 / 25 / 44
所得92,000: 94 / 71 / 33 / 37
所得122,000: 94 / 71 / 39 / 32
所得234,000[4]: 85 / 68 / 51 / 17

（ドル）

生涯所得区分[3]

[1] 総所得代替率は、生存加重平均（67歳以上）物価調整後総退職所得を、平均（32歳から66歳）物価調整後賃金所得で割ったものである。
[2] 純所得代替率は、生存加重平均（67歳以上）物価調整後純退職所得を、平均（32歳から66歳）物価調整後純所得で割ったものである。
[3] 代表的就労者の生涯所得区分はBrady 2010年により示された所得区分に基づいている。詳細については図E.2を参照のこと。
[4] 所得234,000ドル層の就労者では、法律で許される最大限の拠出を行い、32歳から66歳の給与の3.0%と一致する雇用者拠出を受け取っても、目標所得代替率を達成することはできない。
注記：四捨五入のため、各項目を合計しても全体に一致しないことがある。
出典：ICI simulations

される平均総賃金の割合は、所得21,000ドル層の就労者で9％、所得234,000ドル層の就労者で51％となる（オレンジ部分）。これにより、所得234,000ドル層以外の就労者は、すべて純代替率の目標である94％を達成する（緑の部分）。

課税繰延の恩典

　課税繰延と社会保障制度の恩典を合算して評価する前に、課税繰延の恩典を別途評価する。生涯所得によってどのように恩典が変わるかを示すため、課税繰延を認めない２つ目のシミュレーションを実施し、その結果を現行政策に基づく基準シミュレーションと比較する。各所得層の就労者にとっての

生涯にわたる課税繰延の恩典は、2つ目のシミュレーションで支払う税金の現在価値から、基準シミュレーションで支払う税金の現在価値を差し引いたものとして測定される。

　課税の取扱いが異なることを織り込むため、401(k)プランは継続するが、課税対象の個人投資口座として取り扱うことにする。つまり、(1)401(k)プランへの拠出と、(2)401(k)プランから生み出された投資所得は両方とも、個人の所得に含まれ、課税対象となる。ただし、退職後は、401(k)プランの拠出金のうち、すべての利息と配当所得はすでに課税対象になっているはずであるため、未実現益部分だけが所得に算入され、課税対象となる。他の税法規定には変更はなく、現行政策に基づく基準シミュレーションに関連する納税者の行動には変化がないものと仮定する。

　課税繰延の恩典を就労者全体にわたって比較する助けとして、生涯の恩典は生涯総報酬の現在価値に対するパーセンテージで表示される。また課税繰延の生涯の恩典は、2つの構成要素に分類される。すなわち、就労中に享受した所得税の恩典（すなわち、就労中に支払う所得税の減額分で、プラスの恩典として示される）、および退職後に発生する所得税の恩典（退職後に支払う所得税の増額分で、マイナスの恩典として示される）に分類される。

評価結果
　就労中、生涯所得の高い代表的就労者が課税繰延から受ける恩典はより大きい（所得税額はより低い）（図 E.4の最初の棒グラフ群）。生涯総拠出に対するパーセンテージとして、所得税の減額は、所得21,000ドル層の就労者の0.5%から、所得234,000ドル層の就労者の6.4%までの範囲となる。

退職後、生涯所得の高い代表的就労者が課税繰延から受けるマイナスの恩典はより大きい（所得税額はより高い）（図 E.4の2番目の棒グラフ群）。所得21,000ドル層の就労者は退職後の所得税支払いには影響を受けない。なぜなら、所得21,000ドル層の就労者は、課税繰延の有無にかかわらず、退職後に所得税を支払わないからである。その他の所得層の就労者では、税金の増額（または同等の恩典の減額）が、所得43,000ドル層の就労者での生涯総報酬の0.1%から、所得234,000ドル層の就労者での3.3%の範囲となる。

課税繰延の生涯恩典（図 E.4の3番目の棒グラフ群）は、就労中に積み上げた恩典の総額（最初の棒グラフ群）と、退職後に生じる（マイナスの）恩典（2番目の棒グラフ群）の合計である。生涯恩典は、所得21,000ドル層の就労者での生涯総報酬の0.5%から、所得234,000ドル層の就労者での3.0%の範囲となる。その他の所得層の就労者では、課税繰延の生涯恩典はあまり変わらず、総報酬の1.3%から1.6%の範囲となる。

就労中に発生する恩典や、退職後に発生する（マイナスの）恩典と比べると、課税繰延の生涯恩典は就労者によってあまり変わらない。その理由は、就労中に最も税金を減額される就労者は、退職後に大きな税金の増額も経験

図E.4

生涯所得別の課税繰延からの恩典の現在価値

課税繰延の恩典は、さまざまなレベルの生涯所得を有する代表的個人が、32歳から66歳までの間に得た総報酬[1]の現在価値に対する割合としての課税繰延[2]であるため、純税額控除額の現在価値として示される。

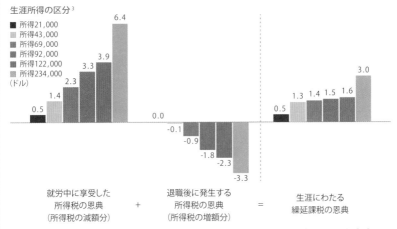

生涯所得の区分[3]
- 所得21,000
- 所得43,000
- 所得69,000
- 所得92,000
- 所得122,000
- 所得234,000
（ドル）

就労中に享受した
所得税の恩典
（所得税の減額分）　　＋

退職後に発生する
所得税の恩典
（所得税の増額分）　　＝

生涯にわたる
繰延課税の恩典

[1] 総報酬は、賃金・給与所得、給与税の雇用者負担分（老齢/遺族/障害保険 [OASDI] と入院保険 [HI] の両方）、雇用者負担の401(k)プランへのマッチング拠出の合計である。

[2] 課税繰延がないことを前提に、401(k)プランは継続するが、課税対象の投資口座として扱うと仮定する。仮定される拠出行動の詳細は図 E.2を参照のこと。401(k)口座への拠出は、3.0%プラス物価上昇率の金利をもつ債券に投資すると仮定し、累積した資産は、退職時に年金数理的に公平で、物価調整された即時終身年金の購入に充てられる。

[3] 代表的就労者の生涯所得区分はBrady 2010年により示された所得区分に基づいている。詳細については図E.2を参照。

注記：四捨五入のため、各項目を合計しても全体に一致しないことがある。

出典：ICI simulations

するからである。現在価値でみて、退職後の高い所得税は、上位3所得層の高所得就労者において、就労中の所得税減額分の半分以上と相殺され、上位4所得層の高所得就労者においては、就労中の所得税減額分の約40％が相殺される。

米国の退職後資金支援制度の恩典

　米国の退職後資金支援制度の恩典を測定するために、課税繰延と社会保障

制度の両方を排除して、その結果を現行政策に基づく基準シミュレーションと比較する3番目のシミュレーションを実施する。各所得層の就労者について、米国の退職後資金支援制度の生涯恩典は、基準シミュレーションで支払う税額の現在価値を、3番目のシミュレーションで支払う税額の現在価値から差し引いて算出する。全体の税負担の差異は、基準シミュレーションの所得税プラス純社会保障給付支払いの差異に分解することができる。

　3番目のシミュレーションでは、401(k)プランが課税対象の個人投資口座として取り扱われると仮定することに加え、社会保障制度は存在するものの、社会保障税を就労者のために課税対象個人投資口座に拠出すると仮定する。すなわち、就労中、(1)その口座に拠出する報酬と(2)口座から得た投資収益の両方を所得に含み、課税対象とする。加えて、口座から分配する未実現益は所得に含み、課税対象とする。その他の税法規定は変更せず、納税者の行動に変化はないと仮定する。

　米国の退職後資金支援制度の生涯恩典は、生涯総報酬に対するパーセンテージとして示され、3つに分類される。課税繰延の分析で示したように（図 E.4）、就労中に発生した所得税の恩典（すなわち、就労中に支払う所得税の減額分で、プラスの恩典として示される）、および退職後に発生する所得税の恩典（退職後に支払う所得税の増額分で、マイナスの恩典として示される）が報告されている。加えて、基準シミュレーションの純社会保障給付（社会保障給付の現在価値から、支払う社会保障税の現在価値を引いたもの）は、個別のカテゴリーとして分類されている。

評価結果
　社会保障システムは、所得21,000ドル層に対しては、プラスの純社会保障給付（現在価値でみて、受け取る社会保障給付が徴収された社会保障税よりも多い）を提供し、その他の所得層の代表的就労者に対しては、マイナスの純社

会保障給付（現在価値でみて、受け取る社会保障給付が徴収された社会保障税よりも少ない）を提供している（図 E.5の最初の棒グラフ群）。生涯総報酬に対するパーセンテージとしての純社会保障給付は、所得21,000ドル層の就労者ではプラス2.3％だが、所得122,000ドル層の就労者でマイナス4.8％まで減少し、所得234,000ドル層の就労者はマイナス2.8％にマイナス幅が減少する。

　就労中、所得21,000ドル層の就労者では総報酬の3.7％から、所得234,000ドル層の就労者では9.3％まで、米国の退職後資金支援制度は所得税の支払いを大幅に減少させている（図 E.5の2番目の棒グラフ群）。これらの恩典は、図 E.4（図 E.5の濃い色の部分）で示される課税繰延の恩典と社会保障制度の恩典（薄い色の部分）に分けることができる。社会保障制度は所得税負担を減額するため、6所得層すべての代表的就労者にかなりの恩典を与えている。

　退職後、米国の退職後資金支援制度では6所得層のうち5所得層の代表的就労者の所得税が増加し、所得43,000ドル層の就労者では生涯総報酬の0.1％、所得234,000ドル層の就労者では3.4％増加する（図 E.5の3番目の棒グラフ群）。社会保障制度は、退職後に支払う所得税に穏やかな影響を与えている（薄い色の部分）。

　全体として評価すると、米国の退職後資金支援制度は累進的である。純社会保障給付と所得税負担の減額分をあわせて考えると、生涯所得の低い就労者ほど生涯総報酬に占める生涯恩典の割合は大きくなる（図 E.5の4番目の棒グラフ群）。これらのシミュレーションでは、米国の退職後資金支援制度における生涯恩典の現在価値は、最も生涯所得が低い就労者（所得21,000ドル層）の生涯総報酬の6.0％から、所得122,000ドル層の就労者の1.3％まで減少する。所得234,000ドル層の就労者の生涯恩典は総報酬の3.1％に増加するが、最も所得が低いほうから3所得層の就労者の生涯恩典よりも低い。所

図 E.5
米国の退職後資金支援制度における生涯所得別の税金の恩典の現在価値

米国の退職後資金支援制度の恩典は、さまざまなレベルの生涯所得を有する代表的個人が、32歳から66歳までの間に得た総報酬[1]に対する割合としてみた課税繰延[2]と現行の社会保障制度[3]から発生する純税額控除額の現在価値として示される。

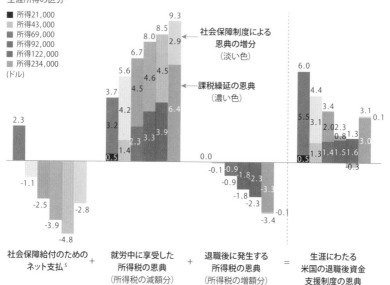

生涯所得の区分[4]
- 所得21,000
- 所得43,000
- 所得69,000
- 所得92,000
- 所得122,000
- 所得234,000
(ドル)

社会保障制度による恩典の増分（淡い色）

課税繰延の恩典（濃い色）

社会保障給付のためのネット支払[5] + 就労中に享受した所得税の恩典（所得税の減額分） + 退職後に発生する所得税の恩典（所得税の増額分） = 生涯にわたる米国の退職後資金支援制度の恩典

[1] 総報酬は、賃金・給与所得、給与所得の雇用者負担分（OASDIと入院保険［HI］の両方）、雇用主負担の401(k)プランへのマッチング拠出の合計である。
[2] 課税繰延がないことを前提に、401(k)プランは継続するが、課税対象の投資口座として扱うと仮定する。仮定される拠出行動の詳細は図 E.2を参照のこと。401(k)口座への拠出は、3.0%プラス物価上昇率の金利をもつ債券に投資すると仮定し、累積した資産は、退職時に年金数理的に公平で、物価調整された即時終身年金の購入に充てられる。
[3] 現在の社会保障制度がないことを前提に、社会保障が課税対象の個人投資口座のシステムを設定すると仮定している。社会保険税（雇用者ならびに従業員負担分の老齢／遺族／障害保険［OASDI］税の両方）は投資口座に拠出される。投資は、401(k)口座と同じと仮定する（注記1を参照）。
[4] 代表的就労者の生涯所得区分はBrady 2010年により示された所得区分に基づいている。詳細については図E.2を参照。
[5] 純社会保障給付のための支払いは、給付のための支払いから受領した金額の純現在価値から、支払った税金（雇用者ならびに従業員負担のOASDI税の両方）の純現在価値を引いたものとして計算される。
注記：四捨五入のため、各項目を合計しても全体に一致しないことがある。
出典：ICI simulations

得税負担が与える影響を加味すると、米国の退職後資金支援制度は、最も所得の低いほうから3所得層にはかなりの恩典を与えており、最も所得の高いほうから3所得層には穏やかな恩典にとどめている（4番目の棒グラフ群の薄い色の部分）。

全体として評価すると、米国の退職後資金支援制度は累進的であり、生涯所得の低い就労者ほど生涯総報酬に対する生涯恩典は大きな割合を占める

■ 所得税負担に対する課税繰延の影響を詳しくみる

　生涯の税負担に対する課税繰延の影響は複雑である。課税繰延に関する政策論議では、しばしば就労者が享受できる減額に焦点が当てられ、彼らが退職後に支払うことになるより高い税金は無視される。アナリストでさえ、就労者の限界税率だけを使用して課税繰延の恩典の計算を行うことで、就労者の生涯にわたる課税繰延の影響をすべて説明しようとしており、退職後の課税繰延の影響を過小評価することがある。生涯全体にわたる税負担のシミュレーションによれば、より所得の高い就労者であっても、課税繰延がなければ退職後に所得税をほとんど支払わない。

　税負担は、課税対象の所得に税率表を適用することで決定される。連邦所得税の税率表は累進的であり、課税対象の所得が増加すると税率も増加する。

　就労中は、課税繰延はすべての就労者の税負担を減額し、所得が高いほど多く減額される。課税繰延は、退職プランへの拠出とそれら拠出からの投資収益を除外することで、課税対象所得を減らす。生涯所得の高い就労者は、退職後の目標所得代替率を達成するために高い割合を拠出する必要があるた

め、生涯所得の高い就労者の課税対象所得が最も減額される。これらの課税
対象所得の減額は、税率にわずかな影響しか及ぼさない。

　しかしながら、退職後は、課税繰延はより高所得の就労者の税額を大幅に
増やし、就労中に享受した税の減額のかなりの部分を（現在価値でみて）相
殺する。課税繰延は、退職プランからの分配を受けることにより直接的に、
そして退職プランへの拠出が含まれることで社会保障給付の割合が増えるこ
とにより、間接的に課税対象所得を増やす。税負担への影響は、課税対象所
得が増加することで、最も所得が低い就労者（課税繰延の有無にかかわらず退
職後に所得税を支払わない）を除くすべての就労者の税率を大幅に引き上げる
ため、さらに増幅される。

> **課税繰延に関する政策論議では、**
> **しばしば就労者が享受できる減額に焦点が当てられ、**
> **退職後に支払うことになるより高い税金は無視される**

■ 課税繰延についてよくある誤解を払拭する

　米国の退職後資金支援制度からだれが恩典を受けているかを示すことに加
えて、この研究のシミュレーション結果は、広く信じられている2つの課税
繰延に関する考え方が正しくないことを示すために活用できる。

誤解1
　誤解：*高所得の就労者は、高い限界税率の適用を受けているので、課税
　　　　繰延からより大きな恩典を得ている。*
　事実：*課税繰延の恩典が生涯所得とともに増加するのは、所得税の設計*

によるものではなく、社会保障制度の設計によるものである。

　課税繰延に対する一般的な批判は、高所得の就労者は限界税率が高いため、繰り延べしている報酬の追加的な1ドルについてより大きな税制の恩典を得ているというものである。たとえば、最近のレポートにおいて、所得の高い就労者が課税繰延からより大きな恩恵を受けている理由として、次の説明が使用されている。

　　　　退職金プランへの拠出による繰延の恩典は、納税者の限界税率に紐づいているため、世帯所得が増加するにつれて増加する。たとえば、40,000ドルの所得がある人の税率が10％の場合、控除可能な退職金プラン拠出の1ドルごとに10セントの前倒し税金補助を受けられ、450,000ドルの所得がある人の税率が35％の場合、1ドルごとに35セントの前倒し税金補助を受けることになる。結果的に、退職金貯蓄の税支出の恩典は、最近のCBO報告が説明するとおり「高所得者に大きく優位になる」（Marr, Frentz, and Huang 2013、3ページ）。

　高所得の就労者は繰り延べするドルごとにより大きな恩典を受けると広く考えられていることから、限界税率の高い就労者に対する課税猶予の前倒しの恩典を減らすことにより、想定される問題を改善する提案がなされた。

　しかしながら、この考え方は、課税繰延の恩典に対する基本的な誤解に基づいている。免税や控除とは異なり、課税繰延の限界的な恩典は個人の限界税率の上昇に比例して増加することはない。退職プランへの拠出に起因する前倒しの節税効果は、課税繰延のほんの一面にすぎない。課税繰延の限界的な恩典は、さまざまな要因で決定され、この要因には、繰延期間、拠出時の限界税率、分配時の限界税率などが含まれる。

> **免税や控除とは異なり、課税繰延の限界的な恩典は
> 個人の限界税率の上昇に比例して増加することはない。
> 課税繰延の限界的な恩典は多くの要因によって決定される**

　この研究では、生涯所得の高い就労者は課税繰延からより大きな恩典を得るが、これは課税繰延からより高い限界的恩典を得るからではないことが示される。実際には、最も所得が低いほうから3所得層の代表的就労者のほうが、平均して、401(k)プランへの追加的1ドルの拠出からより大きな恩典を受けている。

　課税繰延の恩典が生涯所得に伴って増加するのは、所得税の設計によるものではなく、社会保障制度の設計によるものである。すなわち、生涯所得がより高い就労者がより課税繰延から恩典を得る理由は、限界的恩典がより大きいからではなく、そのキャリアにあって早期に401(k)プランに拠出し始めるからであり、しばしば給与の高い割合を拠出するからである。そして、報酬のより多くを繰り延べる理由は、社会保障給付が退職前所得を代替する割合がより小さいからである。

> **課税繰延の恩典が生涯所得に伴って増加するのは、
> 所得税の設計によるものではなく、
> 社会保障制度の設計によるものである**

経年的に就労者の限界税率に変化がない場合の課税繰延の限界的恩典

　課税繰延の限界的恩典は、拠出時ならびに分配時の税率が同じ場合には、限界税率の上昇とともに増加するが、恩典の増加は税率の上昇には比例しない。たとえば、現行政策に基づく基準シミュレーションを前提として、6人

の代表的就労者が、50歳の時点で401(k)プランに追加的に1ドルを拠出し、71歳でこの拠出に関連するすべての資産の分配を受けたと仮定する（図E.6）。また、各就労者の限界税率はこの期間変化せず、就労中の平均税率と同じであったと仮定する。32歳から66歳までの平均限界税率は、所得21,000ドル層の就労者が19.7％、所得234,000ドル層の就労者が38.4％である。課税繰延の対象となる追加的1ドルの拠出は、所得21,000ドル層の就労者で、現在価値にして0.16ドルに相当する税制上の恩典を生み出す。限界税率が2倍近くあるにもかかわらず、所得234,000ドル層の就労者の限界的な税務上の恩典は0.22ドルとなり、増加幅は約3分の1にとどまる。実際に、限界税率が30.8％から38.4％の範囲にある上位4所得層の高所得者は、課税繰延からほぼ同額の限界的な税務上の恩典を得る。

　経年的に就労者の限界税率が変わらないと仮定すると、課税繰延の恩典は、投資所得の税率がゼロであることの効果に等しくなる。課税繰延が納税額に3種類の効果を与えることを思い出そう。拠出時の減税効果、繰延期間中の減税効果、そして分配時の増税効果である。限界税率が変わらないと仮定すると、分配時の税負担は現在価値にして拠出による節税分と同等である。これらの2つの影響はお互いにまったく相殺されることから、税務上の恩典は、繰延期間中の税負担の減額という残りの1つの効果となる。具体的には、課税繰延の税務上の恩典は、拠出を所得税の課税対象とし、税引後拠出額を投資口座に拠出する場合に得られる投資所得と、税率ゼロの場合の投資所得の差に相当する。

　この等価性が理解されると、課税繰延の限界的な恩典がなぜ就労者の限界税率に比例して増加しないのかを簡単に説明できる。より高い限界税率の就労者は、税率ゼロが適用される投資所得の1ドルからより多くの恩典を得る。しかしながら、税引後拠出から得られる投資所得額は、限界税率の高い就労者ほど低くなる。その結果、課税繰延の限界的な恩典は限界税率ととも

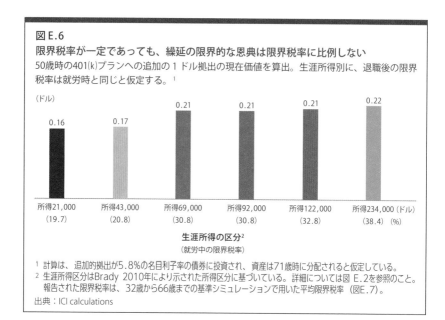

図 E.6

限界税率が一定であっても、繰延の限界的な恩典は限界税率に比例しない

50歳時の401(k)プランへの追加の１ドル拠出の現在価値を算出。生涯所得別に、退職後の限界税率は就労時と同じと仮定する。[1]

(ドル)

0.16　　0.17　　0.21　　0.21　　0.21　　0.22

所得21,000	所得43,000	所得69,000	所得92,000	所得122,000	所得234,000 (ドル)
(19.7)	(20.8)	(30.8)	(30.8)	(32.8)	(38.4) (%)

生涯所得の区分[2]
(就労中の限界税率)

[1] 計算は、追加的拠出が5.8％の名目利子率の債券に投資され、資産が71歳時に分配されると仮定している。
[2] 生涯所得区分はBrady 2010により示された所得区分に基づいている。詳細については図 E.2を参照のこと。報告された限界税率は、32歳から66歳までの基準シミュレーションで用いた平均限界税率（図E.7）。
出典：ICI calculations

に増加するが、限界税率が増加するにつれて増加率は低くなる。

経年的な就労者の限界税率の変化を考慮した場合の課税繰延の限界的恩典

　図 E.6で見積もった限界的恩典は、追加の１ドルの課税繰延の恩典を過小評価している。現行政策に基づく基準シミュレーションにおいて、退職後の限界所得税率は６所得層すべての代表的就労者で低くなるからだ（図 E.7）。退職後に限界税率が低くなると、現在価値で比較して、分配時に支払う所得税は拠出で積み上げた節税額よりも少なくなる。退職後に税率が低くなると、課税繰延の恩典は、就労者が課税対象口座で得るであろう投資所得を税率ゼロにした場合の恩典と、ボーナス的恩典となるが、現在価値でみた拠出による節税分と分配時の税金の差額と等しくなる。

　現行政策に基づく基準シミュレーションでは、すべての就労者で退職後に

限界税率が低下するが、生涯所得の低い就労者のほうが税率の低下幅が大きい（図 E.7）。たとえば、連邦税と州税の限界税率の合計でみると、所得234,000ドル層の就労者は退職後に6.3％ポイント低下する（38.4％から32.1％に低下）のに対し、所得69,000ドル層の就労者は15.8％ポイントも低下する（30.8％から15.0％に低下）。

限界税率の変化を勘案すると、生涯所得が低い代表的就労者のほうが、追加で1ドルの拠出を繰り延べることからより多くの恩典を受けることが見て

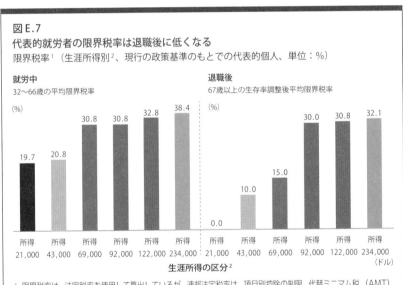

図 E.7
代表的就労者の限界税率は退職後に低くなる
限界税率[1]（生涯所得別[2]、現行の政策基準のもとでの代表的個人、単位：％）

就労中
32～66歳の平均限界税率
(%)

退職後
67歳以上の生存率調整後平均限界税率
(%)

就労中: 所得21,000: 19.7 / 所得43,000: 20.8 / 所得69,000: 30.8 / 所得92,000: 30.8 / 所得122,000: 32.8 / 所得234,000: 38.4

退職後: 所得21,000: 0.0 / 所得43,000: 10.0 / 所得69,000: 15.0 / 所得92,000: 30.0 / 所得122,000: 30.8 / 所得234,000: 32.1

生涯所得の区分[2]
（ドル）

[1] 限界税率は、法定税率を使用して算出しているが、連邦法定税率は、項目別控除の制限、代替ミニマム税（AMT）、およびAMT標準控除の段階的移行の影響を勘案して調整した。AMTの対象でない納税者、および控除が項目別の納税者の場合、連邦と州の限界税率を合算する際に州の所得税は控除可能として調整した。AMTの対象である納税者（州の所得税控除が許されない納税者）、または控除を項目別にしていない納税者の場合、限界税率の合算は単純に連邦と州の限界税率の合計とした。記載した税率は、対象期間（32歳から66歳、ならびに67歳以上）の代表的就労者の平均限界税率である。
[2] 代表的就労者の生涯所得区分はBrady 2010年により示された所得区分に基づいている。詳細については図 E.2を参照のこと。
出典：ICI simulations

取れる（図 E.8）。たとえば、50歳時の退職プラン拠出1ドルの課税繰延に係る限界的恩典は、所得21,000ドル層の就労者で0.33ドル、所得69,000ドル層の就労者で0.34ドルとなる。これに対して、50歳時の退職プラン拠出1ドルの課税繰延に係る限界的恩典は、所得234,000ドル層の就労者で0.28ドル、所得122,000ドル層の就労者で0.23ドルとなる。

限界税率の変化を勘案すると、
生涯所得が低い代表的就労者のほうが、
追加で1ドルの拠出を繰り延べることから
より大きな恩典を受ける

　過去の社会的通念に反して、課税繰延の限界的恩典は就労者の限界税率とは密接に関連していない。より生涯所得の低い代表的就労者は就労中に低い限界税率の適用を受けるが、退職後に限界税率は急激に低下する。その結果、拠出期間を管理することで、生涯所得の低い就労者は通常、追加的な1ドルの拠出を繰り延べることからより大きな恩典を得る。

　誤解2

　　誤解：課税繰延が原因で、現在の所得税制度は貯蓄に「逆効果」となるインセンティブを提供している。

　　事実：課税繰延は「逆効果」となるインセンティブを提供するどころか、貯蓄のインセンティブを平準化している。通常の所得税制措置は、投資で得たリターンの一部を取り去ることにより、貯蓄のインセンティブを低下させる。投資収益に対する税率を効果的にゼロにすることにより、課税繰延はこの逆効果となるインセンティブを取り除く。

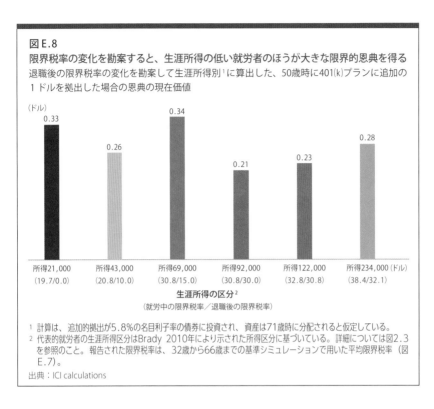

図 E.8
限界税率の変化を勘案すると、生涯所得の低い就労者のほうが大きな限界的恩典を得る
退職後の限界税率の変化を勘案して生涯所得別[1]に算出した、50歳時に401(k)プランに追加の
１ドルを拠出した場合の恩典の現在価値

(ドル)

- 0.33 所得21,000 (19.7/0.0)
- 0.26 所得43,000 (20.8/10.0)
- 0.34 所得69,000 (30.8/15.0)
- 0.21 所得92,000 (30.8/30.0)
- 0.23 所得122,000 (32.8/30.8)
- 0.28 所得234,000 (ドル) (38.4/32.1)

生涯所得の区分[2]
(就労中の限界税率／退職後の限界税率)

[1] 計算は、追加的拠出が5.8％の名目利子率の債券に投資され、資産は71歳時に分配されると仮定している。
[2] 代表的就労者の生涯所得区分はBrady 2010年により示された所得区分に基づいている。詳細については図2.3
を参照のこと。報告された限界税率は、32歳から66歳までの基準シミュレーションで用いた平均限界税率（図
E.7）。
出典：ICI calculations

　課税繰延に対する批判は、貯蓄に「逆効果」となるインセンティブを与え
るというものである。課税繰延が存在することで、所得の低い就労者よりも
所得の高い就労者により大きな貯蓄のインセンティブを与えるといわれてき
た。たとえば、次の引用は、連邦所得税負担のない低所得就労者の貯蓄イン
センティブを典型的に説明している。

　　現在の税制は不公平に課税しないことを確約しているが、貯蓄には経
　　済的な安全性を高める潜在性があるにもかかわらず、貯蓄するインセ
　　ンティブをまったく与えていない（Valenti and Weller 2013、7ペー
　　ジ、強調付）。

課税繰延は貯蓄に「逆効果」となるインセンティブを与えるどころか、貯蓄のインセンティブを平準化している。貯蓄のインセンティブは、資本市場やクレジット市場に存在する投資機会からのリターンによって与えられるものであり、所得税によって与えられるものではない。投資からのリターンの一部を取り去ることにより、所得税は投資家が受け取る収益率を減らし、貯蓄意欲を減退させる。課税対象の投資口座では、限界税率の高い就労者の貯蓄インセンティブが最も低い。課税繰延は、所得税に固有の貯蓄意欲減退要因を取り除き、効果的に投資収益に税率ゼロを課している。これにより、すべての就労者は、その限界税率に関係なく、貯蓄から全市場収益率を得ることができる。

> ## 課税繰延は、
> ## 効果的に投資リターンに税率ゼロを課すことにより
> ## 貯蓄するインセンティブを平準化する

貯蓄するインセンティブ

　貯蓄するインセンティブは、投資から得るリターンの税引後の収益率である。貯蓄は現在の所得から現在の支出を差し引いたものと定義されるため、個人が貯蓄を増やすためには現在の支出を抑える必要がある。今日支出を減らすことの対価は、将来支出を増やすことができることである。現在と将来の支出間のトレードオフの関係が、貯蓄のインセンティブにつながる。今日１ドル支出を減らしたら、将来どれくらい支出を増やすことができるのか？このトレードオフの関係を決定するのが、投資から得られるリターンの税引後収益率である。

　通常の所得税の構造は貯蓄を阻害し、結果として限界税率の高い就労者は貯蓄するインセンティブが低い。たとえば、年利6.0％の債券に投資する限

界税率の異なる就労者で考察してみる（図 E.9）。限界税率がゼロの就労者
は投資収益に税金を支払わないことから、消費を控えた貯蓄から6.0％の全
市場収益率を得られるのに対し、限界税率が25％の就労者は、年利4.5％の
収益率となる。限界税率が25％の就労者は、毎年所得税を金利所得の25％、
または投資資産の1.5％（6％×0.25）を支払わなければならないので、リ
ターンは低下する。所得税がなければ、現在と将来の支出間のトレードオフ
は、市場の投資収益率で決定される。所得税は、投資から得られる市場収益
率と納税者が受け取る税引後収益率の間に楔を打ち込むが、就労者の限界税
率の増加とともに、この楔の幅は大きくなる。

通常の所得税構造は、特に限界税率の高い就労者にとって貯蓄の阻害要因となる

　課税繰延は、所得税に固有の貯蓄の阻害要因を取り除くが、これは、拠出
が課税繰延された場合の現在と将来の消費間のトレードオフを同様に計算す
ることで示すことができる（図 E.10）。経年的に限界税率が変化しないと仮
定すると、すべての就労者は、それぞれの限界税率に関係なく、同じ貯蓄の
インセンティブを得ることになる。実効年間収益率として、すべての就労者
は課税繰延により後回しにした消費から6.0％の収益を得る。すべての就労
者は、課税繰延によって投資所得に事実上限界税率ゼロが課される。このよ
うにして、課税繰延は市場収益率と投資家が受け取る税引後収益率の間に存
在する楔を取り払い、貯蓄のインセンティブを平準化する。

■ 所得税負担に対する社会保障の影響に関する詳細な考察

　これまでの研究では、社会保障制度の恩典を測定するために、純社会保障
給付を用いてきた。前述のように、この測定では社会保障制度に関する優遇
所得税措置を無視しているので、結果として、課税繰延で使用される恩典の
測定方法と一致していない。純社会保障給付の測定に加えて、この研究では
通常の所得税構造と比較した、社会保障制度によって生じる所得税負担の軽
減も測定する。

　社会保障制度は、6所得層の代表的就労者すべてに対して、生涯の所得税
負担を軽減する。実際には、最も所得の高い就労者以外のすべての就労者
で、社会保障の所得税上の恩典は課税繰延に関連する租税支出よりも大きく
なる。

　就労中、社会保障は所得税を軽減するが、退職すると税金にはほとんど影
響を与えない。就労中、社会保障は、社会保障費課税の雇用者負担分や、課
税対象口座であれば課税されたであろう投資所得を除外することで、課税対
象所得を減らす。しかし、投資所得の除外は、課税所得に最も大きな影響を
与える。課税対象投資口座へ拠出した資金の12.4%は即座にかなりの投資収
入を生み出したはずである。課税対象所得を減らすことに加え、社会保障制
度は生涯所得の低い就労者の限界税率を引き下げる。社会保障がなければ、
課税所得が増えることになり、これらの就労者をより高い税法上の課税区分

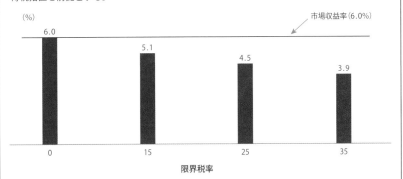

図 E.9
所得税は投資で得た実効年間収益率を減少させる
就労者の限界税率別にみた、消費の先送りで得た実効年間収益率。20年間の投資と通常の所得税措置を前提とする。

(%)

市場収益率(6.0%)

6.0

5.1

4.5

3.9

| 0 | 15 | 25 | 35 |

限界税率

注記：限界税率は20年間不変と前提。
出典：ICI calculations

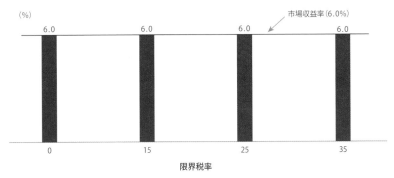

図 E.10
課税の繰延は貯蓄インセンティブを平準化する
就労者の限界税率別にみた、消費の先送りで得た実効年間収益率。20年間の投資と課税繰延を前提とする。

(%)

市場収益率(6.0%)

6.0   6.0   6.0   6.0

| 0 | 15 | 25 | 35 |

限界税率

注記：限界税率は20年間不変と前提。
出典：ICI calculations

に押し上げてしまう。

■ 租税支出の配分分析は適切か？

　この研究における分析のインセンティブは、租税支出の配分分析がしばしば税制改革の文脈のなかで引合いに出され、課税繰延の配分分析単独では米国の退職後資金支援制度の恩典の全体像を示さないことにある。この研究では、これまでの研究で課税繰延の判断に使用したものと同じ基準を使って、社会保障と課税繰延を合算すると、米国の退職後資金支援制度が累進的であることを示す。

> **この研究では、これまでの研究で課税繰延の判断に**
> **使用したものと同じ基準を使って、**
> **社会保障と課税繰延を合算すると、**
> **米国の退職後資金支援制度が累進的であることを示す**

　より根本的な疑問として、この配分分析、またはその他の課税繰延の配分分析が、将来の税制改革の取組みにおいて大きな役割を果たすべきかどうかがある。著者の信念としては、果たすべきではないと考える。租税支出を集計する推計には、限定的ながらも分析する価値があるが、租税支出の配分分析に分析する価値があるかどうかは明確ではない。租税支出を個人納税者に割り当てることでは、税法の全体の累進性への特定の税法条項の影響を正確に測定することはできない。実際には、論理的に極端な方向に傾いて、個別税法の累進性に焦点を当てると、結果を間違える可能性がある。連邦所得税の包括的な改革が行われる場合、税制改革のパッケージとして所得税全体の累進性に及ぼす影響を勘案することが重要であろう。特定の税法規定がもたらす恩典の配分が改革に及ぼす影響は勘案すべきではない。それ自体が累進

的でなくても、理にかなった政策目標を達成する税制条項であれば、累進的な所得税に導入することが可能である。

> 連邦所得税の包括的な改革が行われる場合、
> 政治家にとって重要なことは、
> 税制改革のパッケージとして所得税全体の累進性に
> 及ぼす影響を勘案することであろう。
> 特定の税法規定がもたらす恩典の配分が
> 改革に及ぼす影響は勘案すべきではない

課税繰延概念の限界

租税支出の評価は、非常に狭義の質問に対する回答にしかならない。この評価は、個々の税法規定の税務上の恩典について特定の尺度を表す。すなわち、他の税制や納税者の行動に変更がない前提で、特定の税制規定が排除された場合、どれくらい税負担が変化するかを測定する。その評価が何を示しているかが理解されれば、租税政策の分析者に有益な情報を提供できる可能性がある。

租税支出の評価の問題は、何を評価するかではなく、評価をどのように解釈するかという点にある。租税支出の評価は、アナリストが関心をもつ疑問に答える範囲内でしか分析する価値はない。租税支出の評価は、政策に直接の影響を及ぼさない。たとえ特定の税法規定が租税支出の評価に関連していても、それ自体は、税制改革の将来の方向性を示唆しない。また租税支出の評価は、包括的税制改革の取組みの過程で発生する幅広い政策上の問題に応えるものでもない。租税支出の評価は、特定の税法規定が排除された場合に生じる税収の評価を行うものではないし、将来の税制改革の取組みへの影響を予想するものでもない。

租税支出と従前の税制改革の取組み

　租税支出を排除または制限することは、税制改革に取り組む際に常に着眼点となるが、租税支出が所得税の累進性に与える影響が最優先の関心事項となることはあまりない。従前の税制改革の取組みにおいて、所得税の公平性に対する租税支出の影響への関心は、通常水平的公平性にはあるが（同様の経済状況にある納税者は同様の税負担をすべきという概念）、垂直的公平性（より経済的なリソースのある納税者はより高い税負担をすべき）にはなかった。

　たとえば、1986年税制改正法（TRA '86）までの政策論議は、累進性よりも水平的公平性により重点を置いていた。Treasury I（U.S. Department of the Treasury 1984）およびTreasury II（U.S. Department of the Treasury 1985）は、TRA '86のベースとなった2つの報告書であるが、「公平性、経済成長、簡素さ」を目指す税法改革を提案した。公平性について関心事項としてあげられたのは、主に各所得階層内における税負担に対する租税支出の影響についてであった。

　　　税源浸食も不公平を生み出す。最も典型的な例としては、同じ所得を
　　　有する2つの世帯において、1つの世帯が税制優遇を活用し、もう1
　　　つの世帯が活用していない場合、支払税額が異なることは不公平であ
　　　る。（U.S. Department of the Treasury 1984、vol.1、5ページ）

　実際に、TRA '86につながる改革プロセスにおいては、税制の累進性に対する租税支出の影響は明確に無視されていた。改革提案は配分的にはほぼ中立的であるという判断が下された。税制改革は、同一所得階層内の納税者の間で勝者と敗者を生む結果となったが、所得階層間で比較した相対的な負担はおおむね維持された。

課税繰越は現行税制の累進性にどのように影響するか？

　米国税制の累進性に対する課税繰延の影響は、最初に一見簡単に思える質問に答えることなしに判断することはできない。それは「何と比較するか？」である。比較対象として選ばれた別の税制次第で、課税繰延は税法の累進性を高めないとみなされることもあり、累進性を高めるとみなされることも、まったく影響がないとみなされることもある。

　租税支出の評価には、現行政策と比較するために非常に特定の代替的政策を用いる。それは、関連する税務規定を削除するが、その他の規定はそのままとして比較する方法である。しかしながら、このような税法の変更は、一般的ではない。大部分の税法改正においては、特に大きな改革が行われる際には、複数の税法規定が変更されるからである。

　課税繰延が累進性に及ぼす影響を判断するために最も適切な比較は、TRA '86において課税繰延が排除されたと仮定した場合、税法がどうなるかを問うことであろう。税法は常に変化しているが、1986年の税制改革が連邦所得税の直近の包括的改革であった。

　現行税法と課税繰延を排除した仮説上の1986年税制改革を比較すると、課税繰延は現行の米国の税法の累進性に影響を及ぼさないと判断されるであろう。すでに述べたとおり、TRA '86として結実した税制改革プロセスは、以前の法律と比較して、配分上中立的になる新しい税システムの構築を目指していた。改革プロセスの当初から掲げていたこの目標を所与とすれば、課税繰延を維持もしくは排除しても、同じ水準の累進性を有する税法を生み出したはずである。つまり、課税繰延が排除されていた場合には、TRA '86が税法の累進性に正味の影響を及ぼさないようにするため、法定税率を低下させるなど、その他の変更がなされていたはずである。

個別税法の累進性に対する誤った着目

　単一の税法規定から得られる恩典の配分に焦点を置くと、税制の議論がうまくいかなくなる可能性がある。累進性のある税制を有することの論理的根拠はあるが、税法に含まれるすべての規定が累進的であること、つまり、一言で表現すれば、個別税法の累進性と称される概念には論理的根拠はない。

　個別税法の累進性は、税法が累進性を有するための必要条件でないだけでなく、個別税法の累進性の達成を重視すると、結果が異なったものになる可能性がある。極端な言い方をすると、個別税法の累進性を追求すると、租税システムと所得移転システムの累進性を全体として減じるような政策の採用につながる可能性がある。たとえば、高所得納税者にとっては、所得除外もしくは税額控除に起因する租税支出の推計は、法定税率の上限引下げによって、大幅に削減されうる。

租税支出と包括的な税制改革

　連邦所得税の新たな包括的改革が実施される場合、改革は、個々の税制条項の累進性が与える影響ではなく、税制全体の累進性に与える影響に基づいて判断されるべきである。特定の税法規定の変更に焦点を当てる前に、税収と累進性の目標など、税法の包括的な改正に目標を設定することが適切である。目標とする累進性の水準にかかわらず、理にかなった政策目標に取り組む税制であれば、それ自体が累進的でなくても、所得税に含めることができる。そして、法定税率など税法の他の側面は、望ましい累進性の水準を制度全体で達成するために調整できる。

　そのような包括的改革プロセスが実施される場合、課税繰延を排除または制限する決定は、連邦所得税の累進性に与える影響よりは、水平的な公平性、経済成長、そして簡素さを中心に議論されるべきであろう。どのような累進性の目標水準を設定するにせよ、累進性の目標を満たす政策の組合せは複数

存在する。これらの政策の組合せは、いずれを選択しても、目標を達成する
には、累進性への影響ではなく、その他の効果によって判断される。課税繰
延を排除または制限することは、法定税率の調整などの代替策よりも、それ
が累進性の目標水準を達成するために優れた方策だと判断される場合にのみ
行うべきである。

■ 公平性、経済成長、簡素さの基準によって課税繰延を評価する

　課税繰越の効果は、他の租税支出と多くの面で異なっており、単に税負担
の排除ではない繰延を行うだけにとどまらない。Blueprints for Basic Tax
Reform（U.S. Department of the Treasury 1977）は、「課税繰延とその他の
租税支出の間にはより根本的な差がある」として、課税繰延が経済成長や公
平性に与える影響に着目している。

　　　また、退職目的の特定の投資からの所得への課税繰延は、積立投資に
　　　よる貯蓄増強に現在の法律が与えている悪影響を相殺する好事例であ
　　　る。重要なことは、この最後の例は公平性の観点からも望ましいとみ
　　　られることである（U.S. Department of the Treasury 1977、23ページ）。

　さまざまな批判が存在するが、課税繰延は所得税の公平性を高め、経済成
長を促進し、理解と管理が比較的容易である。対照的に、最近の課税繰延規
則を変更しようという提案は、水平的な公平性を低下させ、税法を非常に複
雑にする。

課税繰延は、所得税の公平性を高め、経済成長を促進し、理解と管理が比較的容易である

公平性

　就労者に報酬の一部を退職まで繰り延べさせることは、所得税の公平性を間違いなく高める。対照的に、課税繰延を変更しようとする多くの提案は、ある形式の繰延可能報酬（DCプランまたはDCプランの従業員拠出）と、他の形式の繰延可能報酬（DBプランまたはDBプランとDCプランのいずれかへの雇用者拠出）に異なった取扱いを適用しようとしており、税法の公平性を低下させる。

　累進的税率体系は、年収が家計の経済資源の優れた尺度である場合にのみ正当化される。年収が家計の経済資源の優れた尺度でない場合、累進的税率体系は、すなわち同じ経済状況にある個人の税負担が異なるという水平的不公平性につながる。これは、経年的に個人の年収が変化する場合に、特に懸念される。

　税負担は所得を受領する時期の影響を受け、年収に一定の調整を加えることが、受領時期の影響を和らげる効果をもつと長らく認識されてきた。たとえば、TRA'86が導入される前には、納税者は「所得の平準化」の利点を選択することができた。すなわち、納税者は、過去３年間の平均所得の140％を超える所得に、低い限界税率の適用を選択できたのである。

　所得の受領時期の影響は、Blueprints for Basic Tax Reform（U.S. Department of the Treasury 1977）で強調され、年収が経済的な資源源としては不完全な尺度であること、所得を１年間の所得として測定することは、原則と

いうよりも実務上の理由によって決定されたことを重要視している。2人の納税者の相対的経済状況を適切に比較するには、より長い期間、できれば生涯所得を測定する必要がある。

基本的に就労者に生涯にわたる「所得の平準化」を許容することによって、課税繰延は間違いなく税制の公平性を改善する。所得は通常、個人の生涯で著しく変動する。一般的に、物価連動賃金は、就労の早い段階で増加し、その後緩やかになり、ピーク期に横這いとなる。就労者が退職期に移行すると、賃金は大幅に減少するかゼロになり、人生の終わりにかけて何年も収入がまったくない状態となる可能性がある。就労者に退職するまでその報酬の一部の留保を許容することは、課税年収の生涯にわたる変動の影響を減らし、その結果、課税年収が生涯の状況をより良く示す尺度となる。

基本的に就労者に生涯にわたる「所得の平準化」を許容することによって、課税繰延は間違いなく税制の公平性を改善する

課税繰延を変更する提案は水平的公平性を低下させる

課税繰延に適格な報酬は数多くの形態をとる。報酬は、雇用者が提供する退職金制度またはIRAを通じて繰延できる。雇用者は、DBプランやDCプランのスポンサーになることができる。民間セクターと公務員の両方が退職プランに参加できる。報酬は、雇用者拠出または選択的な従業員拠出のいずれかを繰延できる。

課税繰延に適格な報酬は、どのような形態をとっても、同じ恩典をもたらす。就労者は現在の報酬を退職金プランから分配を受け取るまで繰り延べ、その結果、現在の所得税は課税繰延に適格な報酬に対して、その形態の違い

にかかわらず、おおむね中立的な課税の取扱いを維持している。最近行われた課税繰延の変更提案は、DCプランのみを対象としたことから、この中立性を終わらせる結果となり、他の提案はDCプランやIRAへの選択的な従業員拠出のみを対象としていた。

これらの提案は、雇用者が構築した報酬パッケージを前提とする就労者をいたずらに罰することになる。特にこの提案は、公務員（DBプランが依然として標準的）よりも民間セクターの就労者（DBプランはますますまれとなっている）に大きな打撃を与える。さらにいえば、従業員拠出の課税繰延をターゲットとした提案は、十分な雇用者拠出を得ている就労者よりも、雇用者拠出がほとんどない就労者に影響があり、退職プランにRoth拠出のオプションがある就労者よりも、退職プランにRoth拠出がない就労者に影響を与える。

経済成長

租税支出を排除しようとする主な動機は、課税ベースが広範で税率が低い所得税は、経済成長を促進するという考え方にある。所得税は、経済行動を歪めることで経済成長を減退させる可能性がある。一般的に租税支出は、課税ベースを狭め、より高い限界税率を必要とするため、経済的歪みを増幅するとみなされる。より高い限界税率は、就労と投資を抑制して経済活動を減退させる。租税支出を排除して税収をあげ、限界税率の引下げに利用すると、いずれの所得税にも内在する就労と貯蓄の抑制効果が減少するため、経済効率は高まる。さらに、課税ベースが狭いと、他の経済活動よりも特定の経済活動を優先させることで、経済資源の非効率な配分につながる。課税繰延を排除することは、経済資源が従来助成された活動から、より生産性の高い活動に移されるため、経済資源のより効率的な配分につながる。

しかしながら、課税繰延は、所得税がもたらす経済的歪みを実際に減らし

ている点において、他の租税支出とは異なる。投資収益に課税することで、所得税は貯蓄のインセンティブを低下させる。課税繰延は、投資リターンへの課税を効果的に減らし、貯蓄するインセンティブを高める。

簡素さ

だれが報酬の課税繰延をできるかについては複雑な規則が存在するが、IRSは課税繰延を比較的簡素に管理している。そもそも課税繰延は、単純に退職のために報酬の一部を留保するもので、就労者が分配を受ける時まで課税されない。退職プランの規則が追跡していれば、IRSは時間の経過とともに納税者の拠出と給付を追跡する必要はない。IRSが確認することは、拠出が年間の拠出限度額を超えないこと、支払われた給付が年間の給付限度額を超えないこと、すべての分配が分配された年に課税対象とされていることだけである。

就労者の観点からは、現行の法律のもとで、退職制度に拠出するかどうかを比較的簡単に決断できる。早期引出しのペナルティに服さない就労者は、拠出時に不利な取扱いを受けることはなく、1年間拠出を続けることにより元の状態に戻ることができる。早期引出しのペナルティに服する者にとっては、拠出の意思決定はやや複雑であるが、最初の数年に引き出す可能性が低い場合には、ほとんどの加入者は繰延から恩典を受けることが期待できる。

払戻可能税額控除や政府マッチング拠出はチャーニングを助長する

課税繰延の前倒しの恩典を定額払いの払戻可能税額控除[4]または定額の政府マッチング拠出[5]に変更できる制度が採用されれば、限界税率の低い就労者に退職金制度への拠出に対するチャーニングのインセンティブを与えることになるだろう。チャーニングとは、退職金制度に拠出して、ほどなく拠出を引き出すことである。定額の払戻可能税額控除もしくは政府マッチング拠出では、低い限界税率の就労者は、拠出の恩典が分配への課税を上回るた

め、拠出をチャーニングするインセンティブとなる。

　課税繰延には拠出をチャーニングするインセンティブを与えることはない。59.5歳以上で、早期引出しのペナルティの対象でない就労者であっても、退職金制度への拠出と拠出を直ちに引き出すことは恩典をもたらさない。これは、拠出の恩典が分配への課税と完全に一致するからである。課税繰延は、最低1年間報酬を繰り延べる者に恩典を与えるのみで、1年追加するごとに恩典が増加し、税金が繰り延べられる。

　新しいメカニズムを導入するとチャーニングを監視する必要があるため、この提案は税制をより複雑にするか、税収損失の観点から法外に高くつくことになる。早期引出しに関する現在の法的ペナルティは、59.5歳未満の就労者のチャーニングを抑止するには十分ではなく、59.5歳以上にはまったく適用されない。低所得就労者のチャーニングを抑止し、他の就労者にとって過度に懲罰的でない簡素なペナルティを立案することは困難である。代わりに、複雑なペナルティの適用もしくは退職金制度資産へのアクセスの直接制限が必要になる。いずれの場合でも、IRSは各個人の拠出と給付を長期にわたって追跡するために、追加の財源を費やす必要がある。

前倒しの恩典を制限する提案は拠出の意思決定を複雑にする
　課税繰延とは対象的に、退職金制度拠出金の前倒し恩典を制限する提案は、前倒し額の制限[6]、課税繰延の払戻可能税額控除への変更[7]、または政府マッチング拠出[8]のいずれであっても、退職金制度への拠出の意思決定をより複雑にする。これらの提案は、限界税率の高い就労者による退職金制度への拠出に関する前倒し税額の恩典を減らし、退職金制度からの分配に課税を継続することになる。前倒しの恩典への制限は、拠出に対するペナルティと同等となり、拠出への課税をさらに長期間繰り延べることでのみ相殺される。現行法とは異なり、早期引出しペナルティの対象ではない就労者は、退

職金制度に拠出することにより不利となる可能性がある。早期引出しペナルティの対象となる就労者は、退職金口座への拠出を決める前に、予期せず口座にアクセスする必要がないことをより確実にする必要がある。

■ 要　約

　課税繰延の恩典に係る租税支出の評価は、雇用者が提供する退職金制度とIRAの税制措置変更の提案を動機づけるために広く使われてきた。

　この研究における評価は、課税繰延の累進性を単独で判断する際と同じ基準を使用しているが、米国の退職後資金支援制度は、課税繰延と社会保障制度の両方を合算してみれば、全体としては実際に累進的であることを示している。この評価は、課税繰延の恩典に関する従前の調査に文脈を与えること、そして、課税繰延と社会保障制度を合算してみることにより、どのように米国の就労者に退職後の資金源を提供しているかの理解を向上させることを目的としている。

　この分析では、しばしば繰り返され、広く受け入れられている2つの誤解に対する反論も行っている。第一に、高生涯所得の就労者が課税繰延からより大きな恩典を得る主な理由は、限界税率の違いではなく、社会保障給付が彼らの退職前所得をあまり代替せず、雇用者が提供する退職金制度とIRAにより多く依存していることである。第二に、課税繰延は貯蓄に「逆効果」となるインセンティブを提供するどころか、所得税に内在する貯蓄の阻害要因を排除することで、貯蓄インセンティブを平準化していることである。

　所得税の包括的な改革が行われる場合、税制改革パッケージの全体が所得税全体の累進性に及ぼす影響を勘案することが重要である。単独税法の累進性（特定の税法がもたらす累進性）に焦点を置くことは間違いである。それ自

体が累進的でなくても、理にかなった政策目標に取り組む税制条項を、累進的な所得税に導入することは可能である。

　特定の税法規定は、広義の観点から判断されるべきであり、その公平性、経済成長、簡素さへの影響によって評価されるべきであり、これらの観点からみると、課税繰延の評価は高い。就労者が退職するまでその報酬の一部の保留を許容することで、所得の生涯にわたる変動の影響を減らし、結果として就労者の生涯の経済状況をより良く示す課税対象年収の尺度が得られ、より公平な税制となる。課税繰延は、どのような所得税にも内在する貯蓄の阻害要因を排除することで、経済的歪みを軽減する。課税繰延はまた、IRSにとって管理が簡易で、就労者にとっては簡単に理解することができる。

エグゼクティブ・サマリー ── 注記

1　Goodfellow and Schieber 1993、Schieber 2012、Schieber 2014。

2　たとえば、Burman et al.（2004）、Goodfellow and Schieber 1993、Schieber 2012、Congressional Budget Office 2013、Schieber 2014を参照のこと。

3　たとえば、Goodfellow and Schieber 1993、Smith, Toder, and Iams 2004、Congressional Budget Office 2006、Schieber 2012、Schieber 2014、Smith and Toder 2014を参照のこと。

4　たとえば、Batchelder, Goldberg, and Orszag 2006を参照のこと。

5　たとえば、Gale, Gruber, and Orszag 2006、Gale 2011、Gale, John, and Smith 2012を参照のこと。

6　たとえば、米国2013会計年度に始まる大統領予算提案（U.S. Department of the Treasury 2012, 2013, 2014, 2015）およびHouse Ways and Means Chairman Camp's 2014 税制改革提案（Tax Reform Act of 2014）を参照のこと。

7　注記 4 を参照のこと。

8　注記 5 を参照のこと。

INTRODUCTION

序　論

本研究では、米国の課税繰延と社会保障制度を合算したうえで、米国の退職後資金支援制度全体の恩典を分析し、米国の退職後資金支援制度の恩典が逆累進的であることを示す。すなわち、生涯所得に対する割合としてみると、社会保障と課税繰延を合算した場合、低所得者が受け取る生涯の恩典は、高所得者が受け取る生涯の恩典よりも大きくなることを示す。

　米国人は退職後、さまざまな資金源に頼るが、ほとんどの米国人にとって、社会保障給付が最も重要な資金源となる。住宅を保有することは、住宅を保有せず貸家である世帯に比べて多くの月収を得る必要がないため、もう1つの重要な資金源とみなすことができる。さらに、定年退職に近い就労者世帯のおよそ80％には、課税繰延された退職後のための資金源がある。確定給付型（DB）年金プランに計上された退職給付金、確定拠出型（DC）年金プランの退職資産もしくは個人退職勘定（IRA）、またはその両方の資金源がそれらに当たる[1]。退職後の生活にとって重要なのは、ある1つの資金源から得る金額ではなく、ある世帯が有するいくつかの資金源を組み合わせた総額である[2]。

　社会保障制度と課税繰延を別々に分析しても、米国の退職制度の全体像はみえない。退職後の資金源の構成は、世帯の経済状況によって異なるからである。生涯所得の低い世帯は、より多く社会保障給付に頼っている。一方で、生涯所得の高い世帯は、課税繰延という退職後に備えた資金源により多く頼っている[3]。退職後に備えた資金源の構成が異なるのは、制度の仕組みを反映している。社会保障給付支払いの計算式は逆累進的で、生涯所得の低い就労者ほど、社会保障給付が所得代替率に占める割合は高くなる。雇用者が提供する退職金制度は社会保障制度を補完し、生涯所得のより高い就労者がより大きく依存している。

　米国の退職後資金支援制度の恩典を評価した、すなわち、米国政府による

退職後資金支援政策から国民が享受するネットの恩典を全体的に評価した調査はほとんどない。過去の米国退職後資金支援制度の調査は、社会保障制度か課税繰延のいずれかに焦点を当てている。さらに、この2種類の調査は、同じ基準で恩典を計測していないため、結果を簡単に比較することができない。社会保障制度からだれが恩典を受けているかの分析では、通常、生涯における個人の純給付金を測定している。すなわち、社会保障給付の現在価値から、社会保障給付税の現在価値を差し引いたものである。課税繰延からだれが恩典を受けているかの分析では、通常、ある年度のすべての納税者を対象として、退職制度拠出に関連する租税支出を推計する。すなわち、課税口座への拠出に関連する税負担と、課税繰延退職制度への拠出に関連する税負担の差額を推定する。

　その最初の公表時から、課税繰延とその他の税法規定に関連する租税支出推計は、連邦所得税改正の取組みに重要な役割を果たしてきた。現在の税制改革論議での租税支出評価の重視により、租税支出の最大項目である雇用者が提供する退職制度とIRAの課税の取扱いに疑問が投げかけられるようになった。さらに、最近のいくつかの研究では、所得区分ごとに納税者がどのような租税支出の配分を受けているかを推計することにより、異なる税法規定からだれが恩恵を受けているかを分析している[4]。これらの研究は、退職制度の税制についてさらなる精査を行うことで、高所得の納税者が課税繰延からより多くの恩恵を受けていることを示している。

　雇用者が提供する退職制度とIRAに関連する租税支出の推計に少なくともある程度は動機づけられて、大統領の年度予算に組み込まれた包括的な連邦所得税改革と狭義の税制提案は両方とも課税繰延を対象としている。たとえば、これらの包括的改革提案では、Debt Reduction Task Force of the Bipartisan Policy Center（2010）とNational Commission on Fiscal Responsibility and Reform（2010）の両方において、退職制度の年間拠出限度額を約

60％に減ずる条項を含んでいた。加えて、大統領の年度予算[5]とHouse Ways and Means Chairman Dave Camp[6]の2014年税制改革法は、退職制度拠出に関連する前倒しの税控除を制限する提案を含んでいた。

　本研究では、課税繰延だけの恩典に関する過去の研究で使用されたものと同じ計測方法、すなわち租税支出推計を利用して、米国の退職後資金支援制度全体の恩典を評価する。この分析は、課税繰延の恩典に関する過去の調査を理解するための背景を提供すること、そして、課税繰延と社会保障制度を組み合わせた場合、米国の就労者に退職後の資金源をどのように提供しているかの理解を向上させることを目的としている。

■ 分析の範囲

　本書の分析を展開するにあたって、第1章では租税支出の概念を説明し、租税支出が近年の税制改革に関する政策論議で果たした役割を示す。課税繰延の恩典は、その他のほとんどの租税支出よりも推定がむずかしく、これらの恩典を納税者の所得区分に応じて配分することはさらにむずかしい。この分析における推計方法は租税支出の概念と同じであるが、2つの重要な点において典型的な推計方法とは異なる。第一に、就労者が課税繰延から1年間に受け取る恩典を推計するのではなく、所得別に区分した代表的就労者が米国の退職制度から生涯にわたって受け取る恩典を推計した。第二に、課税繰延と社会保障を組み合わせて恩典を推計した。

　第2章では、社会保障制度と課税繰延を組み合わせて推定すると、米国の退職後資金支援制度が累進的であることを示す。米国の退職後資金支援制度の恩典を、課税繰延と社会保障の組合せに関連する租税支出として測定した。すなわち、課税繰延と社会保障の両方を排除したシミュレーションと、現行政策に基づく基本シミュレーションとの間の、生涯税負担の差異として

恩典を測定した。現行政策に基づく基本シミュレーションにおいては、退職者が社会保障給付と雇用者が提供する退職制度の組合せに依存することを示し、また、社会保障制度の設計に起因して、退職時の資金源の構成が就労者の生涯所得によって変化することを示した。

　第3章では、課税繰延の恩典をより詳細に分析する。課税繰延が税負担に与える影響は、ライフサイクルによって変化する。課税繰延は、所得から拠出金と投資収益を控除できることによって、就労時の所得税を減らすが、すべての退職制度からの分配が所得に含まれることによって、退職後の税金を増やす。このシミュレーションによって、課税繰延の前倒しの恩典に焦点を当てた政策論議は誤解を招くことを示す。高所得の就労者にとって課税繰延は、生涯に支払う税額に与える影響よりも、納税する時点が与える影響のほうが大きい。

　第4章では、課税繰延についての2つの誤解を払拭する。第一の誤解は、高所得の就労者は、より高い限界税率が適用されることから、課税繰延によってより大きな恩典を受けているということである。実際には、生涯所得の高い就労者が課税繰延により多く依存している、すなわち課税繰延からより大きな恩典を得ているのは、社会保障制度の仕組みによるものである。平均してみると、実際には、低所得の就労者のほうが退職制度への追加的な1ドルの拠出からより大きな恩典を受けている。高所得者が課税繰延からより大きな恩典を受けている理由は、退職制度に拠出した追加的な1ドルからの恩典が大きいということではなく、より多くの金額を拠出しているからである。第二の誤解は、現行の税制は貯蓄に「逆効果」となるインセンティブを与えているということである。実際には、課税繰延は、所得税に内在する貯蓄抑制効果を排除し、限界税率が異なる就労者全体に対して均等に貯蓄インセンティブを与えている。

第5章では、社会保障が所得税負担に与える影響についてより詳細に分析する。過去の研究では、社会保障制度の恩典を各就労者の純給付支払いを計算することで推計し、受給した社会保障給付支払いの現在価値から、支払った社会保障税の現在価値を差し引いた金額として測定していた。しかしながら、純給付支払いは社会保障に関連する租税支出の1つの構成要素にすぎない。社会保障は、所得税負担にも影響を与える。実際に、本研究では最も高い所得の就労者以外のすべての就労者において、社会保障は課税繰延よりも所得税負担に大きな影響を与えている。

　本書の最初の5章では、過去の調査で課税繰延を判断する際に使用したものと同じ基準を用いて、社会保障と課税繰延を組み合わせてみると、米国の退職後資金支援制度が累進的になることを示している。

　第6章では、少し議論を戻して、一般的な租税支出概念の限界、特に租税支出の配分分析の限界を検討する。特定の税法条項が累進性に及ぼす効果について狭義の政策論議を行うことは誤りである。論理的に極端に走って、「マイクロプログレッシヴィティ」（特定の税法条項が累進性に及ぼす効果）に焦点を置くと、間違った結果となる可能性がある。ある政策の変更がマイクロプログレッシヴィティを高めても、所得税全体としての累進性を低下させることがある[7]。包括的な所得税改革を実施するのであれば、考慮すべき重要な点は、提案される改革が所得税全体の累進性に及ぼす効果であろう。特定の税法規定から発生する恩典の配分の影響は、包括的な所得税改革にとって関心事項ではなく、また関心事項であってはならない。

　所得税を改革する場合、特定の税法規定の導入が公平さ、経済成長、そして簡素さにどのような影響を与えるかに焦点を置くべきであり、第7章では、課税繰延がこれらの観点から良い結果をもたらすことを論じる。就労者が退職するまでその報酬の一部を留保することを許容することで、ライフサ

イクルによる所得変動の影響を減らし、結果として就労者の生涯の状況をより良く表わす課税対象年収の尺度が得られる。課税繰延は、どのような所得税にも内在する貯蓄の阻害要因を排除することで、経済的歪みを軽減する。課税繰延はまた、内国歳入庁（IRS）にとっては管理が容易で、就労者にとっては理解が容易である。

　対照的に、課税繰延にさらなる制限を加えたり、根本的な変更を行ったりすることは、税法を不公平にし、より複雑にする。変更提案の多くが、DCプランのみ、またある場合には、DCプランもしくはIRAへの従業員拠出のみを対象とするため、税法は不公平になる。現在の税法では、すべての適格な繰延報酬をおおむね中立的に取り扱っていることから、ここからの変更は大きな変更を意味することになる。課税繰延がもたらす前倒しの恩典を変更する提案は複雑さを増長し、就労者にとっては退職プランに拠出するかの判断がより困難となり、IRSにとっては管理と実施がより困難となる。

序論 ― 注記

1　ICI analysis of the Federal Reserve Board's Survey of Consumer Finances（SCF）。Brady, Burham, and Holden 2012、29ページの図13を参照のこと。

2　この理由により、Brady, Burham, and Holden 2012は、3本足の椅子よりもピラミッドのほうが退職後の資金源の良い例えであると指摘している。

3　第1章の図1.2の説明を参照のこと。

4　Burman, Toder, and Geissler 2008、Toder, Harris, and Lim 2009、Toder and Baneman 2012、Congressional Budget Office 2013。

5　U.S. Department of the Treasury 2012、2013、2014、2015。

6　The Tax Reform Act of 2014。

The Tax Expenditure Concept

租税支出の概念

▶ 租税支出の概念は、税法を2つに分割する。1つ目は通常の*所得税構造*である。1つ目に含まれる法令は、厳格に歳入の計上に関する法令で構成され、所得を定義し、会計規則を指定し、税率表の規定を含む。2つ目は、その他のすべての税制規定を含み、*租税支出*として分類される。

▶ 特定の税法規定に関する租税支出評価は、現行の税制下における税負担と、その規定が排除された場合の税負担の差異を意味するが、その際にその他のすべての租税支出規定を含む残りの法制は不変であり、納税者の行動が税法の変更に応じて変化しないと仮定している。

▶ 課税繰延は、その他の租税支出よりも評価が困難である。すなわち、単年度の税額を減額するがその他の年の税負担に影響を及ぼさない除外や控除とは異なって、課税繰延は就労者の税負担を生涯にわたって変化させる。

▶ 本研究での租税支出の評価は2つの点で通常の評価とは異なっている。第一に、特定の課税年度に個人が得た恩典を測定するのではなく、個人が生涯で受け取る恩典を測定している点であり、第二に、課税繰延と社会保障制度の両方の恩典をあわせて評価している点である。

本書は、租税支出の評価で使用されたものと同一の基準で米国政府による国民の退職後資金支援制度の恩典を測定している。この分析的アプローチを動機づけるため、本章では租税支出の概念、租税支出評価が近年の税制改革に関する政策論議で果たした役割を説明する。

　1961年から1969年まで米国財務省の租税政策担当補佐官を務めたStanley Surreyが*租税支出*という用語をつくりだしたと広く伝えられている[1]。Surreyは、政策目標が追求する価値がない場合や、直接的支出プログラムのほうがより良く対処できる場合の多くで、税法が課税と関係のない目的を達成するために使用されていることを懸念した。Surreyが特に懸念したのは、そのような租税支出は、直接支出と同一の基準で精査されていなかったことである。これらの懸念に対処するため、Surreyは1967年11月の演説で、初めて租税支出評価という概念を導入し、最初の租税支出評価を監督し、約1年後に公表した[2]。1974年に議会は、年間予算プロセスの一環として、租税支出の評価を公表するよう要求するようになった。Joint Committee on Taxation（議会両院税制合同委員会：JCT）とU.S. Department of the Treasury（アメリカ合衆国財務省：Treasury）は以来、共同で各年の租税支出を公表している[3]。

　租税支出の概念は、税法を2つに分割する[4]。1つ目は*通常の所得税構造*である。1つ目に含まれる法令は、厳密に歳入の計上に関する法令で構成され、所得を定義し、会計規則を指定し、税率表の規定を含む。2つ目は、その他のすべての税制規定を含み、*租税支出*として分類される。租税支出には特別な優遇措置、たとえば除外、控除、繰延、税額控除、優遇税率などが含まれており、これらは通常の所得税構造の一部ではないが、政府の支出プログラムで直接対処可能な政策目標に関連している。

　何が通常の所得税構造を構成するかについては、解釈によって異なる[5]。たとえば、JCTの定義には「各納税者に対する1つの個人的な控除、各扶養家族に対する1つの控除、標準控除、既存の税率体系、投資と就労者のビジネス支出の控除」が含まれている[6]。財務省の定義はより広義であり、現在

の税法の定義より多くの機能を含めている[7]。

■ 租税支出と税制改革

　租税支出は、最初の評価が発表された時点から、税制改革の論議で中心的な役割を果たしてきた。Surrey（1973）は、租税支出が排除されることが「税制改革への道筋」とみなしていた。租税支出は1976年税制改革法の主な焦点であった[8]。租税支出を排除または制限することが、画期的な財務省報告書 Blueprints for Basic Tax Reform（U.S. Department of the Treasury 1977）と1986年税制改革法のベースとなり、一般的にTreasury I（U.S. Department of the Treasury 1984）とTreasury II（U.S. Department of the Treasury 1985）と呼ばれる2つの報告書において、税制改革の論議の中心であった[9]。当然のことながら、より近年の税制改革の提案でも、租税支出の削減もしくは排除に焦点が置かれており、President's Advisory Panel on Federal Tax Reform（2005）、Debt Reduction Task Force of the Bipartisan Policy Center（2010）、National Commission on Fiscal Responsibility and Reform（2010）などがそれに当たる。

　租税支出と税制改革は何十年にもわたって結びついているが、最近の税制改革の論議は、どの納税者がこれらの条項から恩典を得るかにより重点が置かれている。これはおそらく、部分的には、租税支出の配分分析がより広く利用可能になったからであろう。初期の租税支出評価には、租税支出を所得階層で配分しているものもあり（その例としてCommittee on Ways and Means 1972を参照）、より高い限界税率の納税者にとって、除外と控除が税額を削減することは古くから知られている。しかし、年次報告書では、財務省は納税者の所得階層によって租税支出を配分せず、JCTは当該情報をおよそ12の個別租税支出についてのみ提供している[10]。近年、いくつかの研究が、租税支出についてより包括的な配分分析を提供している[11]。これらの研究結果は、所得税改革の一環として[12]、または単独提案のいずれかで、租税支出を

除外もしくは制限する提案に頻繁に引用されている[13]。

税制改革の焦点が租税支出に置かれるようになったことで、雇用者が提供する退職制度とIRAの税務上の取扱いの精査につながった。退職後のために蓄えておく報酬への課税の繰延を許容する税法の条項は、最大の租税支出の1つであると推定されている。たとえば、Joint Committee on Taxation（2014）は、2014～2018財務年において、雇用者が提供するDCプランは5番目に大きな租税支出であり、雇用者が提供するDBプランは10番目に大きな支出であったと推定している[14]。さらに、高所得の就労者は雇用者が提供する退職年金制度に加入する可能性がより高いため、[15] 高所得納税者が課税繰延から受ける恩典が不均等に高い割合を占めることが長年の懸念となっている[16]。

■ 評価の方法

JCTと財務省が公表した詳細なリストに含まれる各租税支出はそれぞれ独立して評価されている。特定の税法規定に関連する租税支出評価は、既存の税制のもとの税負担と、その規定が排除されるがすべての他の租税支出規定を含む残りの法制が変わらなかった場合の税負担の差異である[17]。

現行税法上の税負担の評価は、所得基準の評価から得ている。所得基準の評価には、評価期間の経済的活動と納税者の行動の両方の予測が組み込まれている。経済活動の予測は、Congressional Budget Office（CBO）がJCTに提供し、Office of Management and Budget（OMB）が財務省に提供している。納税者行動の予測は、JCTと財務省のアナリストが実施し、経済予測と現行税法の両方を前提としている。

税法条項が排除され、その他の税法の変更がない場合の税負担の推定は静的である。すなわち、租税支出条項のない税負担の評価は、所得基準と比較すると、税法の変更に対して納税者の行動は変化しないことを前提とする。

■ なぜ課税繰延は他の租税支出と異なるのか

比較的最近まで、所得階層別の課税繰延の恩典を正式に推定した研究はほとんどなかった。これは、少なくとも部分的には、課税繰延は他の租税支出よりも評価がむずかしいという事実によるものと思われる。その他の租税支出はほとんどが、除外（所得から雇用者提供の健康保険料を除外するなど）、または控除（所得から住宅ローンの金利支出を控除するなど）であり、これらは単年度の税金を減額するが、その他の年の税負担には影響を及ぼさない。除外や控除と異なり、課税繰延は就労者の生涯にわたり税負担を変更する。

図1.1で示されているとおり、現行法において適格とされる繰延報酬は、通常の所得税構造における課税とは以下の3つの時点において異なる方法で課税される[18]。

» 第一に、雇用者による退職年金制度（DBプランとDCプランの両方を含む）への拠出は、401(k)タイプのプランへの就労者による選択的拠出と同様に、Form W-2で報告される課税所得から除外される（図1.1の上段パネル）。通常の所得税構造のもとでは、すべての報酬はForm W-2で報告される課税対象所得に含まれ、所得税の対象となる。所得税を支払った後に利用可能な資金のみを、課税対象の投資口座に拠出することが可能である。

» 第二に、退職プランへの拠出から得た投資収益は、受領時には所得に含まれず、資金が分配されるまで課税繰延される（図1.1の中央パネル）。通常の所得税構造のもとでは、課税対象の投資口座におけるすべての投資所得は、所得に含まれ、受け取ると課税対象となる[19]。

» 第三に、すべての退職プランからの分配は、所得に含まれ、課税対象となる（図1.1の下段パネル）。対照的に、通常の所得税構造のもとでは、課税対象の投資口座からの引出しは通常、所得とはみなされず、課税対象ではない[20]。

これらの3つの時点に対応して、租税支出の評価は3つの個別評価で構成

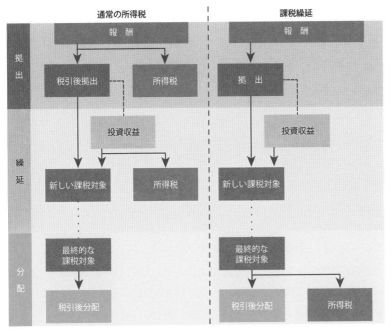

図 1.1
課税繰延は通常の所得税の取扱いとは異なる
通常の所得税構造と課税繰延の比較

	通常の所得税	課税繰延
拠出	報酬 → 税引後拠出 / 所得税	報酬 → 拠出
繰延	投資収益 → 新しい課税対象 / 所得税 → 最終的な課税対象	投資収益 → 新しい課税対象 → 最終的な課税対象
分配	税引後分配	税引後分配 / 所得税

注記：この図では、すべての投資収益を年1回の利息または配当金の形式で受領し、受領時に課税されると仮定している。投資収益として未実現のキャピタルゲインが存在する場合、未実現利益は課税対象口座からの分配時に課税される。
出典：Investment Company Institute

される：

» 拠出時の減税

» 繰延期間中の投資所得に対する減税

» 退職後に分配がなされた場合の増税

　課税繰延は、就労者の生涯にわたっての税負担に影響を与えるため、他の租税支出よりも評価がむずかしい。財務省とJCTが公式の租税支出評価を作

成する際に使用したモデルのように、支出を評価するために使用されたマイクロシミュレーションは、単年の財務申告年度の税務申告書の大標本を元にしている。これらのモデルは、特定の年の租税支出の年間評価を作成するために使用され、予算期間内における複数年の評価は、単に単年度評価の合計である。個人の所得税のもとでの除外、控除、税額控除による租税支出については、総租税支出評価と個々の納税者への配分を通常マイクロシミュレーションモデルから直接得ることが可能であるが、課税繰延に関連する租税支出の評価と配分はそれほど直接的ではない。

マイクロシミュレーションモデルの簡単な説明

　個人の所得税引当については、財務省とJCTが租税支出の評価に使用したツールはそれぞれの個別税モデル（Individual Tax Models：ITM）である。ITMは、横断的なデータに基づいたマイクロシミュレーションモデルである。データは納税申告年度1年分の、個人の納税申告書の代表的な大標本を元にしている[21]。納税データに加えて、追加の評価目的で必要であった人口統計情報、または経済情報を直接適用あるいは帰属させる目的で、その他のデータソースが使用されている。たとえば、納税データは標本に含まれた個人の生年月日を提供する社会保障管理データに関連しており、消費支出を出すために世帯調査データを使用し、税負担の見積もりをしている。これらのデータは、その他のコンピュータプログラムと組み合わせて、税負担の評価に使用されている。

　ITMが将来の税収を予測できるように、予算期間内の年を表すためにデータは「加齢」つまり年数を外挿する必要がある。Cilke（1994）により説明されているように、これは2つのステップで行われる。第一に、データのすべてのドル額を1人当りのインフレ率と実質成長にあわせて増加させる。第二に、国民総所得の予測、人口の年齢分布の予測などにより、観測値の重みづけを行ない、総計目標を達成するように調整する。予算期間の評価は、その予算期間内の各年に対する見積りの合計である。

財務省とJCTのITMは、データが個人納税者のレベルで将来の年に外挿されていないため、複数年にわたる個人納税者の評価には使用できない。そのため、予算期間中の人口の変化と経済活動に対応させるように個人納税者の重みづけを調整してデータを外挿する。たとえば、ソースデータで45歳の納税者を対象としている場合、外挿データでも予算期間中毎年45歳の納税者を対象とする。ある年に45歳の納税者が次の年に46歳になるよう個々の納税者を加齢するのではなく、対象納税者をすべての年で同じ年齢にするが、各年で異なる対象納税者の数を表すように重みづけする。

　経年的に個人を追うマイクロシミュレーションモデルも存在するが、通常、租税支出を評価するためには使用されない。これらのモデルは、横断的なデータではなく、パネルデータ、すなわち多数の個人に基づいており、各個人に複数時期のデータが関連づけられている。横断的モデルとは異なり、パネルモデルでは個人レベルでソースデータに外挿される[22]。たとえば、CBOと社会保障管理者は、パネルデータを元にして社会保障制度の収入と支出を予測するモデルを構築している[23]。加えて、財務省とJCTはともに、複数納税申告年のデータをもつ納税者標本に基づいたパネルモデルも構築している[24]。しかし、これらの財務省とJCTパネルモデルは、公式の租税支出評価の算出には使用されていない。

公式の租税支出評価

　JCTと財務省は、同様の手法を使用して、公式の総租税支出推計を算出する。これらは、租税支出を評価する際に、退職税規定の条項をやや異なる分け方にしており、また異なる仮定を使っている可能性があるが[25]、評価を算出するため両方ともほぼ同じ租税支出の概念を使用し、両方とも本質的に同じシミュレーション方法を使用している[26]。

　退職プランに対する公式の租税支出評価は、キャッシュフローベースで測定されている。推計は予算期間の各年から派生し、全予算期間の租税支出評価は各年の推計額の合計に等しくなる。たとえば、DCプランに関連した租

税支出の年間キャッシュフロー測定値は、次の3つの個別評価を組み合わせている。

» 現行のDCプランへの拠出から生じた、単年度の税額の減額
» 現在までにDCプランで蓄積されたすべての資産において、現在得た投資所得に対する課税を控えたことによって生じた、単年度の税額の減額
» 現行のDCプランからの分配から生じた、単年度の税額の増加

　公式の総租税支出評価を算出するために、JCTと財務省はともに、他のデータによって補足されたITMを使用する。すでに述べたとおり、財務省とJCTのITMは、納税申告年度1年からの個人納税申告の大標本に基づいている。納税申告と関連する情報申告は、IRAへの拠出や雇用者が提供する退職年金制度への拠出についてのデータを提供する。税務データは、IRAおよび雇用者が提供する退職年金制度からの拠出についての情報も含む。個人の所得税データは、雇用者が提供する退職年金制度への拠出についての情報を含まない。その代わりに、外部データ、すなわち世帯調査データもしくは退職後資金支援制度からの総データを使用して、雇用者の拠出を計算することが求められる。同様に、納税申告データでは、退職後資金支援制度で蓄積した資産やその制度が生み出した投資所得についての情報は提供されない。その代わりに、資産についての直近の総データは、雇用者による退職年金制度が保持しており、IRAは退職後資金支援制度が生み出した投資所得の総額を推計するために使用される。

　租税支出のキャッシュフローの測定の使用に関して、どのような懸念があるにしても[27]、公式の総評価は、分析に成功したとしても簡単には個人納税者に割当てできず、そのような調査を解釈するのはむずかしい。評価の一部が総データに基づいているため、課税繰延のために総租税支出を各納税者に機械的に配分することはむずかしい。納税者全体にキャッシュフローの評価を配分するため合理的な方法を使用しても、そのような調査の結果は解釈がむずかしい。キャッシュフロー評価に課税繰延の3つの影響の評価を含めたとしても、これらの3つの影響は同じ納税者に帰属するものではない。拠出

の収益減少は1組の納税者（現役就労者）に帰属する。配分における収益増加は、他の1組の納税者（主に退職者）に帰属する。そして、投資所得への課税繰延による収益減少は、すべての個人、すなわち現役就労者でも退職者でも、DBプランの加入者やDCプランやIRAで資産を蓄積した者に帰属する。

課税繰延の配分分析

Cronin（1999）により説明されているように、財務省は課税繰延の恩典を個人の納税者に配分する場合、公式のキャッシュフローの租税支出評価の代わりに、現在価値の基準を使用している。現在価値基準は、1年間の雇用者が提供する退職年金制度やIRAを通じて繰延された報酬の恩典を見積もる。これは、拠出されてから分配されるまでの税の恩典の将来予想である。したがって、現在の年の減税の見積りだけでなく、繰延期間の投資所得に対して繰延された部分の現在価値の評価も含まれ、退職後に配分される税金の現在価値の評価が増加する[28]。たとえば、雇用者および就労者による401(k)プラン拠出の1年の合計が、就労者1人につき10,000ドルとする。拠出年度に、その就労者の租税支出評価は、「10,000ドルの拠出によって現行年に生じた減税分」に「報酬10,000ドルを課税投資口座に拠出した場合に繰延期間中に課される税金の現在価値」を加え、「10,000ドルの拠出と投資収益が退職後に分配される際に徴収される税金の現在価値」を差し引いたものとなる。

キャッシュフロー基準に関連して、課税繰延の恩典の現在価値基準は、配分分析に重要な利点がある。この分析は機械的により簡単である。その理由は、雇用者が提供する拠出を各就労者に換算する必要があるが、課税繰延は財務省やJCTのITMを使って各納税者の見積もりが直接可能なためである。さらに、前倒しの節税、繰延期間の節税、退職後の増税を含む退職制度拠出からのすべての恩典は同じ納税者に帰属するので、結果を解釈するのがより簡単である。Burman et al.（2004）、Burtless and Toder（2010）など、課税繰越の恩典に特に注目した研究は、通常Cronin（1999）により説明された

方法に従い、現在価値の租税支出評価を使用している。

■ 米国の退職後資金支援制度の恩典に関する全体評価

　本書では、米国の退職後資金支援制度の恩典について、典型的な課税繰延の恩典の配分分析よりも全体的に検討している。使用される恩典の基準は租税支出の一般的な概念に一致しているが、これらは通常の基準とは次の2つの点で異なっている。

　第一に、本書での評価は就労者の生涯にわたる恩典を測定する。典型的な配分分析は、租税支出の現在価値の基準を使っていても、課税繰延の恩典について歪んだ見方を提供する可能性がある。将来予想であっても、現在価値の租税支出評価は退職後資金支援制度拠出の1年の恩典を測定する。1年間のデータに基づいた評価は、拠出率が就労者のキャリアのなかで変化する可能性があるため、就労者が課税繰延から平均して受け取る恩典を反映しない可能性がある。たとえば、現在、雇用者による退職年金制度の対象でない若い就労者が後で加入した場合、課税繰延から恩典を受けていないとみなされる。反対に、最近拠出を増やした年齢が高い就労者が、家庭をもち育児があったために、キャリアのほとんどで控えめな拠出をしていた場合、課税繰延から大きな恩典を受けたと推定される。

　退職後の税制優遇措置の改革案の配分上の影響を評価する最近の研究は、課税繰延の恩典を生涯にわたって測定することの重要性を示している。Butrica et al.（2014）は、退職年金制度への雇用者拠出と就労者拠出を所得から除外する代わりに、拠出を所得に含み、すべての就労者に拠出に対する払戻可能な25％の税額控除を提供する提案を評価している[29]。この研究では、提案の影響に関して2つの異なる評価を提供する。すなわち、横断的マイクロシミュレーションモデルを使用して導き出した年間の基準と、パネルマイクロシミュレーションモデルを使用して導き出した生涯の基準である[30]。1年間の測定を行うと、この提案は、生涯税負担を10ドル以上、現在価値で

は納税申告の20.1%を引き下げ、そして、生涯税負担を10ドル以上、現在価値では納税申告の9.5%を増加させる[31]。しかし、就労者の生涯にわたって測定すると、結果は反対になる。すなわち、納税者のうちわずか9％が勝者（生涯税負担の1.0%以上の減少）、24%の納税者が敗者（生涯税負担の1.0%以上の増加）として分類される。

Butrica et al.（2014）では、なぜこの2つの推定アプローチがこのように異なる結果を導き出したかを論議していないが、これは就労者の貯蓄行動と所得が、生涯にわたって予測可能なパターンに従うためだと思われる。平均して、インフレ調整後の所得は、就労者のキャリアの初期には増加し、最も所得が高い時期にピークに達して、就労者が退職に近づくと伸びが止まるか低下する[32]。Brady and Bogdan（2014a）により示されるように、貯蓄目標も就労者の生涯で変化し、若い就労者では教育、家族、住宅購入のための貯蓄により集中し、年齢が高い就労者は退職のための貯蓄により集中する。退職後、個人は貯蓄をやめて、退職年金制度の分配を利用し始める[33]。退職金制度の拠出および分配はライフサイクルの貯蓄パターンと相関しているため、単年のデータに基づいた評価では、就労者が課税繰延から平均して生涯にわたって得る恩典を正確に表すことはできない。

本書で使用される基準が、典型的に利用されるものと異なる2つ目の方法は、米国政府による国民の退職後資金支援制度の恩典を、課税繰延と社会保障制度の恩典を一緒に見積もることによって評価していることである[34]。社会保障は、米国の退職後を支援する制度の最大の要素である。給与の12.4%に相当する税金を社会保障の対象となるすべての就労者から徴収しており、その給付金は退職後の資金源の大きな割合を占める[35]。さらに、給付金支払いの計算式は累進的で、生涯所得の低い就労者では、受取りの高い割合を占めている（図1.2）。たとえば、1960年代に生まれた就労者が、65歳で社会保障給付を請求すると、CBOの社会保障給付の支払いは、生涯世帯所得の階層ごとにランクづけした世帯でみると、最低層20%の就労者では、平均インフレ調整後所得の88%を代替すると推定される[36]。生涯所得が増えると、社

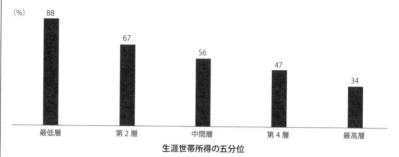

図 1.2

社会保障給付の算出式はきわめて累進的である

65歳で請求した場合の社会保障の平均所得代替率予測（生涯世帯所得の五分位ごと、1960年代生まれの集団、%）

（%）

- 最低層　88
- 第2層　67
- 中間層　56
- 第4層　47
- 最高層　34

生涯世帯所得の五分位

注記・所得代替率は、社会保障給付の支払いを平均物価連動所得で割って計算されている。1960年代生まれの就労者にとって、社会保障の全額給付退職年齢は67歳である。これらの就労者が65歳からの請求を全額給付年齢まで遅らせると、社会保障給付の支払いは15.3％増加する。請求を1カ月遅らせるごとに、給付支払いは70歳まで増加する。請求を70歳まで延期すると、給付支払いは、67歳で請求した場合24％増、65歳で請求した場合43％増となる。

出典：Congressional Budget Office 2014

会保障給付は所得のより小さな割合を占めるようになり、生涯世帯所得でランクづけした中間層20％の世帯の就労者では56％に下がり、生涯世帯所得でランクづけした最上位層20％の世帯の就労者では34％となる。

　課税繰延の恩典は、単独で評価することはできない。雇用者が提供する退職制度は社会保障を補完する。より生涯所得の高い就労者は、社会保障給付の支払いが退職前の所得を代替する割合がより低いため、これらのプランにより大きく依存する。いずれの構成要素も個別に評価した場合、米国政府による国民の退職後資金支援制度の全体像はみえない[37]。

　雇用者が提供する退職年金制度と社会保障制度が一緒に作用するという事実は、意図的なことではない。政治家は、強制加入の退職制度—社会保障—を創設し、すべての米国の就労者を対象としているが、これ単独では、より生涯所得の高い就労者に適切な退職後資金を提供しない。社会保障を補完するために、就労者は退職まで報酬の一部を繰延することも許容されている。

政治家が社会保障と雇用者が提供する退職年金制度の連携を意図した証拠は、社会保障の制定以来、米国議会は民間部門である雇用者に対し、その年金制度を社会保障に「統合」することを認めたところにある。すなわち、米国議会は、社会保障の対象とならない所得、すなわち社会保障の最大課税額を超える所得（2014年に117,000ドル）について、雇用者により寛大な恩典の計算式をDBプランで、そしてより高い雇用者拠出率をDCプランで就労者に提供することを許容した[38]。

　社会保障と雇用者が提供する退職年金制度が実際に連携している証拠は、退職資金のデータによって示されている。たとえば、Gustman, Steinmeier, and Tabatabai（2009）は、詳細な世帯データを使用して、将来の社会保障給付額と発生したDBプランの恩典額を含めた資産の基準を構築した。これ

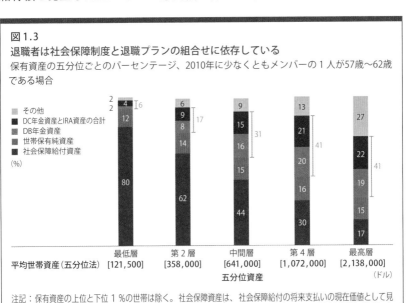

図1.3
退職者は社会保障制度と退職プランの組合せに依存している
保有資産の五分位ごとのパーセンテージ、2010年に少なくともメンバーの1人が57歳〜62歳である場合

凡例：
- その他
- DC年金資産とIRA資産の合計
- DB年金資産
- 世帯保有純資産
- 社会保障給付資産
（%）

	最低層 [121,500]	第2層 [358,000]	中間層 [641,000]	第4層 [1,072,000]	最高層 [2,138,000]
その他	2	6	9	13	27
DC年金資産とIRA資産の合計	2／4（6）	9（17）	15	21	22（41）
DB年金資産	12	8	15	20	19
世帯保有純資産	14	14（31）	16	16（41）	15
社会保障給付資産	80	62	44	30	17

平均世帯資産（五分位法）
五分位資産
（ドル）

注記：保有資産の上位と下位1％の世帯は除く。社会保障資産は、社会保障給付の将来支払いの現在価値として見積もられている。世帯保有純資産は住宅の価値から住宅ローンを引いた金額である。確定給付型（DB）年金資産は、DB給付の将来支払いの現在価値として見積もられている。四捨五入のため、各資産の合計が100％にならないことがある。

出　典：Investment Company Institute tabulation of an updated Table 3 of Gustman, Steinmeier, and Tabatabai 2009, which uses Health and Retirement Study（HRS）data

らの著者から提供された分析を利用して、世帯資産別にランクづけし、少なくとも世帯の１人が57歳〜62歳の世帯についての退職後の資金源の割合を図1.3に示す[39]。社会保障制度の設計と一致して、将来の社会保障給付の割合は、資産でランクづけした最低層20％の世帯での80％から、中間層20％の世帯では44％に低下し、最高層20％の世帯では17％に低下する。資産に対する将来の社会保障給付の割合が減少するにつれ、雇用者が提供する退職年金制度とIRA形式の資産の割合が増加する。累積的なDBプランの恩典とDCプランとIRAに積み上がった資産の合計は、資産でランクづけした世帯の最低層20％の６％から、中間層20％では31％に、最高層20％では41％に増加する。

■ 要　　約

　1960年代に最初の租税支出評価が米国財務省から公表されて以来、租税支出は税制改革の論議で中心的役割を果たしてきた。当然のことながら、より最近の税制改革案も、租税支出の削減もしくは廃止に焦点を当てている。しかし、従前の税法改正の取組みとは異なり、最近の政策論議は、租税支出からどの納税者が恩典を受けるかにより重きを置いている。

　租税支出の配分分析が近年の政策決定に大きな役割を果たしていることを考慮し、本書では米国の退職後を支える制度によってもたらされる恩典における累進性の評価を明らかにする。米国の退職後を支える制度の評価に使用された方法は、課税繰延の恩典を個別に測定するために使用された標準的な租税支出方法と一致している。しかし、本書で使用する基準は、次の２つの重要な点で一般的な基準とは異なる。第一に、１年間に課税繰延から就労者が受け取る恩典を評価するのではなく、米国の退職後を支える制度の恩典を代表的就労者の生涯にわたって評価した。第二に、恩典は課税繰延と社会保障を合算して評価した。

第 1 章 ― 注記

1　租税支出の初期の歴史に関する議論については、Forman 1986およびShaviro 2003を参照のこと。Surreyは、*租税支出*という用語を考え出したとされるが、特別税制規定に関する懸念は、以前から存在していた。たとえば、Forman 1986は、米国においてはInternal Revenue Code of 1954（1954年国内歳入法）の制定後に特別税制規定への学術的関心が高まっていたと指摘している。Shaviro 2003は、ドイツにおいて、1954年という早い時期に特定の租税規定と直接政府助成の同等性に気づいたとしており、ドイツ政府が1959年に政府助成の報告を開始した時、これには直接助成と税制によって提供される助成が含まれていたと指摘している。

2　U.S. Department of the Treasury 1969。

3　最近の推計については、Joint Committee on Taxation 2014 および Office of Management and Budget 2015を参照のこと。

4　このパラグラフは、Surrey and McDaniel 1985の租税支出の説明をまとめたもの。

5　租税支出の概念に対する最も早期の批判の1つに、通常の所得税構造の恣意性があった。「問題は、目まぐるしく変化する経済生活の流れに対して、Haig-Simonsの（所得の）定義を適用するとすぐに明らかになる数多くのあいまいさを別にして、所得課税のいかなる制度も、Haig-Simonsの定義でも解決しようとしない数々の構造的問題に関する意思決定の集合体であることである。これらに関して、たとえ40人の税金の専門家を40日間部屋に閉じ込めたとしても、空腹と退屈に屈すること以外、合意は得られないだろう。たとえ全員がHenry Simonsの研究をすべて暗唱できたとしてもである。そのような問題について、すべての人は「租税支出」についての持論を構築することができるが、それはあるがままの所得税法と彼がこうあるべきと考える所得税法との間の相違を収集したものにすぎない。そのような編集作業はおもしろいものだろうが、それらのなかから1つを選んで国家予算にどう組み込んだらよいか、私には知るすべもない。」（Bittker 1969、260ページ）Haig-Simonsの所得は、個人の消費に所与の期間（暦年など）における個人の純資産の変化を加えたものと定義されている。現在の所得税と対比される通常の所得税構造の恣意的な性質が、租税支出の概念に関する主な批判であり続けた。たとえば、Kahn and Lehman 1992 および Bartlett 2001を参照のこと。

6　Joint Committee on Taxation 2014、4ページを参照のこと。

7　たとえば、現行の税法は特定のビジネス（通常は小規模ビジネス）に現金主義会計の採用を許容している。財務省はこれを通常の所得税構造の一部とみなしているが、JCTはこれを租税支出として扱っている。JCTと財務省の租税支出調査の違いに関する詳細

は、Joint Committee on Taxation 2014、13〜14ページを参照のこと。

8 Tax Reform Act of 1976（1976年税制改革法）の定義と説明については、Joint Committee on Taxation 1976を参照のこと。

9 Tax Reform Act of 1986（1986年税制改革法）の定義と説明については、Joint Committee on Taxation 1987を参照のこと。

10 たとえば、Joint Committee on Taxation 2014では、以下の租税支出を納税者の所得階層別に配分した：非課税社会保障と鉄道退職給付金、医療費控除、不動産税控除、住宅ローン利息控除、州および地方所得・売上および個人不動産税控除、慈善寄付控除、育児控除、勤労所得税控除、教育費控除、学生ローン利子、育児期の税控除、および通常課税からの人的控除の段階的廃止、および人的控除および代替ミニマム税（AMT）の標準控除の廃止である。最後の項目は、マイナスの租税支出とみなされる。すなわち、通常の所得税構造下より税負担を増加させる。

11 Toder, Burman, and Geissler 2008、Toder, Harris, and Lim 2009、Toder and Baneman 2012、およびthe Congressional Budget Office 2013を参照のこと。さらに、Tax Policy Centerは定期的に最新の租税支出に関する配分分析をウェブサイトに掲載している（参照：www.taxpolicycenter.org/taxtopics/Tax-Expenditures-2013-2.cfm）。これらの調査は、Tax Policy Centerのエコノミスト（Toder, Burman, and Geissler 2008、Toder, Harris, and Lim 2009、Toder and Baneman 2012）が従前に発表した研究に基づいている。

12 たとえば、Marr and Highsmith 2011 および Hanlon 2011を参照のこと。

13 たとえば、Van Hollen 2013 および Senate Budget Committee 2015を参照のこと。

14 Joint Committee on Taxation 2014では、2014年から2018年の5会計年度における上位10位の租税支出が、①雇用者が支払った医療費と保険料の除外（7,851億ドル）、②配当金および長期キャピタルゲインに対する税率引下げ（6,328億ドル）、③被支配外国法人の能動的所得の繰延（4,180億ドル）、④住宅ローン利子控除（4,052億ドル）、⑤DCプランへの拠出と同投資所得に対する課税繰延（3,990億ドル）、⑥勤労所得控除（3,528億ドル）、⑦医療恩典取引を通じて購入する保険の補助金（3,181億ドル）、⑧州税と地方税の控除（3,164億ドル）、⑨育児控除（2,855億ドル）および⑩DBプランへの拠出と同投資収益に対する課税繰延（2,483億ドル）としている。

15 Brady and Bogdan 2014aを参照のこと。

16 たとえば、Congressional Budget Office 1987の論議を参照のこと。

17 JCTと財務省は両方とも、各租税支出を個別に評価しているので、租税支出の評価は一般的に積上方式（additive）ではない。すなわち、税法規定は相互に影響を与える可能性があるので、2つの租税支出をあわせた評価が2つの個別評価の合計に等しいと仮定できない。JCTと財務省は両方とも、Joint Committee on Taxation 2014の13ページで、税法にいっさい変更を加えないことを仮定しているが、どのように税負担を変更するかについては異なった仮定をしている。JCTは、租税支出をなくすと、納税者は他の租税支出を有効に活用できると仮定している。財務省は、納税者は他の租税支出の有効活用はできないと仮定している。

18 課税繰延の詳細な説明はBrady 2012bを参照のこと。

19 利子と配当金は受け取る際に課税されるので、毎年所得税の対象となる。キャピタルゲインは実現時に課税される。

20 引出しは、以前は課税対象ではなかった未実現益が引き出された場合にのみ課税される。その場合、未実現益は引出し時に所得に算入され、課税対象となる。

21 財務省モデルの完全な技術的説明は、Cilke 1994を参照のこと。

22 Schwabish and Topeleski 2013は、パネルモデルであるCongressional Budget Office long-term（CBOLT）のシミュレーションモデルと、その他のモデルの違いを簡単に説明している。「社会保障の財政状態を予測する他の多くのモデルと異なり、CBOLTは個人レベルの行動を予測する。このモデルにおける各個人について、CBOLTは教育の達成度、婚姻の推移、労働力参加と雇用推移、移民と移住、そして社会保障給付の請求パターンを予測している。CBOLTの重要な特徴は、各就労者の生涯にわたる年間所得をモデル化していることにある。これらの生涯所得パターンは、個人が支払う給与税と個人が受け取る社会保障給付、すなわち社会保障財政の全体像の主要な決定要因となる。」

23 CBOLTシミュレーションモデルの説明についてはCongressional Budget Office 2009を参照のこと。社会保障局が使用した短期所得モデル（MINT）シミュレーションモデルと呼ばれるミクロシミュレーションモデルの説明についてはSmith and Favreault 2013を参照のこと。

24 財務省のパネルモデルの説明についてはNunns et al. 2008を参照のこと。JCTのパネルモデルの説明についてはJoint Committee on Taxation 2011を参照のこと。

25 たとえば、財務省は従来の租税支出とRoth IRAをあわせて調査しているが、JCTはこれらを個別に評価している。その他の違いに加えて、財務省は租税支出を10年間予測し、JCTは租税支出を5年間予測している。

26 本章の注記17の議論を参照のこと。

27 雇用者が提供する退職年金制度のための公式な総租税支出評価を行う際に使用された
キャッシュフローの基準は、その他の租税支出評価に使用された基準とは一致していな
い。その他の租税支出に使用された基準は将来の見通しであり、予算期間にわたって発
生する租税支出の評価である。課税繰延に使用されるキャッシュフローの基準は、基本
的に過去を振り返っている。雇用者が提供する退職年金制度のための租税支出は、就労
者が予算期間中に雇用者が提供する退職年金制度を通じて報酬を繰り延べすることを禁
止された場合の影響は測定していない。その代わり、就労者が退職後のために拠出した
報酬への課税繰延が許されなかった場合、予算期間中の影響はどうなったかを測定してい
る。この違いと代替的租税支出手法の重要性の説明については、Brady 2012b、29〜
34ページを参照のこと。

28 これらは租税支出の概念よりも一貫性があるが、現在価値による測定は、より多くの
仮定を必要とし、仮定の仕方によって評価結果が大きく変わる可能性がある。キャッ
シュフローによる測定と現在価値による測定の長所と短所に関する説明はBrady
2012b、30〜31ページを参照のこと。

29 この提案が課税繰延の他の側面を変えることはない。すなわち、雇用者が提供する退
職年金制度から得られる投資所得は所得から除外され、年金制度からの給付は所得に含
まれる。

30 年間評価はUrban-Brookings Tax Policy Center Microsimulation Modelから引用して
いる。このモデルは、財務省やJCT ITMと構造的に類似したセクション横断的なモデル
である。Tax Policy Center Microsimulation Modelに関する説明はRohaly, Carasso,
and Saleem 2005を参照のこと。生涯評価は、Urban Institute's Dynamic Simulation of
Income Model（DYNASIM 3 ）から引用している。このモデルはパネルモデルで退職後
の問題を研究するために開発された。DYNASIM 3 モデルに関する説明はSmith and Fa-
vreault 2004を参照のこと。

31 サンプルの残りは、変更の影響がないか、影響があっても10ドル未満であった。

32 生涯サイクルにわたる所得の実際については、たとえばGuvenen et al. 2015を参照の
こと。

33 IRAの引出し動向の分析については、Holden and Bass 2014、Holden and Schrass
2014、および Holden and Schrass 2015を参照のこと。より一般的な退職後の資金源の
減少の分析については、Poterba, Venti, and Wise 2011および2013を参照のこと。

34 米国の退職後資金支援制度の完全な説明には、退職者に資金源を提供するその他のプ

ログラムである、補足的保障所得（SSI）、補足的栄養支援プログラム（SNAP、政府の
プログラムでかつては食料切符プログラムと呼ばれた）、住宅支援に加えて、メディケ
アの評価も含まれる。そのような包括的な分析は、米国社会保障制度の恩典の評価を不
完全ながらも改善することで満足する本書の目的を超える。これらのその他退職後プロ
グラムに充当する（およびその他の政府支出にも充当する）ために徴収された給与税と
所得税は、生涯にわたる税金の測定に含まれる。しかしながら、社会保障とは異なり、
これらのプログラムの恩典を代表的就労者に割り当てる努力はなされない。

35　Brady and Bogdan 2014bに示されているとおり、社会保障からの給付は退職後所得の
大きな割合を占める。Gustman, Steinmeier, and Tabatabai 2009で示されるとおり、将
来の社会保障からの給付は、退職前の者にとって退職後資金源の大きな割合を占める。

36　所得代替率は、予定されている社会保障給付についてであり、Congressional Budget
Office 2014のExhibit 10で報告されている。1960年代生まれの就労者にとって、社会保
障の全額給付開始年齢は67歳である。これらの就労者が65歳からできる請求を全額給付
開始年齢まで遅らせると、社会保障給付は15.3％増加する。1カ月請求を遅らせるごと
に給付額が増加し、70歳まで増加する。請求を70歳まで延期すると、給付額は、67歳で
請求した場合の24％増加、65歳で請求した場合の43％増加となる。

37　米国の退職後資金支援制度の論議と米国の就労者が退職後に依存する資金源について
は、Brady, Burham, and Holden 2012を参照のこと。

38　許容格差、すなわち社会保障の統合を可能にする税法の規定は内国歳入法の401条(1)
に定義されている。社会保障統合の論議はPerun 2002を参照のこと。Perun 2002は、
1997年現在、3つのDBプランのうち約1つ、4つのDCプランのうち約1つが統合され
ていることを確認している。統合されたDBプランは平均的なDBプランよりも大きいの
で、1997年にDB加入者の約42％が統合プランに加入している。この研究では、統合プ
ランにおけるDC加入者の正確な割合を決定できなかったが、統合されたDCプランの多
くは平均的なDCプランよりも小さい（75％の加入者が20人未満）ので、統合プランの
加入者は25％よりも大幅に少ない。許容格差に関する規則は、従業員による401(k)プラ
ンへの拠出と雇用者による401(k)へのマッチング拠出には適用されない。すなわち、401
(k)プランにマッチング拠出だけを提供している雇用者は、そのプランを社会保障に統合
することが許されていない。

39　図1.3の統計は、Gustman, Steinmeier, and Tabatabai 2009の更新された表3のデー
タを使用して作成されており、2006年基準で53歳から58歳であった就労者の世帯の情報
を提供している。2006年のデータは、Brady, Burham, and Holden 2012の図16にまとめ
られている。

Measuring the Benefits of the U.S. Retirement System

米国の
退職後資金支援制度の
恩典を測定する

▶ 米国政府による国民の退職後資金支援制度を評価する場合、社会保障制度と課税繰延の両方をあわせて評価することが重要である。これらを組み合わせてみると、この2つのプログラムからの恩典は累進的になる。従前の研究と一致しているが、この研究では、課税繰延からの恩典は就労者の所得の上昇に比例して大きくなることを示している。しかし、課税繰延は米国政府による退職後資金支援制度の一部にすぎない。社会保障は米国政府による退職後資金支援制度の中心的な構成要素であり、社会保障制度からの恩典は、就労者の生涯所得の低下に比例して大きくなる。

▶ 基準シミュレーションでは、すべての就労者に同一の所得代替率を設定しているが、皆が401(k)プランに同一の金額を拠出するわけではない。就労者の平均所得に社会保障が占める割合は、生涯所得が増加するとともに低下するため、生涯所得が高い就労者は401(k)プランに早期に拠出し始める必要があり、目標所得代替率を達成するために、所得のより高い割合を拠出することを余儀なくされる。

▶ この研究で分析した高所得就労者にとって課税繰延は、生涯の税金支払総額に与える影響よりも、税金を支払う時点が与える影響のほうが大きい。現在価値に換算すると、高所得就労者にとって退職後に支払う税金の増加分は、就労中に享受した減税の半分以上を相殺する。

▶ この研究は、同一指標として租税支出評価を最初に使用して、課税繰延と社会保障制度の両方の恩典を測定した。純社会保障給付支払いの測定に加えて、租税支出評価には所得税負担に対する社会保障制度の影響が含まれている。社会保障の生涯の恩典は、生涯所得が最も低い就労者にとっては十分であり、生涯所得が増加するにつれて低下し、より高い生涯所得の就労者にとってはわずかしかないか、またはややマイナスとなる。

租税支出の配分分析が近年の政策決定に大きな役割を果たしていることを勘案し、本章では米国政府による国民の退職後資金支援制度によってもたらされる恩典における累進性の評価を明らかにする。本章での分析は、課税繰延の恩典だけに着目した従前の調査の解釈に背景を与えること、そしていかに課税繰延と社会保障制度が合算して米国の就労者に退職後資金を提供しているかの理解を促すことを目的としている。

　本書では、米国の退職後資金支援制度の恩典を測定するために、租税支出の評価を使用する。使用された評価方法は、租税支出の評価とそれらの評価を納税者に等しく配分するために使用された標準的方法と一致している。さまざまな税法条項のための公式の租税支出評価のように、米国政府による国民の退職後資金支援制度の恩典は、課税繰延と社会保障を排除し、その他は現在の制度と同じである代替的課税制度と、現行政策を比較することによって見積もられる。さらに、恩典の評価は静的である。すなわち、政策の変更に対応して納税者の行動は変わらないものと仮定する。

　この研究の結果によると、社会保障と課税繰延の組合せによって全体的に評価した場合、米国政府による国民の退職後資金支援制度は累進的となることが示されている。従前の研究結果と一致して、所得に対する割合としての課税繰延の恩典は、生涯所得が高い就労者ではより大きくなる。しかし、課税繰延は米国政府による国民の退職後資金支援制度の一部にすぎない。課税繰延は社会保障制度と組合せることで効果があり、社会保障制度の恩典は非常に累進的である。

■ 過去の恩典評価との比較

　第1章で説明したとおり、米国の退職後資金支援制度の恩典の評価は、研究文献にみられる一般的な基準とは異なる。第一に、1年間に課税繰延から納税者が受ける恩典を見積もるのではなく（それがキャッシュフローもしくは現在価値ベースであっても）、本書では課税繰延の生涯の恩典を特定してい

る。第二に、この研究では課税繰延とともに社会保障制度の恩典を評価している。

　課税繰延の恩典の典型的な配分分析では、横断的マイクロシミュレーションモデルを使用して、納税者が1年間に受ける恩典を評価している（図2.1）[1]。たとえば、Burman et al.（2004）は、現在価値の基準を用いて、1年間のDCプランとIRAへの拠出に要する租税支出を調査し、Congressional Budget Office（2013）は1年間のキャッシュフロー基準を用いて、幅広い経済分類ごとに課税繰延による恩典を配分している[2]。この通則の1つの例外はGokhale, Kotlikoff, and Warshawsky（2001）で、この調査ではいくつかの代表的世帯の課税繰延に関連する生涯租税支出の現在価値を調査している。

　個人の生涯にわたる恩典を測定することは、租税支出に関する研究文献よりも社会保障に関する研究文献においてより一般的なアプローチである（図2.1）。社会保障に関する研究文献では、通常パネルデータに基づくマイクロシミュレーションモデルが用いられている。たとえば、Smith, Toder, and Iams（2004）は社会保障局が開発したマイクロシミュレーションモデルであるModel of Income in the Near Term（MINT）を使用し、Congressional Budget Office（2006）はCongressional Budget Office long-term（CBOLT）シミュレーションモデルを使用している。これらの研究は、代表的な就労者を分析したGoodfellow and Schieber（1993）とSchieber（2012、2014）の研究と同様、恩典支払いも使用している。すなわち、社会保障給付の現在価値から、徴収した社会保障給付支払いの現在価値を差し引いたものを用いて、社会保障制度の恩典を測定している。

　生涯ベースで課税繰延の恩典を測定することに加え、この研究では、課税繰延の恩典と社会保障制度の恩典をあわせて評価している。

　雇用者が提供する退職制度は、社会保障の補完であること、そして累進的な社会保障給付の方式により、退職後資金支援制度（DBプランとDCプランの両方とも）は所得の高い就労者により恩典を提供すると長く認められてき

た。たとえば、Congressional Budget Office（1987）は、社会保障給付の支払いは生涯所得の低い就労者では「退職前の所得レベルを十分に代替する」ことができ[3]、社会保障制度と雇用者が提供する退職後資金支援制度は「できるだけ多くの就労者に適切な退職後所得を保証する助けとなることを意図している」と指摘している[4]。本研究では次に、米国の退職後資金支援制度の設計について、より一般的な観察を行っている。

　　　社会保障は、低所得就労者を優先して、その所得に対して比較的高い割合の恩典をもたらす。社会保障とは対照的に、他のプランによってもたらされる税制上の優位性は、主に中間から高所得の人々に発生する。これらの優位性がなければ、上位ならびに中間の所得の就労者は、現在よりも再分配的な社会保障の方法を支持しないだろうといえる。同様に、社会保障に再分配の方法がない場合、所得分配の低い者により大きな恩典を与えるために他のプランを規制することへの圧力が強まることが考えられる（Congressional Budget Office 1987、11ページ）。

Gokhale, Kotlikoff, and Warshawsky（2001）はまた、社会保障制度と課税繰延との関係を強調している。この研究は、正式に社会保障制度の恩典を評価したものではないが、社会保障制度とDCプランの恩典の配分分析の構造の間に関連性があることを指摘している。

　　　非常に低い所得層の生涯消費を増やすと、社会保障はDCの恩典率を下げる。これは高所得層、特にミドルクラスでは反対の効果をもつ（Gokhale, Kotlikoff, and Warshawsky 2001、10ページ）。

社会保障と雇用者が提供する退職年金制度のつながりは意識されてきたが、課税繰延と社会保障制度の恩典をともに推計して米国の退職後資金支援

制度全体の累進性を測定する調査はほとんどなかった（図2.1）。Goodfellow
とSchieber（1993）は共同で、代表的就労者が雇用者提供退職制度と社会保
障を通じて受け取る生涯恩典を評価し、課税繰延と社会保障をともに含めた
システム全体が「社会保障の最大課税所得レベルまでは幾分累進的で、そこ
からの社会保障による恩恵の減少は、年金制度が提供する恩典の増加で相殺
される」ことを見出している[5]。Goodfellow and Schieber（1993）の分析
は、Schieber（2012）およびSchieber（2014）により更新・拡張されて、定
性的に同様の結果が出ている。Schieber（2012）は、「より全体論的な見地
からシステムをみる必要がある。」という勧告で結論づけている[6]。適切な
助言であるにもかかわらず、これに注意を払うアナリストはほとんどいない
ようである。

　最近の研究であるSmith and Toder（2014）は、本書に提示されている研
究と同時期に実施されているが、本書の研究とは独立して実施されたもの
で、課税繰延と社会保障制度の組合せからの恩典の配分に焦点を当ててい
る。これは、少なくとも予備的には、本書の分析と同様のアプローチに従
い、同様の結論に達しているが、代表的就労者のシミュレーションを用いる
代わりに、マイクロシミュレーションを用いている。この研究は、個々の就
労者についての実際の詳細情報と予測的詳細情報をともに組み込んだUrban
Institute's Dynamic Simulation of Income Model（DYNASIM 3 ）を使用し
ている。このモデルは各個人について、社会保障税、恩典支払い、そして雇
用者提供退職金制度とIRAで蓄積する恩典の発生と資産を予測している。こ
の調査の予備的結果では、社会保障制度（純恩典支払いによる測定）と課税繰
延（租税支出による測定）をあわせた恩典は、他のさまざまな政策と比較し
て累進的である。

　多くの点で、マイクロシミュレーションモデルを使った研究と、限られた
数の代表的な個人を分析した研究は補完的である。マイクロシミュレーショ
ンモデルは、幅広い個人の状況の観察を数千も含み、さまざまな分類方法を
用いることで、個人のグループにわたって、平均的な恩典を評価することが

可能である。しかし、マイクロシミュレーションモデルから得られた結果が何に起因しているかを明示することは多くの場合むずかしい。対照的に、代表的就労者の研究結果は、全国民に完全に一般化することはできないかもしれないが、これを使用することで、米国の退職後資金支援制度と就労者が受け取る恩典に影響を与えている要因を示すことができる。

　この研究は、米国の退職後資金支援制度の生涯恩典を測定するために、過去の研究が採用したアプローチに従っている（図2.1）。Goodfellow and Schieber（1993）、Gokhale, Kotlikoff, and Warshawsky（2001）、およびSchieber（2012、2014）と同様、本研究は生涯所得のレベルの異なる代表的就労者に対して、生涯を通して発生する恩典を測定する。Goodfellow and Schieber

---

図2.1

米国の退職制度の恩典についての既存の調査例

恩典を評価する期間	恩典を評価する項目	
	年間の恩典	生涯の恩典
課税繰延のみ	Burman et al. 2004 » 横断的マイクロシミュレーション » 租税支出の現在価値測定 米連邦議会予算事務局2013年 » 横断的マイクロシミュレーション » 租税支出のキャッシュフロー測定	Gokhale, Kotlikoff, and Warshawsky 2001 » 代表的な世帯 » 生涯消費に占める生涯租税支出の現在価値
社会保障のみ		Smith, Toder, and Iams 2004 » パネル・マイクロシミュレーション » 生涯所得に占める純社会保障給付の現在価値 米連邦議会予算事務局2006年 » パネル・マイクロシミュレーション » 社会保障給付の現在価値の社会保障税の現在価値に対する割合
課税繰延と社会保障の両方		Goodfellow and Schieber 1993 and Schieber 2012、2014 » 代表的な就労者 » 以下の現在価値の総計： 　» 純社会保障給付 　» 課税繰延に対する生涯租税支出

出典：Investment Company Institute

(1993) およびSchieber（2012、2014）のように、本研究は、課税繰延された報酬（雇用者が提供する退職後資金支援制度やIRAを通じた受取り）と社会保障制度の両方の恩典を測定することで、全体論的なアプローチをとっている。最後に、Gokhale, Kotlikoff, and Warshawsky（2001）のように、本研究でのシミュレーションには、連邦税ならびに州所得税の複雑な計算が組み込まれており、変化する限界税率の影響や他の税法規定との相互作用（特に社会保障給付支払いの課税）を含む総合的な税制優遇措置の基準を提供する。

　従前の文献と同様ではあるものの、本書では米国の退職支援制度の税制優遇措置の測定に、(1)社会保障制度に帰属する租税支出の評価、(2)目標所得代替率に達するために調整された就労者の貯蓄、(3)すべての代表的就労者のために設計された1つの退職支援制度の3つの革新的な方法を組み込んでいる。

社会保障のための租税支出評価

　この研究は、租税支出評価という同一の指標を使用して、課税繰延と社会保障制度の両方の恩典を測定した最初の研究である。従前の課税繰延に関する研究では、租税支出評価を使用してその恩典が測定されていた[7]。これとは対照的に、従前の社会保障制度に関する研究では、社会保障給付の支払いの現在価値から徴収された社会保障費の給与天引き分の現在価値を差し引いて得られた純給付金を使用して、その恩典を測定していた[8]。この研究では、課税繰延と社会保障制度の両方に起因する租税支出を併せて評価している。すなわち、現行政策に基づく生涯税負担（所得税と純社会保障税の両方を含む）と、課税繰延と社会保障制度を除いた生涯税負担を比較している。純社会保障給付支払いに加えて、租税支出評価には所得税負担に対する社会保障制度の影響も含まれている[9]。

　2つのプログラムの相対的な優劣は、同じ指標を使って測定した場合にのみ比較することができる。純社会保障給付の支払いは、社会保障制度が通常の所得税構造に関連する所得税負担に影響を及ぼさないと判断される場合に

のみ、租税支出の測定手段となる。しかしながら、社会保障の所得税制措置は、雇用者が提供する退職金制度の所得税の取扱いと似ている。社会保障は、現行の雇用者が提供する退職金制度の税の取扱いが通常の所得税構造の一部であるとみなされた場合にのみ、所得税負担に影響を及ぼさないと判断される。もちろん、雇用者が提供する退職金制度の恩典を測定するために同じ基準を利用する場合、すなわち、現行政策のもとでの雇用者プランの税の取扱いが通常の所得税構造の一部と仮定される場合には、定義上これらのプランに関連する租税支出はないことになる。

社会保障の税制措置は退職後資金支援制度の税制措置を反映する

雇用者が提供する退職金制度を通じて繰延された報酬は他の報酬と異なる方法で課税される（図2.2の左パネル）。

» どのような種類の退職金制度への雇用者拠出も、就労者の401(k)タイプのプランによる任意の繰延同様、所得税に基づく就労者の調整後総所得（AGI）からは除外されている[10]。雇用者拠出もしくは任意の繰延に起因する分配が退職後に行われた場合、分配全体がAGIに含まれ、所得税の対象となる。

» プランで許容されている場合、就労者は（非Roth）税引後拠出を、DBならびにDC退職金制度に充当することも可能である。これらの拠出は、AGIに含まれ、所得税の対象となる（非Roth）。税引後拠出に帰属する分配が退職後に行われると、拠出を超える金額はAGIに含まれ、所得税の対象となる。

» 401(k)タイプのプランには、就労者がRoth拠出をしてよいものもある。これはAGIに含まれ、課税対象となる。しかし、Roth拠出に帰属する拠出分が退職中に分配される場合、分配全体がAGIから除外される[11]。

社会保障の税制措置は、雇用者が提供する退職金制度の租税措置を反映している（図2.2の右パネル）[12]。退職金制度への雇用者拠出のように、給与税

図 2.2

退職後プランの税制優遇措置を基準とした社会保障の課税

単年度の納税申告書を提出する個人の税制措置

	雇用者提供退職金制度	社会保障
	拠出	給与税
AGIから除外	» 雇用者拠出 » 従業員の任意の繰延	» 給与税の雇用者負担分
AGIに包含	» （非Roth）税引後従業員拠出分配 » Roth拠出	» 給与税の従業員負担分
	分配	恩典支払い
AGIから除外	» 拠出における（非Roth）税引後拠出帰属分の分配 » Roth拠出に帰属する分配の100%	» MAGI>34,000ドルの場合：恩典支払いの15%以上 » 25,000ドル<MAGI≦34,000ドルの場合：恩典支払いの50%以上 » MGI≦25,000ドルの場合：恩典支払いの100%
AGIに包含	» 雇用者拠出ないしは従業員の任意の繰延に帰属する分配の100% » 拠出額を超過する（非Roth）税引後拠出に帰属する分配相当額	» MAGI>34,000ドルの場合：恩典支払いの最大85% » 25,000ドル<MAGI≦34,000ドルの場合：恩典支払いの最大50% » MAGI≦25,000ドルの場合：恩典支払いの0%

注記：連邦所得税制上、調整後総所得（AGI）に含まれる社会保障給付の割合は、納税者の修正調整後総所得（MAGI）に基づいて決められる。MAGIには、社会保障給付支払いの半分にAGIに含まれる非社会保障所得を加えたものが含まれる。納税者1人について、MAGIが25,000ドル以下である場合、AGIには社会保障給付支払いは含まれない。MAGIが25,000ドル〜34,000ドルの場合、社会保障給付支払いの50%もしくは25,000ドルを超えたMAGIの50%の少ないほうがAGIに含まれる。MAGIが34,000ドルを超える場合には、社会保障給付支払いの85%もしくは34,000ドルを超えるMAGIの85%に4,500ドル（=50%×（34,000ドル−25,000ドル））を加えたものの少ないほうがAGIに含まれる。

出典：Internal Revenue Service and Investment Company Institute

の雇用者負担分は、就労者の課税対象所得の一部としては報告されず、AGIから除外される（非Roth）。税引後拠出同様、給与税の就労者負担分は、就労者の課税対象所得の一部として報告され、AGIに含まれ、所得税の対象となる。退職後、納税者の所得額に応じた負担分と、社会保障給付支払いの一部のみがAGIに含まれる[13]。法定包含率は、ゼロ、50%、85%の3つがある[14]。所得に含まれる社会保障給付支払いの実際の割合は、包含率が所得と同調するため、ゼロから85%までどのような割合でもありうる。AGIに含ま

れる社会保障給付の支払額に応じて、所得税制措置は異なる税制措置が適用される退職制度拠出と比較することが可能である。

» 85％の社会保障給付の支払いをAGIに含む高所得納税者では、現行法のもとでの連邦所得税の取扱いは、雇用者提供退職金制度の税務上の扱いを模倣するように設計され、給与税の就労者負担分は（非Roth）税引後拠出のように扱われる。DeWitt（2001）により説明されているように、1970年代後半にはOffice of the Actuary of the Social Security Administrationが、就労中に支払った給与税の就労者負担分は、名目ドルで見積もって、生涯所得の高い就労者が受け取ると思われる恩典のおよそ15％に当たると評価している。退職金制度の税務処理とほぼ一致するように、高所得就労者はAGIから社会保障給付の支払いの15％を除外することが可能である。

» 85％未満の社会保障給付の支払いを所得に含める納税者では、税務上の扱いはより優遇されている。たとえば、給与税は雇用者と就労者の負担分が均等に分けられるため、社会保障給付支払いの半分を給与税の雇用者負担分、半分を給与税の就労者負担分に帰属することが可能である。そして、

　» ちょうど50％の社会保障給付の支払いをAGIに含める納税者では、社会保障の税務上の取扱いは、課税繰延とRoth税制措置をあわせたものと同等となる。すなわち、給与税の雇用者負担分に帰属する社会保障給付支払いの半分は、退職金制度への雇用者拠出のように扱われ（拠出はAGIから除外され、すべての分配はAGIに含まれる）、就労者に帰属する半分はRoth拠出のように扱われる（拠出はAGIに含まれ、すべての分配はAGIから除外される）。

　» 社会保障給付の支払いをいっさいAGIに含めない納税者では、社会保障の税務措置は税金とRoth税務措置からの完全な排除をあわせたものとなる。すなわち、雇用者負担分の給与税に帰属する社会保障給付支払いの半分は、課税を繰り延べられるのではなく、所得税から完全

に免除され（AGIからの拠出と分配の両方がAGIから除外される）、就労者負担分に帰属する半分は、Roth拠出のように扱われる（拠出はAGIに含まれ、分配はAGIから除外される）。

社会保障と課税繰延の恩典を一貫して測定する

　社会保障制度の恩典を測定するために、所得税負担への影響を考慮せずに、純恩典支払いのみを使用すると、課税繰延の恩典を測定するために租税支出を用いた場合と矛盾する。雇用者が提供する退職金制度とIRAの租税支出の調査は、通常の所得税構造が課税繰延を許さないことを前提にしている。社会保障の課税が退職金制度の税制措置を模倣するように設計されていることを考えると、社会保障は定性的に退職金制度と同じ税務上の恩典を提供しなければならないことになる。一貫性を保つためには、社会保障が所得税負担に与える影響を無視できない。

　JCTならびに財務省はともに、所得から社会保障給付の支払いを除外するための租税支出を調査しているが、これらの調査は課税繰延の租税支出調査と一致していないことにも注意すべきである。Carroll, Joulfaian, and Mackie（2012）により説明されているように、JCTと財務省が用いた租税支出の概念は、社会保障の税制措置を、包括的所得税とではなく、現行税法のもとでの雇用者提供退職金制度の税制措置と比較している。したがって、社会保障給付支払いの除外は、恩典支払いの15%を超える範囲においてのみ、租税支出として計算されている[15]。

　本研究は、課税繰延を独立して判断する際に過去の研究で使用されたものと同一の基準、すなわち租税支出調査を用いて、米国の退職後資金支援制度全体としての恩典を測定している。米国の退職後資金支援制度の恩典は、課税繰延と社会保障の両方を排除したシミュレーションと、現行政策に基づく基準シミュレーションの差である生涯における税負担の差として測定される。生涯税負担は、生涯に支払う所得税と正味の社会保障税の合計である[16]。社会保障制度が排除されると、就労者が支払う純社会保障税額はゼロになる

ため、米国の退職金制度に関連する租税支出は、⑴社会保障制度と課税繰延に関連する生涯の所得税負担の減税と⑵純社会保障給付支払いの総計として表される[17]。

目標所得代替率を達成するよう就労者の退職金制度拠出を調整する

　この研究では、現行法下での6人の代表的就労者の貯蓄行動を、法律で許される範囲内で、すべての就労者が退職後に同一の所得代替率を達成するよう調整している[18]。すなわち、退職後の純所得（社会保障給付支払いと401(k)プランの分配から支払った税を差し引いた額）が、それぞれの就労者で純所得（賃金所得から401(k)プランの拠出と税金を差し引いた額）と同一の割合を代替するものとする。

　この仮定の結果、各就労者は、現行政策に基づく基準シミュレーションで生涯所得の異なる割合を繰延する。すべての就労者が同一の所得代替率であるが、皆が401(k)プランに同一の金額を拠出するわけではない。社会保障給付によって代替される所得の割合は、生涯所得の増加とともに低下するので、より高い生涯所得の就労者は、401(k)プランに早期に拠出を始める必要があり、目標所得代替率を達成するために、所得のより高い割合を拠出する必要がある。

　このように貯蓄を調整することは、過去の研究における課税繰延の生涯恩典の評価に使用された貯蓄の仮定とは異なる。代表的世帯の課税繰延の生涯恩典を計算する場合、Gokhale, Kotlikoff, and Warshawsky（2001）は、すべての就労者が所得に関係なく、年間所得の16.5%（雇用者マッチング拠出を含む）を拠出すると仮定している。Schieber（2012）は、4人の代表的就労者の課税繰延の恩典を見積る際に、生涯所得の高い就労者は所得の高い割合を拠出していると仮定しているが、同様に就労者が25歳から64歳まで毎年退職金制度に拠出したと仮定している。

　社会保障給付の寛大さを織り込んだ貯蓄行動であれば、生涯所得のなかにおける401(k)プランへの拠出に間違いなくより現実的な変動をもたらし[19]、

他のすべてが同じだとすれば、所得の高い就労者が受け取る恩典と比較して、所得の低い就労者が受け取る恩典の評価を下げることになる。

退職金制度拠出を調整することのその他の恩典は、課税繰延の恩典評価が、同一の退職後資金を提供するいかなるタイプの退職金制度ともおおよそ同一になることである。すなわち、シミュレーションは、課税繰延報酬は401(k)プランへの雇用者ならびに就労者の拠出になると仮定するが、就労者拠出のみで資金調達されるDBプランを介して支払われる課税繰延報酬の恩典は、DBプランの恩典が退職前の所得と同一割合に代替される場合、ほぼ同等となる。

すべての就労者に1つの退職金制度を設計する

この研究では、「すべての就労者が同じ設計の退職金制度の対象となっている」と仮定する。具体的には、すべての就労者は、雇用者拠出を就労者所得の6％に達するまで就労者拠出の50％とし、就労者所得の3％を最大とする401(k)プランに加入する。これは401(k)プランを採用する最も一般的で、簡素なマッチング方法である[20]。

Gokhale, Kotlikoff, and Warshawsky（2001）とSchieber（2012）の両研究における暗黙の仮定は、低所得就労者と高所得就労者が異なるプランでカバーされることである。401(k)プランへの拠出には、就労者拠出制限（2014年時点で、50歳未満の若い就労者は17,500ドル、50歳以上の就労者は23,000ドル）と、就労者と雇用者の合計拠出額（2014年時点で、すべての年齢の就労者で52,000ドル）の2つのタイプの制限がある[21]。どちらの研究も、暗黙のうちに、高所得者は、所得に対する割合でみて低所得者よりも寛大な雇用者拠出があると仮定している[22]。高所得就労者と低所得就労者の両方が同じ退職制度でカバーされていると、差別禁止規則が適用され、これらの研究で暗黙の仮定となっている雇用者拠出の格差は許容されないであろう[23]。労働市場が高所得就労者と低所得就労者を異なる企業に分類するという明確な仮定がなければ、これらの研究で用いられた401(k)プラン拠出の仮定の正当化はむず

かしい。

■シミュレーションの方法と主な仮定

就労者の生涯所得によって恩典がどのように異なるかを示すために、米国政府による国民の退職後資金支援制度の生涯恩典は、6人の代表的就労者を例示して評価される。このシミュレーションはBrady（2010）によるシミュレーションに基づいている。彼らは1966年に生まれ、2006年に40歳となり、2033年に社会保障のもとで67歳の完全な退職給付年齢に達する。個人が生涯に受け取る全所得は、雇用された職場から得るものとし、賃金所得、社会保障からの給付、および401(k)プランからの分配とする。

これらの代表的個人は、32歳から66歳まで、社会保障の給付支払いを決定する平均標準報酬月額（AIME）の上限年数である35年間継続して働いたものとする[24]。32歳までの仕事については、(1)社会保障給付の計算式で使用するために賃金スライドさせると、これらの年の所得は32歳から66歳までの所得より低くなることと、(2)32歳以前は各個人にいずれの純貯蓄もないこと以外に明確な仮定はない。32歳以前に得た所得もしくは支払った税は、生涯総報酬と生涯に納めた税額の計測から除外される[25]。

就労中、個人は労働と引換えに報酬が与えられる。報酬の一部は、所得税や給与税の支払いに充当される。一部は401(k)プランに拠出され、退職のために別に留保しておき、残りは消費支出に充当される。401(k)プランのほかに貯蓄はないと仮定する。

就労者は67歳で退職する。これは社会保障の完全給付年齢である[26]。退職後、所得は社会保障給付支払いと401(k)プランの資産から生じた所得で構成される。退職後、就労者はもう働いていないので、貯蓄はしなくなり、給与税の対象ではないと仮定する。所得の一部は、所得税を支払うために充当され、残りは消費支出のために充当される。

すべての就労者は、退職まで生存すると仮定する。退職後、退職者が生存

する可能性は年齢とともに減少すると想定される。すべての代表的就労者は、すべての年齢で同じ生存確率を有すると仮定する[27]。2033年における67歳の年間生存率は、Arias（2006）により報告された2003年における65歳の年間生存率と同等とする。これは65歳の平均余命が、2005年から2035年までに男性で1.9年、女性で1.5年伸びると仮定しているSocial Security Administration（2006）の中間予測とほぼ一致している。

このシミュレーションで提示されているすべてのドル金額はインフレ調整され、2014年基準の実質米ドルで報告されている。Brady（2010）と同様に、インフレの仮定はSocial Security Administration（2006）により予測されたインフレに基づいている。退職者について報告されたすべての平均所得基準は、生存確率で加重される。

生涯所得の区分

図2.3にプロットした6人の代表的就労者の生涯所得の区分は、Brady（2010）により導出された生涯所得の区分に基づいている。各所得の区分については、40歳時の所得（図2.4(1)）は、2006年現在の学歴の異なる35歳から44歳の常勤・通年就労者の所得の中央値に基づいている[28]。所得がプラスである35歳から44歳までのすべての就労者のなかで、代表的就労者の40歳時点における所得は、それぞれ所得分布の18、46、73、85、92、98パーセンタイルを表している（図2.4(2)）。

32歳から66歳までの、インフレ調整した個々の平均所得（図2.4(3)）は、就労者の名称の元になっており、2014年実質米ドルで表されたドル額である。35歳から44歳までのすべての常勤・通年就労者の間で、6人の代表的就労者の40歳の時点における所得は、それぞれ次のように表される。

» 所得21,000ドル、高校卒業者の所得中央値の半分

» 所得43,000ドル、高校卒業者の所得中央値

» 所得69,000ドル、学士を取得した就労者の所得中央値

» 所得92,000ドル、大学院の学位を取得した就労者の所得中央値

図2.3
6人の代表的就労者の生涯所得区分
1966年に生まれ、2033年に退職する個人。すべてのドル金額は実質米ドル（2014年基準）

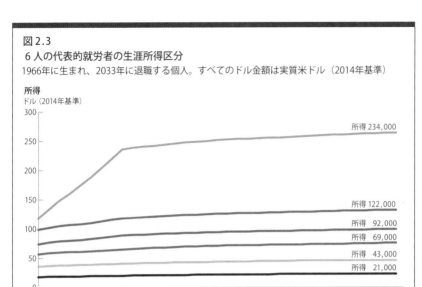

注記：生涯所得区分はBrady 2010年により示された所得区分に基づく。生涯所得は、2006年時点で35歳から44歳のフルタイム、通年勤務就労者の中央値所得であり、高等学校卒（所得43,000ドル）、学士（所得69,000ドル）、および大学院卒（所得92,000ドル）と同等の40歳に固定されている。その他の所得区分は、すべての年齢の所得が43,000ドルの就労者で半分（所得21,000ドル）、および92,000ドルの就労者で3分の1増（所得122,000ドル）と同等としている。最終所得区分（所得234,000ドル）は、32歳で122,000ドルの就労者よりも20%以上の所得があった就労者で、40歳まで所得が122,000ドルの就労者の2倍増加し、その後2倍のままになる。

出典：ICI simulations

» **所得122,000ドル**、大学院の学位を取得した就労者の所得中央値よりも3分の1高い所得

» **所得234,000ドルの就労者**は、32歳時に所得122,000ドルの就労者より20%高い所得で、40歳まで所得122,000ドルの就労者の2倍所得が増加し、40歳以降その2倍の水準を継続する。

税金

このシミュレーションでは、連邦税ならびに州所得税と連邦給与税を説明

している。所得税計算は、もともとBrady（2010）により作成されたものである。計算は2006年の税法に基づいており、2006年前後のインフレ調整された関連のパラメーターを用いて、四捨五入のルールはない[29]。2012年に可決され、2013年に発効した法律を考慮して、連邦所得税計算の調整を行った。これらの変更には、新しい最高法定税率の39.6％、人的控除の段階的廃止、項目別控除の段階的廃止、そして代替最低税（AMT）への変更が含まれる。州所得税は、バージニア州所得税を使用して算出される。連邦給与税には、社会保障税(OASDI：Old Age, Survivor, and Disability Insurance)とメディケア税(HI)が含まれる。給与税の社会保障部分は、年間所得ベース（2014年において117,000ドル）以下の所得には12.4％が課税され、その半分（または6.2％）を雇用者が、残りの半分を就労者が支払う。メディケア部分の給与税は、制限なくすべての所得に2.9％課され、その半分（または1.45％）を雇用者が、残りの半分を就労者が支払う[30]。

社会保障給付支払い

　社会保障給付支払いは、個人の所得履歴に基づいており、年間所得ベース（2014年において117,000ドル）以下の所得が計算に含まれる。恩典の計算式は累進的であり、恩典は、低生涯所得就労者のほうが高生涯所得者に比べ高い割合を占めている[31]。一般的に、10年働いた就労者は社会保障給付の支払いを受ける資格がある[32]。恩典支払いの計算に使用されるGrowth in the Average Wage Index（AWI）は、Social Security Administration（2006)の予測に基づいている。

所得代替率の目標と401(k)プラン拠出の調整

　各個人は401(k)プランを提供する雇用者のもとで働くと仮定し、報酬の6％までその50％をマッチング拠出し、雇用者は報酬の最高3％までマッチング拠出を提供する[33]。

　401(k)プランに就労者が加入し始める年齢と、プランに就労者が拠出する

給与の割合は、Brady（2010）が使用した貯蓄の仮定を元にするが、社会保障とあわせてみた場合、各就労者の純退職時所得（すなわち、社会保障給付支払いに401(k)プランからの分配を加えて税金を差し引いたもの）が、（32歳から66歳までの）平均物価連動純所得（所得から税金と401(k)プラン拠出を差し引いたもの）の94％を代替するように調整された。このルールで唯一例外となったのは所得234,000ドルの就労者で、繰延できる報酬額と、雇用者マッチング拠出を計算する際に考慮できる報酬額に法的制限があるため、他の就労者と同じ所得代替率を達成するほど十分な報酬を繰り延べることができなかった[34]。

　平均物価連動純所得の94％の代替は十分な退職後資金源の水準として合理的と考え、目標所得代替率として選択した。Hurd and Rohwedder（2008）は、退職前後の世帯データを使用して、総支出の減少の中央値を約6％としている。Hurst（2008）は、世帯が退職した歳に発生する世帯支出の低下は、仕事に要する支出に集中していることを示す。個人は退職すると、仕事に要する費用は発生せず、全体の支出を削減することができ、生活水準を維持することも可能である。すなわち、仕事に関連しない支出を維持することが可能となる。

　すべての就労者は同一の目標所得代替率を有するが、全員が401(k)に同じ率で拠出できるわけではない（図2.4）。社会保障が就労者の平均所得を代替する割合は、生涯所得の増加とともに低下するため、生涯所得が高い就労者は401(k)プランに早く拠出し始める必要があり、目標所得代替率を達成するためには、所得のより高い割合を拠出する必要がある。

» 就労者が401(k)プランに加入する年齢は、所得21,000ドルの就労者で52歳、所得234,000ドルの就労者で32歳である（図2.4(4)）。

» 繰り延べる給与の割合は、所得21,000ドルの就労者で4％、所得43,000ドル・所得69,000ドル・所得92,000ドルの就労者で6％、所得122,000ドルの就労者で7％である（図2.4(5)）。拠出額に対して制限があるため、所得234,000ドルの就労者は目標所得代替率を達成するほど十分な

貯蓄ができない。その代わりに、所得234,000ドルの就労者は、32歳から66歳まで毎年401(k)プランに法定限度額を拠出したうえ、50歳からキャッチアップ拠出を開始すると仮定する。その結果、所得234,000ドルの就労者は、32歳から66歳までの間に平均で所得の8.5％を繰り延べる。

» 所得21,000ドルの就労者は給与の4％を拠出（図2.4(6)）するので、雇用者マッチング拠出は給与の2％となるが、これは他のすべての代表的就労者よりも少ない。他の代表的就労者は、給与の6％以上を拠出し、最

図2.4
現行政策に基づく基準シミュレーションで使用された貯蓄に関する仮定
1966年に生まれ、2033年に退職する個人。すべてのドル金額は実質米ドル（2014年基準）

	生涯所得区分別の代表的個人[1]					
所得（ドル）	21,000	43,000	69,000	92,000	122,000	234,000
所得						
（1）40歳時賃金所得（ドル）[1]	20,472	40,944	65,433	88,648	118,197	236,394
（2）40歳時賃金所得100分位（パーセンタイル）[1]	18位	46位	73位	85位	92位	98位
（3）32〜66歳の平均賃金所得（ドル）	21,497	42,994	69,299	91,818	122,424	234,046
401(k)プラン加入の状況[2]						
（4）401(k)プラン拠出開始年齢（歳）	52	47	43	37	36	32
（5）従業員の繰延率（%）[3]	4.0	6.0	6.0	6.0	7.0	8.5
（6）雇用者の拠出率（%）[4]	2.0	3.0	3.0	3.0	3.0	3.0
（7）66歳時残高（ドル）	26,033	111,044	227,350	404,593	625,700	1,566,598

[1] 生涯所得区分はBrady 2010により示された所得区分に基づく。詳細については図2.3を参照のこと。
[2] 拠出は債券に投資される。すべての投資収益は、年1回利払いの形式で、3.0％にインフレ率を加えた金利収益を得る。退職時、口座の残高は、保険数理上公平で、物価連動の即時終身年金を購入するために使用される。繰延率と拠出開始年齢は、Brady 2010に基づくが、各代表的個人が退職時に同じ所得代替率を得られるよう調整されている。所得代替率は、平均年間純退職後所得と平均年間純所得の比率として算出される。ここで所得234,000ドルの就労者は例外で、法定限度額を拠出するが、同じ所得代替率を達成することはできない。
[3] 所得234,000ドルの就労者は法定限度額を32歳から66歳まで拠出し、50歳からは追いつくための拠出も行う。
[4] 雇用者マッチング拠出の計算式は、給与の最大6％である従業員拠出の50%となり、その結果、最大の雇用者マッチング拠出は給与の3％となる。所得234,000ドルの就労者のマッチング率は給与の3％であるが、これは考慮される報酬の限度額（Internal Revenue Code, Section 401 (a) (17)）の対象となり、マッチング拠出を計算する際に報酬額が制限される。考慮される報酬限度額は58歳から66歳まで拘束力がある。このため、所得234,000ドルの就労者の平均雇用者マッチング率は給与所得の2.99%となる。

出典：ICI simulations

大の雇用者マッチング拠出（給与の３％）を受けるものと仮定する[35]。

401(k)プランの投資と収益率

拠出した資金は、実質利回り3.0％の国債に投資されると仮定する。計測期間の大部分において、これは名目利回り5.8％に相当し、年１回利子が支払われる。

退職時の口座残高は、2014年基準実質米ドル換算で、所得21,000ドルの就労者が約26,000ドル、所得234,000ドルの就労者が1,570,000ドルとなる（図2.4(7)）。これらの資産は、保険数理的に公正な物価連動即時年金の購入に充当される[36]。

■ 主な仮定に対する測定結果の感度

401(k)プランの生涯恩典の評価は、本シミュレーションで使用した仮定に対する感度が高い。特に、収益率、投資収益の特性、分配方法、年金価格、および目標所得代替率に対する感度が高い。合理的な仮定を使用すべく万全を尽くした。選択できる合理的な仮定が複数存在する場合は、全体として課税繰延の生涯恩典を過小評価するよりも、過大評価する可能性が高くなるような仮定を選択した。

» 収益率：測定期間の大部分にわたって、名目のリスクフリー収益率を5.8％と仮定した。これは、1962年以降の10年国債平均利回りの6.5％より若干低い[37]。しかし、2008年９月初め以降の10年国債利回りは平均で2.7％弱であった。現在の市場金利を使用すると、課税繰延の恩典評価は大幅に減るだろう[38]。加えて、現在の市場金利を使用すると、社会保障制度の恩典評価が大幅に増えることになる。

» 投資収益の特徴：投資収益は年１回の利払い形式と仮定する。課税繰延の恩典評価は、投資収益が配当やキャピタルゲインの形式である場合減少する[39]。

» 分配方法：401(k)プラン口座残高は、退職期間を通じて、保険数理上公正で、物価連動の即時年金の購入に充当される。これと異なり、401(k)プラン残高が、平均寿命に基づいて体系的な引出しにより分配されると仮定すると、体系的な引出しは効果的に繰延期間を伸ばすため、恩典評価はより大きくなる。しかしながら、Brady（2012b）により示されているとおり、2つの方法による恩典評価の差はあまり大きくない[40]。

» 年金価格：即時年金の価格は、保険数理的に公正と仮定されている。すなわち、年金の価格は、年金受給者の残りの人生にわたる年金支払いの期待現在価値と同等となる[41]。民間市場で購入する年金価格は、いわゆる逆選別のため、平均的な個人にとっては保険数理的に公正ではない。すなわち、年金購入を選択した個人は、平均して世間一般の人たちより長生きするが、保険会社はこれを反映して価格を調整するためである[42]。保険数理的に公正な年金に代わって市場価格の年金を使用すると、投資から得られる潜在的な収益率が低下することにより、課税繰延の恩典評価が低下する（そして、社会保障の恩典評価は増加する）。

» 目標所得代替率：退職後の社会保障給付の支払いと401(k)プランの分配の合計が、純退職前所得の94％に相当する純退職後所得となるように、退職者は十分に貯蓄すると仮定する。純退職前所得の94％という所得代替率は、ほぼ間違いなく妥当な退職後生活資金といえるが、退職後の生活資金の十分性をどこに置くかについてのコンセンサスは存在しないため、より高いもしくはより低い目標所得代替率の設定について合理的な議論が行われる可能性がある[43]。目標所得代替率を低くすると、課税繰延の恩典は低下し（個人は401(k)プラン拠出を減らすため）、拠出額制限に縛られない個人が目標所得代替率を高く設定すると、課税繰延の恩典が増加する（個人が401(k)プランの拠出を増やすため）。

恩典の評価は、計算に使用する仮定に対する感度が高いが、課税繰延を生涯所得別にみた相対的な恩典は（本分析の焦点ではあるが）、仮定によって大

きな影響を受けることはない。これは、推定される課税繰延の恩典が増加するか、低下するかにかかわらず、代替的な仮定がすべての就労者の結果に影響を及ぼすからである。

■ 現行政策下における就労中と退職後の成果

このセクションでは、米国の現行税制と所得移転政策における、就労中と退職後の成果について、基準シミュレーションから導かれる結果を要約する。就労中と退職後の総所得と純所得の測定基準が定義され、これらの基準によりシミュレーションされた金額は、6人の代表的就労者に区分して提示される。次に、所得基準を使用して、退職後の所得代替率を計算し、退職後所得の構成を分析する。本文で議論され提示されたドルは、すべて2014年基準の実質米ドルで表されている。

所得69,000ドルの就労者の分析結果

6人の就労者のすべての結果を提示する前に、1人の就労者、すなわち、ここでは所得69,000ドルの就労者を検証して、分析の概念を詳細に説明する。所得69,000ドルの就労者は、40歳の時点で、35歳から44歳までの学士の学位をもつ常勤・通年就労者の所得中央値と同じ所得を得ている。40歳で所得69,000ドルの就労者は、35歳から44歳までの所得のあるすべての就労者のなかで73パーセンタイルに位置づけられる（図2.4）。

32歳から66歳までの平均をみると、所得69,000ドルの就労者の所得は約69,000ドルとなる（2014年基準実質ドル換算）。この就労者の場合、所得は32歳時の約57,000ドルから、40歳時には約65,000ドル、66歳時には約76,000ドルへと増加する（図2.5）。所得のうちグリーンで示される部分は、連邦税ならびに州所得税の支払いに充当され、オレンジの部分は給与税の就労者負担分（社会保障［OASDI］とメディケア［HI；Hospital Insurance］の両方）の支払いに充当され、ライトブルーの部分は401(k)プランの就労者拠出を支払う

ために充当される。ダークブルーの部分は純所得で、税金と401(k)プランへの拠出を支払った後利用可能な所得であり、就労者の退職前消費支出に充当される。2014年基準の実質恒常ドルでみて、32歳から66歳までの純所得の平均は48,000ドル弱であり、32歳時の約42,000ドルから66歳時の51,000ドル弱の範囲にある。

退職後に個人が生存している毎年について、退職後の総所得は約47,850ドルとなる(図2.5)。67歳で就労者が引退すると、2つの資金源から退職所得を得る。すなわち、社会保障給付の支払いと、401(k)プランで貯蓄した資金で購入した保険数理的に公正で物価連動型の即時年金からの年金である。社会保障給付の支払いと401(k)プランの分配は、物価連動の即時年金の形式なので、物価連動の総退職所得は、生存している限り退職後の期間一定である。

一定の物価連動の総退職後所得を得ていても、(ダークブルーで示される)純退職所得は年齢を経るごとに低下する(図2.5)。これは、社会保障給付の支払いの一部を除外する連邦所得税規定が物価に連動しておらず、これにより連邦所得税が年齢を経るごとに増加するためである[44]。連邦所得税と州所得税を合計すると(グリーンで表示)、67歳時の2,550ドルから、100歳時の3,800ドルに増加する。生存している限り、67歳から100歳までの純退職後所得の平均は44,788ドルとなり、67歳時の45,300ドルから100歳時の44,050ドルの範囲にある。

総所得と純所得の差異は、次の理由で退職後に小さくなる:(1)退職後は給与税(図2.5のオレンジ部分)の対象にならない;(2)退職後はもはや所得の一部を401(k)プラン(図2.5のライトブルー部分)に拠出しない;(3)退職後は連邦税と州所得税は低くなる(図2.5のグリーン部分)。退職後に所得税は、総所得が低いこと、社会保障給付の支払いの一部だけが課税対象となることから減少する[45]。

所得69,000ドルの就労者を具体例として、図2.6では、本研究全体で使用する平均所得のさまざまな基準を説明する。これらの平均は、図2.5でプ

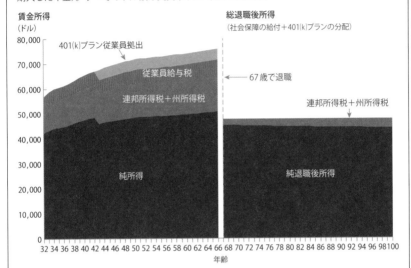

図2.5
現行の租税政策に基づく基準シミュレーションの説明：
所得69,000ドルの就労者における賃金所得と退職後所得
32歳から66歳までの賃金所得と67歳からの総退職後所得（社会保障プラス401(k)プラン資産で購入した年金）。すべてのドル額は実質米ドル（2014年基準）。

賃金所得
（ドル）

総退職後所得
(社会保障の給付＋401(k)プランの分配)

401(k)プラン従業員拠出

従業員給与税

連邦所得税＋州所得税

← 67歳で退職

純所得

連邦所得税＋州所得税

純退職後所得

年齢

注記：生涯所得区分は、Brady 2010により示された所得区分に基づく。詳細については、図2.3を参照のこと。
出典：ICI simulations

ロットされた年間データから計算される。

就労中の所得

　図2.6の上段では、退職前所得の３つの基準である総報酬、賃金所得、および純所得が示されている。３つの基準はすべて、32歳から66歳までの物価連動所得の平均である。

» **総報酬**は、所得69,000ドルの就労者の雇用者にとっての総報酬コスト、すなわち、この就労者の所得（図2.6の赤い部分）、給与税の雇用者負担分（オレンジ部分）、および雇用者の401(k)プラン拠出（ライトブルー部

分）である。所得69,000ドルの就労者の総報酬は、32歳から66歳までの平均で年76,091ドルである。これは目標所得代替率の計算には直接使用されないが、代替的政策との比較において、各就労者の生涯税負担を生涯総報酬に対する割合で示す際に活用される[46]。

» 所得69,000ドルの就労者の32歳から66歳までの**賃金所得**は、図2.5で示すように、2014年基準実質ドルでみて年平均69,299ドルである（図2.6の上段パネル）。

» **純所得**（図2.6の棒グラフのダークブルー部分）は、所得69,000ドルの就労者の所得から連邦税と州所得税（同棒グラフのグリーン部分）、給与税の就労者負担分（同棒グラフのダークオレンジ部分）、401(k)プランの就労者負担分（同棒グラフのライトブルー部分）を差し引いたものである。所得69,000ドルの就労者の純所得は年平均47,715ドルである。32歳から66歳までの平均で純所得は所得の69%である。

退職後の所得

退職後の所得の２つの基準である総退職後所得と純退職後所得は、図2.6の下段パネルに示される。両方の基準は、物価と生存率で調整をした67歳以上の所得の平均である[47]。

» **総退職後所得**は、所得69,000ドルの就労者の社会保障給付の支払い（同棒グラフのダークオレンジ部分）と401(k)プランの分配（同棒グラフのライトブルー部分）の組合せで、これらは保険数理的に公正で物価連動の即時年金の形式である。所得69,000ドルの就労者の総退職後所得は、退職後に2014年基準実質米ドルでみて47,842ドルとなる。

» **純退職後所得**（同棒グラフのダークブルー部分）は、総退職後所得から連邦税ならびに州所得税（同棒グラフのグリーン部分）を差し引いたものである。所得69,000ドルの就労者の純退職後所得の生存加重平均は年44,788ドルである。退職後の平均で、純退職後所得は総退職後所得の94%になる。

代替所得算出の説明：所得69,000ドルの就労者における現行の租税政策に基づく基準シミュレーション

1人の代表的個人の物価連動所得、すべてのドル額は実質米ドル（2014年基準）。

- ■ 賃金所得
- ■ 給与税の雇用者負担分
- ▨ 雇用者の401(k)拠出
- ■ 純所得
- ■ 連邦所得税＋州所得税
- ■ 給与税の従業員負担分
- ▨ 従業員の401(k)拠出

就労期間（32〜66歳の平均）

（ドル）

総報酬：76,091

| 69,299 | 5,301 | 1,491 |

賃金所得：69,299

| 47,715 | 13,301 | 5,301 | 2,982 |

純所得：47,715

| 47,715 |

- ■ 社会保障の給付
- ▨ 401(k)プランの分配
- ■ 純退職後所得
- ■ 連邦所得税＋州所得税

退職後（67歳以上の平均、生存率調整後）

（ドル）

総退職後所得：47,842

| 30,639 | 17,203 |

総退職後所得：47,842

| 44,788 | 3,054 |

純退職後所得：44,788

| 44,788 |

注記：生涯所得区分はBrady 2010年により示された所得区分に基づく。詳細については、図2.3を参照のこと。
出典：ICI simulations

所得代替率

　典型的な所得代替率は、全（または総）退職後所得が全（または総）退職前所得に取って代わる程度を測定する（たとえば、Aon 2008を参照）。シミュレーションでは、所得69,000ドルの就労者の総所得代替率は69％である。これは、生存加重平均の総退職後所得47,842ドル（図2.6の下段パネル）と平均賃金所得69,299ドル（上段パネル）の比率である。総退職後所得の構成要素を個別にみると、所得69,000ドルの就労者の年間社会保障給付の支払い30,639ドルは、平均所得の44％を代替し、年間401(k)プラン給付の17,203ドルは25％を代替する（下段パネル）。

　総所得代替率の基準を使用することに替え、この研究では401(k)プラン拠出を調整するために、純所得代替率の基準を採用した。純所得代替率は、純退職後所得が純退職前所得をどれくらい代替可能かを評価する。Brady（2012a）により説明されているとおり、純所得の代替は、より直接的に退職者が退職前消費支出を維持可能かの能力を測定する。シミュレーションでは、所得69,000ドルの就労者の純所得代替率は、目標率の94％である。これは、生存加重の平均純退職後所得44,788ドル（図2.6の下段パネル）と平均純所得47,715ドル（上段パネル）の比率である。

退職後所得の構成

　35歳から44歳までの所得のあるすべての就労者のなかで40歳時の年間所得は73パーセンタイル（図2.4）と、比較的高い所得であるにもかかわらず、所得69,000ドルの就労者は、社会保障給付の支払いから多くの退職後所得を得る。退職後の社会保障給付支払い30,639ドルは、総退職後所得47,842ドルの64％を占め、401(k)プラン給付額17,203ドルは36％を占める（図2.6の下段パネル）。

すべての代表的就労者の結果

　6人の代表的就労者すべてについてシミュレーションを実施した。シミュ

レーション結果は、図2.7にまとめられている。ここでも、すべてのドル額は2014年基準実質米ドルで示されている。

就労中の所得

　就労中、すべての所得は労働の対価としての報酬という形式であり、また投資所得は実現しないものとする。退職前所得の３つの基準である総報酬（(4)）、賃金所得（(3)、(5)、(8)）、および純所得（(12)）は、図2.7に示されている。３つの基準はすべて物価連動所得で、32歳から66歳までの平均である。

» **総報酬**（図2.7(4)）は、賃金所得（(5)）、雇用者負担分の給与税（(6)）、401(k)プランへの雇用者マッチング拠出（(7)）の組合せである。平均総報酬は、所得21,000ドルの就労者で23,337ドル、所得234,000ドルの就労者で252,215ドルの範囲にある。

» **賃金所得**（図2.7(3)、(5)、(8)）は、雇用者負担分の給与税（(6)）、401(k)プランへの雇用者マッチング拠出（(7)）を除いたもので、所得21,000ドルの就労者で21,497ドル、所得234,000ドルの就労者で234,046ドルの範囲にある。

» **総所得**（図2.7(12)）は、賃金所得（(8)）から、連邦税ならびに州所得税（(9)）、就労者負担分の給与税（(10)）、401(k)プランの就労者拠出（(11)）を差し引いたものと同等である。平均純所得は、所得21,000ドルの就労者の17,560ドルから、所得234,000ドルの就労者の140,774ドルの範囲にある。

　純所得は、より生涯所得の高い就労者では、賃金所得のうち少ない部分を占める。たとえば、平均純所得は所得21,000ドルの就労者の平均賃金所得の82％を占めるが、所得234,000ドルの就労者では60％に低下する（図2.8の上段パネル）。なぜ生涯所得の高い就労者で、純所得の賃金所得に対する割合が低いのかについては、２つの理由がある。まず、連邦ならびに州の所得税は累進的であるため、所得税は高所得者でより多くの割合を占める。平均的

図2.7
現行の租税政策に基づく基準シミュレーション結果のまとめ

1966年に生まれ、2033年に退職する個人。すべてのドル金額は実質米ドル（2014年基準）。

所得（ドル）	生涯所得区分別の代表的個人[1]					
	21,000	43,000	69,000	92,000	122,000	234,000
所得						
（1）40歳時賃金所得（ドル）[1]	20,472	40,944	65,433	88,648	118,197	236,394
（2）40歳時賃金所得100分位 （パーセンタイル）[1]	18位	46位	73位	85位	92位	98位
（3）32〜66歳の平均賃金所得（ドル）	21,497	42,994	69,299	91,818	122,424	234,046
32〜66歳の報酬と賃金所得合算平均						
（4）総報酬=（5）+（6）+（7）（ドル）	23,337	47,058	76,091	101,261	135,022	252,215
（5）　賃金所得（ドル）	21,497	42,994	69,299	91,818	122,424	234,046
（6）　雇用者負担分の給与税[2]（ドル）	1,645	3,289	5,301	7,024	9,279	11,174
（7）　401(k)プランへの雇用者マッチン 　　グ拠出（ドル）	196	774	1,491	2,419	3,318	6,995
（8）賃金所得=（5）（ドル）	21,497	42,994	69,299	91,818	122,424	234,046
（9）　連邦所得税ならびに州所得税[2]（ドル）	1,901	6,090	13,301	19,655	28,665	62,222
（10）　従業員負担分の給与税[2]（ドル）	1,645	3,289	5,301	7,024	9,279	11,174
（11）　401(k)プランの従業員拠出（ドル）	392	1,549	2,982	4,838	7,743	19,875
（12）純所得=（8）−（9）−（10）−（11）	17,560	32,067	47,715	60,301	76,736	140,774
（13）賃金所得に対する純所得の割合= （12）/（8）（％）	82	75	69	66	63	60
67歳以上の平均年間退職所得、生存率調整後						
（14）総生存率調整退職後所得= （15）+（16）（ドル）	16,449	30,384	47,842	64,939	86,433	158,316
（15）　社会保障給付支払い（ドル）	14,479	21,982	30,639	34,325	39,088	39,776
（16）　401(k)プラン分配（ドル）	1,970	8,402	17,203	30,614	47,345	118,539
（17）　退職後所得に占める社会保障の割合 　　=（15）/（14）（％）	88	72	64	53	45	25
（18）　退職後所得に占める401(k)プラン 　　分配の割合=（16）/（14）（％）	12	28	36	47	55	75
（19）総退職後所得=（14）（ドル）	16,449	30,384	47,842	64,939	86,433	158,316
（20）　連邦所得税ならびに州所得税[2]（ドル）	0	334	3,054	8,390	14,581	39,082
（21）純退職所得=（19）−（20）（ドル）	16,449	30,050	44,788	56,549	71,851	119,234

次ページへ続く

現行の租税政策に基づく基準シミュレーション結果のまとめ

1966年に生まれ、2033年に退職する個人。すべてのドル金額は実質米ドル（2014年基準）。

所得（ドル）	生涯所得区分別の代表的個人[1]					
	21,000	43,000	69,000	92,000	122,000	234,000
所得						
(22) 総退職後所得に占める純退職後所得の割合=(20)/(19)（%）	100	99	94	87	83	75
退職後の所得代替率						
(23) **賃金所得に対する総退職後所得=(14)/(8)（%）**	**77**	**71**	**69**	**71**	**71**	**68**
(24) 賃金所得に対する社会保障給付支払いの割合=(15)/(8)（%）	67	51	44	37	32	17
(25) 賃金所得に対する401(k)プラン分配の割合=(16)/(8)（%）	9	20	25	33	39	51
(26) **純所得に対する純退職後所得の割合=(21)/(12)（%）**	**94**	**94**	**94**	**94**	**94**	**85**

1 生涯所得区分はBrady 2010により示された所得区分に基づく。詳細については、図2.3を参照のこと。
2 シミュレーションでは、現行の租税政策（物価に適切に連動）がシミュレーションの全期間に適用されると仮定。
注記：四捨五入のため、項目の合計が総計に一致しないことがある。
出典：ICI simulations

にみて、就労中の連邦ならびに州の所得税は、所得21,000ドルの就労者の9％から、所得234,000ドルの就労者では27％に増加する。第二に、高所得者は退職前所得の高い割合を401(k)プランに拠出する。32歳から66歳までの平均で、所得21,000ドルの就労者は所得の2％を401(k)プランに拠出するが、所得234,000ドルの就労者では8.5%弱を拠出する[48]。

退職後の所得

退職後、すべての所得は、社会保障給付の支払いと401(k)プランからの分配の2つの資金源となる（保険数理的に公正、物価連動の即時年金の形式で）。退職後所得の2つの基準は、図2.7に示される総退職後所得（(14)と(19)）と純退職後所得（(21)）である。両方の基準は、物価と生存率で調整をした67歳以

上の所得の平均である[49]。

> **総退職後所得**（図2.7(14)、(19)）は、社会保障給付の支払い（(15)）と401(k)口座からの分配（(16)）の合計である。社会保障給付の支払いと401(k)プランからの年金支払いは物価に連動している。総退職後所得は、所得21,000ドルの就労者の年16,449ドルから、所得234,000ドルの就労者の年158,316ドルの範囲にある。

> **純退職後所得**（図2.7(21)）は、総退職後所得（(19)）から連邦ならびに州の所得税（(20)）を差し引いたものである。年間純退職後所得は、所得21,000ドル（退職後連邦ならびに州所得税の支払いなし）の就労者の16,449ドルから、所得234,000ドルの就労者の119,234ドルまでの範囲になる。

すべての個人において、純所得と総所得の比率は、就労中よりも退職後の間のほうが高くなる。たとえば、給与税と401(k)プラン拠出の支払いがないことに加え、所得21,000ドルの就労者では、連邦ならびに州の所得税の支払いもない。したがって、就労中の純所得と総所得の比率が82％（図2.8の上段パネル）であるのと比較して、純退職後所得と総退職後所得の割合は100％（同棒グラフの下段パネル）になる。所得234,000ドルの就労者には、退職後、所得21,000ドルの就労者よりもより高い所得税負担があるが、所得234,000ドルの就労者の純所得と総所得の比率は、就労中よりも退職後のほうが高い。所得に対する割合としての所得税は、所得234,000ドルの就労者では退職後やや低くなるのみで、就労中は所得の27％、総退職後所得の25％である。それにもかかわらず、給与税と401(k)プラン拠出がないことをあわせても、所得234,000ドルの就労者の純所得と総所得の割合は、退職後に増加する。すなわち、就労中の純所得と総所得の比率は60％であるのに対して、純退職後所得と総退職後所得の比率は75％である。

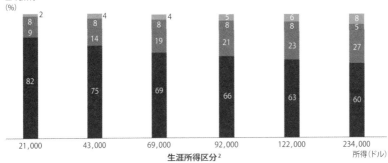

図2.8
退職後は総所得のうち純所得が高い割合を占める

就労中の賃金所得のうち純所得が占める割合

■ 401(k)プランの従業員拠出
■ 従業員給与税
■ 連邦所得税＋州所得税
■ 純所得[1]
(%)

2	4	4	5	6	8
9	8	8	8	8	5
	14	19	21	23	27
82	75	69	66	63	60
21,000	43,000	69,000	92,000	122,000	234,000

生涯所得区分[2]
所得(ドル)

退職後の総退職後所得のうち純退職後所得が占める割合

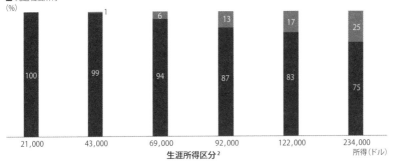

■ 連邦所得税＋州所得税
■ 純退職後所得[3]
(%)

	1	6	13	17	25
100	99	94	87	83	75
21,000	43,000	69,000	92,000	122,000	234,000

生涯所得区分[2]
所得(ドル)

1 図2.7(13)を参照。
2 生涯所得区分はBrady 2010により示された所得区分に基づく。詳細については、図2.3を参照のこと。
3 図2.7(22)を参照。
注記：詳細は図2.7を参照のこと。四捨五入のため、項目の合計が100％にならないことがある。
出典：ICI simulations

所得代替率

　グロスでは所得代替率が異なるにもかかわらず、生涯所得でランクづけさ
れた最初の5人の代表的就労者はすべて、退職後、純所得に対して同一割合
を代替する。35歳から44歳までの所得のあるすべての就労者で、40歳時の所
得は18パーセンタイルから92パーセンタイルの範囲にある（図2.7）。これら
の就労者の総所得代替率は、所得21,000ドルの就労者では77%、所得69,000
ドルの就労者では69%であった（図2.9）。総所得代替率が異なるにもかかわ
らず、すべての5人の代表的就労者の純退職後所得は退職前所得の94%であ
る。

　最も低い総所得代替率と、最も低い純所得代替率となるのは、所得

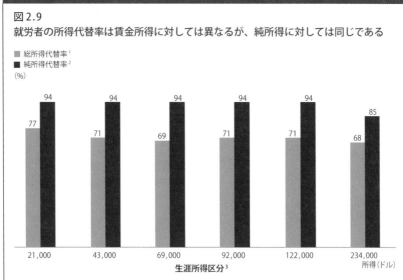

図2.9
就労者の所得代替率は賃金所得に対しては異なるが、純所得に対しては同じである

■ 総所得代替率[1]
■ 純所得代替率[2]
(%)

1　総所得代替率は、67歳以上の生存率調整後・物価調整総退職所得を、32歳から66歳までの平均・物価調整賃
　金所得で割ったものである。図2.7(2)を参照。
2　純所得代替率は、67歳以上の生存率調整後・物価調整純退職所得を、32歳から66歳までの平均・物価調整純
　所得で割ったものである。図2.7(b)を参照。
3　生涯所得区分はBrady 2010により示された所得区分に基づく。詳細については、図2.3を参照のこと。
出典：ICI simulations

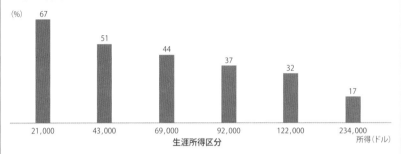

図 2.10
社会保障は低所得者になるほど賃金所得の高い割合を代替する
社会保障代替率とは、社会保障給付支払いの、32歳から66歳までの平均・物価調整賃金所得に対する割合

(%)

| 67 | 51 | 44 | 37 | 32 | 17 |

21,000　43,000　69,000　92,000　122,000　234,000
　　　　　　　生涯所得区分　　　　　　　　所得(ドル)

注記：この図は 図2.7㉔をプロットしたもの。生涯所得区分はBrady 2010により示された所得区分に基づく。
　　　詳細については、図2.3を参照のこと。
出典：ICI simulations

234,000ドルの就労者である（図2.9）。このシミュレーションで使用している退職金制度拠出の仮定は、可能な限りすべての代表的就労者が退職後の純所得の同じ割合を代替するように調整されている。就労者拠出に制限があり、より小さい範囲ではあるが、雇用者提供退職金制度に織り込み可能な報酬に制限があるため、所得234,000ドルの就労者では、純退職後所得は純所得の85％しか代替しない[50]。

シミュレーションでは、社会保障給付の計算式の累進性が示されている。所得21,000ドルの就労者が受け取る年間社会保障給付の支払いである14,479ドル（図2.7⒂）は、この就労者の物価調整賃金所得の67％を占める（図2.10）。これと比較して、所得43,000ドルの就労者が受け取る年間社会保障給付の支払いである21,982ドル（図2.7⒂）は、平均賃金所得の51％を占める（図2.10）。所得234,000ドルの就労者は、所得122,000ドルの就労者が受け取る年間39,088ドルよりもやや多く、社会保障給付の支払いを年間39,776ドル受け取る（図2.7⒂）。これは、より高い所得があるにもかかわらず、追加的所得のほとんどが社会保障所得ベースを超えており、社会保障税の対象にな

らず、社会保障給付の計算にも含まれないためである[51]。その結果、年間社会保障給付の支払いは、所得122,000ドルの就労者の32%と比較して、所得234,000ドルの就労者では平均賃金所得の17%にすぎない（図2.10）。

401(k)プラン拠出で代替される賃金所得の割合は、生涯所得によって反対のパターンを示し、社会保障給付で代替される割合を補完する。賃金所得の割合として、401(k)プランの分配は、所得21,000ドルの就労者の9%から、所得234,000ドルの就労者の51%の範囲になる（図2.7(25)）。

退職後所得の構成

社会保障給付の計算式の累進性のため、生涯所得の低い就労者は退職後所得の高い割合を社会保障給付の支払いから受ける。このシミュレーションでは、社会保障が総退職後所得に占める割合は、所得21,000ドルの就労者の88%から、所得234,000ドルの就労者の25%の範囲になる（図2.11）。この研究におけるシミュレーションは、社会保障給付の支払いが、低所得者とより低い資産の退職者世帯でより多くの割合を占めるという実証に基づいた証拠と一致している[52]。

社会保障給付の支払いとは対照的に、401(k)プランの分配は生涯所得においてその重要性を増す。全体として、総退職後所得に占める401(k)プランの分配の割合は、所得21,000ドルの就労者の12%から、所得234,000ドルの就労者の75%の範囲になる（図2.11）。

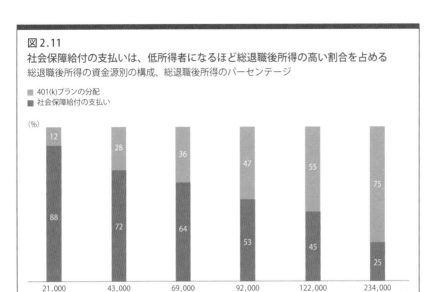

図2.11
社会保障給付の支払いは、低所得者になるほど総退職後所得の高い割合を占める
総退職後所得の資金源別の構成、総退職後所得のパーセンテージ

■ 401(k)プランの分配
■ 社会保障給付の支払い

(%)

	12	28	36	47	55	75
	88	72	64	53	45	25
	21,000	43,000	69,000	92,000	122,000	234,000

生涯所得区分
所得(ドル)

注記:この図は 図2.7(17)と(18)をプロットしている。生涯所得区分はBrady 2010により示された所得区分に基づく。詳細については、図2.3を参照のこと。
出典:ICI simulations

■ 現行政策における生涯の税負担

　米国の退職金制度の恩典を評価する前に、このセクションでは、現行政策に基づく基準シミュレーションにおいて代表的就労者が直面する、生涯の税負担について説明する。各就労者の生涯の税負担は、総所得に就労者が生涯に支払った給与税を加えたものの現在価値から、社会保障給付の支払いの現在価値を差し引いたものである。就労者間の比較を容易にするため、生涯の税負担は各就労者の所得に占める割合で示される。現行政策に基づく基準シミュレーションと他の政策のシミュレーションの間の比較を容易にするため、使用される生涯所得の基準は、就労者の生涯総報酬の現在価値とする[53]。
　各就労者の純税負担が別の政策下でどのように変化するかをより理解する

ため、現行政策に基づく基準シミュレーションにおける就労者の税負担を3つに分類する:

» 就労中に支払われた税金（所得税に、雇用者と就労者の負担分の両方を含む給与税のメディケア［HI］部分を足したもの）；

» 退職中に支払われた税金（所得税）；および

» 純社会保障税（雇用者と就労者の負担分の両方を含む給与税の社会保障［OASDI］部分の現在価値から、社会保障給付支払いの現在価値を差し引いたもの）。

所得税は生涯を通じて発生し、就労中に支払った税金と退職中に支払った税金の両方を含む。対照的に、給与税は就労中にしか発生しない。分析の目的上、給与税の2つの構成要素である社会保障税（OASDI）とメディケア（HI）部分は異なる分類に含まれる。給与税のメディケア部分は、雇用者と就労者の負担分の両方を含み、就労中に支払われる税金の基準に含まれる。社会保障税は、雇用者と就労者の負担分の両方を含み、純社会保障税の分類に含まれる。純社会保障税は、雇用者と就労者の社会保障税負担分を含む就労中に支払った税金の現在価値から、退職後に受け取る社会保障給付支払いの現在価値を差し引いたものとして測定される。

現行政策に基づく基準シミュレーション結果が、現行の税務ならびに所得移転制度の累進性を示す助けとなる。現在価値でみると、生涯総報酬に占める割合としての純税負担は、所得21,000ドルの就労者の8.4％から所得234,000ドルの就労者の33.5％の範囲にある（図2.12）。

連邦税と州所得税の累進的性質は、就労中に支払われる税金と、退職後に支払われる税金の両方にみることが可能である。現在価値でみると、就労中に支払った税額は、所得21,000ドルの就労者の生涯総報酬額の10.7％から所得234,000ドルの就労者の27.1％の範囲となる（図2.12の棒グラフのグリーン部分）。図2.8における議論でもすでに指摘されているが、所得21,000ドルの就労者は退職後は連邦所得税と州所得税を支払っていない。他の就労者では、退職後の連邦税ならびに州所得税は、所得43,000ドルの就労者の生涯総報酬の0.1％から、所得234,000ドルの就労者の3.6％の範囲となる（図2.12の

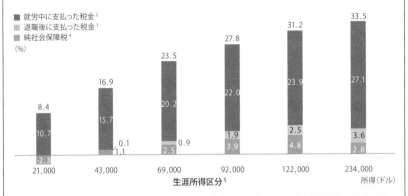

図 2.12

現行の租税政策のもとでの生涯総報酬に占める税金の割合

さまざまなレベルの生涯所得の代表的個人が32歳から66歳に受け取った総報酬の現在価値[1]に対する32歳から100歳に支払った税金の現在価値

- ■ 就労中に支払った税金 [2]
- ■ 退職後に支払った税金 [3]
- ■ 純社会保障税 [4]

(%)

所得区分	21,000	43,000	69,000	92,000	122,000	234,000
合計	8.4	16.9	23.5	27.8	31.2	33.5
就労中	10.7	15.7	20.2	22.0	23.9	27.1
退職後	0.1	1.1	0.9	1.9	2.5	3.6
(下段)			2.5	3.9	4.8	2.8
純社会保障	-2.3					

生涯所得区分[5]

所得(ドル)

1 総報酬は、賃金と給与所得、給与税の雇用者負担分（老齢/遺族/障害保険［OASDI］と入院保険［HI］の両方）、雇用者の401(k)プランへのマッチング拠出の合計である。
2 就労中に支払った税金には、連邦所得税、州所得税、そして雇用者と従業員のHI給与税の両方が含まれる。
3 退職後に支払う税金は、連邦所得税と州所得税の合計額である。
4 純社会保障税は、支払う税金の純現在価値（雇用者と従業員のOASDI税持分の両方）から、受け取る社会保障給付支払いの純現在価値を差し引いて算出される。
5 生涯所得区分はBrady 2010により示された所得区分に基づく。詳細については、図2.3を参照のこと。
注記：四捨五入のため、項目の合計が総計に一致しないことがある。
出典：ICI simulations

棒グラフのイエロー部分）。

　純社会保障税もまた累進的である。この結果は、給与税が一般的に逆進的であると説明されてきたことを考えると意外かもしれない[54]。社会保障税は逆進的であるが、個別でみた場合のみである。社会保障給付支払いは、非常に累進的で、生涯所得の低い就労者の賃金所得でより高い割合を代替する。社会保障税と社会保障給付支払いの両方を考慮すると、社会保障税とその移転制度は累進的である（以下の「平均余命の差異」を参照）。所得21,000ドルの就労者において、社会保障給付支払いの現在価値は、社会保障税の現在価値よりも大きく、結果マイナスの純社会保障税（または、同様に、プラスの純社会保障給付支払い）は生涯総報酬の現在価値の2.3％となる（図2.12の棒グラ

フのライトブルー部分）。その他すべての代表的就労者では、社会保障制度は
プラスの純税額（または、同様にマイナスの純恩典支払い）を課し、所得
43,000ドルの就労者では生涯総報酬の1.1％、所得122,000ドルの就労者では
生涯総報酬の4.8％となる。社会保障税は、最大年間所得ベースに課され、
社会保障給付の計算は最大年間所得ベースのみを含むため、社会保障制度に
よる純課税は、所得234,000ドルの就労者では生涯総報酬に占める割合とし
ては低下し、生涯総報酬の2.8％になる。

平均余命の差異

　本研究における純社会保障税および純社会保障給付支払いの評価で
は、異なる社会経済的グループ間の平均余命の差異は考慮していない。
低所得グループは寿命が短い傾向があるため、死亡率を考慮すると、測
定された社会保障制度の累進性は低下する可能性がある。すなわち、生
涯所得の低い就労者では、純社会保障税の推定額が増し、純社会保障給
付の支払いが減ることになる。

　ただし、本研究での評価は、社会保障制度から情報開示されている、
障害者恩典、OASDIのDI部分も無視している。低所得グループは障害
者恩典の支払いも大きな割合を占めるので、障害者恩典を組み込むこと
で測定された社会保障制度の累進性が高まる。

　理想的には、これらの恩典基準は、死亡率の差異と、障害者恩典支払
いをあわせて考慮したマイクロシミュレーションモデルを使って評価す
ることも可能である。実際、より詳細な社会保障制度の研究（Congres-
sional Budget Office 2006）によりそのような分析が行われている。死亡
率を考慮すると、社会保障の退職部分（OASI）は累進的であるが、死
亡率の差により恩典の計算式の累進性が部分的に相殺されることがわ
かった。しかし、社会保障の障害者部分（DI）が非常に累進的であるこ

ともわかった。その結果、死亡率と障害者恩典をあわせて考慮した場合、社会保障税（OASDI）は全体的に非常に累進的であると推定された。

■ 課税繰延の恩典

　このセクションでは、より高い生涯所得を得ている就労者が、課税繰延から比例的により多くの恩典を受けているが、その恩典は生涯所得とともに急激に増加することはないことを説明する。より高所得の就労者では、課税繰延は、生涯を通して支払った総税負担額よりも、税金を支払った時点により大きな影響を受ける。課税繰延は、より高所得の代表的就労者で就労中に支払った税金を著しく低下させるが、その変化の一部のみが、生涯税負担額の削減として解釈される、残りは退職後のより高い税金を通じて払い戻される。以下の議論では、退職後の高い所得税は、現在価値でみて、3番目に高所得の就労者において所得税の減額分の半分以上と相殺され、4番目に高所得の就労者において退職前の所得税の減額分の約40％と相殺されることが示される。

生涯恩典の評価方法

　各代表的就労者において、課税繰延の生涯恩典は、課税繰延に帰属する生涯税負担額の減額の現在価値として計算される[55]。課税繰延の恩典を就労者全体で比較する助けとして、生涯恩典は生涯総報酬の現在価値に占める割合として示される。課税繰延の生涯恩典はまた、就労中に発生した所得税の恩典（すなわち、就労中に支払った所得税の減額で、プラスの恩典として示される）と退職後に発生した所得税の恩典（退職中に支払った所得税の増額で、マイナスの恩典として示される）の2つの構成要素に分類される。

課税繰延の恩典を計算するために、現行政策に基づく基準シミュレーションの結果と、課税繰延を排除した第二の代替的シミュレーションの結果を比較する。課税繰延評価に使用された方法を一貫して使用し、他の税法規定に変更はなく、納税者の行動にも変化がないと仮定する[56]。税制措置における変化をモデル化するために、401(k)プランは継続するが、課税対象の個人投資口座として扱うと仮定する。すなわち、401(k)プラン拠出と401(k)プランから生み出された投資所得の両方とも個人の所得に含まれ、課税対象となる。加えて、401(k)プランからの分配は、部分的にしか課税対象ではなくなる。すなわち、他の課税対象の個々の投資口座からの引出しと同様、未実現利益の分配部分のみが所得に含まれ、課税対象となる。

　就労中、401(k)プランへの拠出と、就労者の純所得（すなわち、所得から所得税、給与税、および401(k)プラン拠出を差し引いたもの）が、現行政策に基づく基準シミュレーションに関連して変更されないと仮定する。雇用者と就労者は、現行政策のもとで課税繰延される401(k)プランへの拠出を行う際、報酬の同じ金額を使って課税対象の個々の投資口座に拠出資金を出すと仮定する。現行政策とは異なり、雇用者と就労者の拠出はForm W-2で報告される所得に含まれ、Form 1040の7行目で報告される（「所得、給与、チップなど」に求められる行）[57]。加えて就労者は、課税対象401(k)プラン口座で得た利子所得のすべてを、納税申告書で所得として毎年報告する。就労中の純所得が変化しないことを確実にするため、納税者は、課税対象の401(k)プラン口座から引き出した資金による追加的所得税負担を支払うと仮定する。追加的所得税をカバーするために引き出された資金に課される早期引出しの罰金は課されない。

　就労中の純所得が変わらない状態では、生涯課税における増税の完全な影響は、より低い純退職後所得に反映される。現行政策に基づく基準シミュレーションにおけるものと同様に、退職後に蓄積されたすべての資産は、保険数理的に公正で物価連動する即時年金を購入するために充当される。課税対象の401(k)プラン口座で蓄積された資産は、課税繰延された401(k)プラン口

座で蓄積された資産よりも少なく、総分配は減少する。

　しかし、現行政策と比較して、退職後に支払う税額が著しく減少するから
といって、すべての総分配が純分配の減少として解釈されるとは限らない。
課税繰延によって、すべての401(k)プランの分配が所得に含まれ、課税対象
となる。課税繰延がなければ、401(k)プランの分配の一部のみが所得に含ま
れ課税対象となる。課税繰延のないシミュレーションでは、課税対象の401
(k)プラン口座から年金購入のために退職後に資金が引き出された際には、所
得税は発生しない。これは、課税対象の個々の投資口座へのすべての拠出、
ここから得た利子所得はすでに課税対象であったからである。退職後、課税
繰延された所得を表す年金支払いの一部のみが課税される。この場合、現行
法のもとで適格なプラン以外で保有されている年金と同様に、年金支払いの
30.1%が毎年所得に含まれる[58]。

生涯恩典の推計結果

　就労中、生涯所得の高い代表的就労者は多くの恩典を（低い所得税負担の
形で）課税繰延から受ける（図2.13の最初の棒グラフ群）。生涯総報酬に占め
る割合として、所得税の減額は、所得21,000ドルの就労者では0.5%、所得
234,000ドルの就労者では6.4%の範囲となる[59]。401(k)プランへの拠出と401
(k)プランの資産から得た利子収益の両方で、就労者は課税繰延の恩典を受け
る。より高い生涯所得の就労者は、若い年齢で401(k)プランに拠出し始め、
あるケースでは、給与のうち高い割合を拠出するため、より大きな恩恵を受
ける。

　退職後、生涯所得の高い代表的就労者は、より大きなマイナスの所得税の
恩典を（高い所得税負担のかたちで）課税繰延から受ける（図2.13の2番目の
棒グラフ群）。所得21,000ドルの就労者にとって、退職後の所得税支払いには
影響がない。その理由は、課税繰延の有無にかかわらず、退職後は所得税を
支払わないからである。その他の所得層の就労者では、税金の増額（または
同等の恩典の減額）が、所得43,000ドルの就労者での生涯総報酬の0.1%から

所得234,000ドルの就労者での3.3%の範囲となる。すべての分配は、課税繰延された報酬であっても、課税繰延された投資収益であっても、課税繰延所得となり、所得に含まれ、課税対象となるため、退職後の就労者は通常、課税繰延がない場合よりも、課税繰延によってより多くの所得税を支払う。

　課税繰延の生涯恩典（図2.13の3番目の棒グラフ群）は、就労中に生じる恩典の総額（最初の棒グラフ群）と、退職後に生じる（マイナス）恩典（2番目の棒グラフ群）の合計である。生涯恩典は、所得21,000ドルの就労者での生涯総報酬の0.5%から、所得234,000ドルの就労者での3.0%の範囲である[60]。その他の就労者では、課税繰延の生涯恩典はあまり変わらず、総報酬の1.3%から1.6%の範囲である。

　生涯所得別の恩典パターンの原因は複雑である。どのように課税繰延が生涯の税負担に影響するかについての詳細な説明は、第3章で提供されている。結果の背後にあるのは、課税繰延の生涯における恩典が、繰延された報酬額と繰り延べられた報酬の各ドルに関連する恩典の両方に依存しているということである。繰り延べられる報酬の割合は、生涯所得とともに増加するため、生涯恩典は生涯所得とともに増加する傾向がある。しかしながら、繰延された報酬の各ドルに対する恩典は、生涯所得の単純な関数ではない[61]。4人の中間所得層（所得43,000ドル、所得69,000ドル、所得92,000ドル、および所得122,000ドル）について、課税繰延の生涯恩典は控えめにしか増加しない。理由は、繰延される報酬の1ドル当りの恩典は、所得が増加するにつれて減少するためである。対照的に、所得234,000ドルの就労者は、報酬の最も高い割合を繰延するだけでなく、所得69,000ドルの就労者が繰延された報酬の1ドルごとに得るものと同様の恩典を受ける。結果として、所得234,000ドルの就労者の生涯恩典は、他の就労者の恩典と比べて著しく高くなる。

　過去の研究の課税繰延の恩典推計と一貫して、この分析は、高所得者が所得に占める割合として最も恩典を受けることを示している。しかし、就労中は所得税が減少し、退職後は所得税が増加するなど、課税繰延の影響は就労

者の生涯を通して著しく変化する。さらに、就労中に最も減税を受ける所得層は、退職後に最も増税を経験する。退職後の高い所得税は、現在価値でみて、3番目までの高所得就労者において所得税の減額分の半分以上と相殺され、4番目の高所得就労者において退職前の所得税の減額分の約40%と相殺される。結果として、課税繰延の生涯恩典は、就労中に生じた恩典であっても、退職後に発生した（マイナスの）恩典であっても、就労者全体にわたって変動が少なくなる。

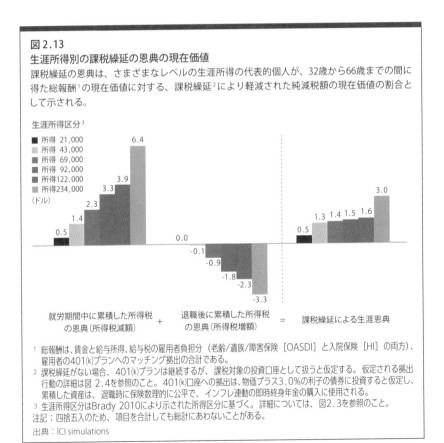

図2.13

生涯所得別の課税繰延の恩典の現在価値

課税繰延の恩典は、さまざまなレベルの生涯所得の代表的個人が、32歳から66歳までの間に得た総報酬[1]の現在価値に対する、課税繰延[2]により軽減された純減税額の現在価値の割合として示される。

生涯所得区分[3]

■ 所得 21,000
□ 所得 43,000
▦ 所得 69,000
▨ 所得 92,000
▩ 所得 122,000
▤ 所得234,000
（ドル）

就労期間中に累積した所得税の恩典（所得税減額）
0.5　1.4　2.3　3.3　3.9　6.4

+

退職後に累積した所得税の恩典（所得税増額）
0.0　-0.1　-0.9　-1.8　-2.3　-3.3

=

課税繰延による生涯恩典
0.5　1.3　1.4　1.5　1.6　3.0

1 総報酬は、賃金と給与所得、給与税の雇用者負担分（老齢/遺族/障害保険［OASDI］と入院保険［HI］の両方）、雇用者の401(k)プランへのマッチング拠出の合計である。
2 課税繰延がない場合、401(k)プランは継続するが、課税対象の投資口座として扱うと仮定する。仮定される拠出行動の詳細は図2.4を参照のこと。401(k)口座への拠出は、物価プラス3.0%の利子の債券に投資すると仮定し、累積した資産は、退職時に保険数理的に公平で、インフレ連動の即時終身年金の購入に使用される。
3 生涯所得区分はBrady 2010により示された所得区分に基づく。詳細については、図2.3を参照のこと。
注記：四捨五入のため、項目を合計しても総計にあわないことがある。
出典：ICI simulations

■ 米国の退職後資金支援制度の恩典

　米国の退職後資金支援制度をより良く調査するために、このセクションでは、課税繰延と社会保障制度の恩典をともに評価する。

　課税繰延の恩典の評価は、課税繰延がその一部にすぎないため、米国の退職後資金支援制度の全体像を提供しない。中心的な米国の退職後資金支援制度は社会保障であり、社会保障制度の生涯恩典は非常に累進的である。社会保障制度は、ほぼ全員の米国就労者を対象とし[62]、すべての対象就労者から給与税を徴収し、10年間払込相当の対象となった就労者に恩典を支払う[63]。雇用者が提供する退職後資金支援制度とIRAは、社会保障給付支払いを補完する。設計上、低生涯所得の就労者は、退職後資金の多くの割合を社会保障から受けとる。生涯所得が増加するにつれ、就労者は退職前の生活水準を保つため、雇用者が提供する退職後資金支援制度とIRAを通じて蓄積する資金により頼るようになる。

　このシミュレーションでは、課税繰延や社会保障制度をあわせると、米国の退職後資金支援制度全体が累進的であることを示す。すなわち、課税繰延の恩典と社会保障制度の恩典をあわせることで、低生涯所得の就労者は、生涯総報酬に占める割合として、米国の退職後資金支援制度から通常の生涯恩典以上を受け取る。

　社会保障制度は、低生涯所得の就労者にかなり大きな生涯恩典を与えるが、高生涯所得就労者の生涯恩典にはほとんど影響を与えない[64]。生涯総報酬に占める割合として、所得21,000ドルの就労者が社会保障から最も多くの生涯恩典を得る。プラスの純社会保障給付支払いを受ける唯一の就労者であることに加えて、社会保障制度は、所得21,000ドルの就労者の生涯を通じて所得税負担を著しく軽減している。社会保障の生涯恩典は、中程度の所得の就労者では低いが、プラスではある。これらの就労者では、生涯所得税負担の減少が、社会保障給付支払いのマイナスの相殺分よりも大きい。社会保障は、高生涯所得就労者にはほとんど影響を与えない。これらの就労者では、

マイナスの純社会保障給付支払いがほぼ所得税負担の減少によって相殺される。

生涯恩典の評価方法

　米国政府による国民の退職後資金支援の恩典を測定するために、課税繰延と社会保障制度の両方を排除した３つ目のシミュレーションを実施して、その結果を現行政策に基づく基準シミュレーションと比較する。各就労者について、米国政府による国民の退職後資金支援制度の生涯恩典は、基準シミュレーションで支払った税額の現在価値を、３番目のシミュレーションで支払った税額の現在価値から差し引いて算出する[65]。全体の税負担の差額は、基準シミュレーションの所得税の差額と純社会保障給付支払いの差額に分けることができる[66]。３つ目のシミュレーションでは、就労者は正味の社会保障税を支払わないので、支払う純社会保障税の差額は、基準シミュレーションで支払われる純社会保障税の現在価値に等しくなる。したがって、米国の退職後資金支援制度の恩典は、基準シミュレーションで所得税の差額から純社会保障税を差し引いたもの、または同様に、基準シミュレーションで所得税の差額に純社会保障給付支払いを加えたものとして表現される[67]。

　３つ目のシミュレーションでは、401(k)プランが課税対象の個人投資口座として扱われると仮定することに加え、社会保障制度は継続するが、社会保障税が就労者のために課税対象の個人投資口座に拠出されると仮定する。すなわち、就労中、(1)その口座に拠出する報酬と(2)口座から得た投資所得をあわせて所得に含み、課税対象とする。加えて、口座から分配する未実現益は所得に含み、課税対象とする。その他の税法規定には変更がなく、納税者の行動に変化がないと仮定する。

　米国の退職後資金支援制度の生涯恩典は、生涯総報酬に占めるパーセンテージとして示され、３つの部分に分類される。課税繰延の分析と同様に(図2.14)、就労中に発生した所得税の恩典（すなわち、就労中に支払った所得税の減額で、プラスの恩典として示される）および退職後に発生した所得税の

恩典（退職後に支払った所得税の増額で、マイナスの恩典として示される）が報告される。加えて、基準シミュレーションの純社会保障給付支払い（社会保障給付支払いの現在価値から、支払った社会保障税の現在価値を差し引いたもの）は個別のカテゴリに分類される。

　米国の退職後資金支援制度の全体的な恩典を示すことに加えて、課税繰延による恩典を、社会保障制度による恩典と区別する。社会保障制度の恩典は、課税繰延が認められず社会保障制度が除外された3つ目のシミュレーション結果を、課税繰延は認められないが現在の社会保障制度は維持される2つ目のシミュレーション結果と比較することにより導き出す。社会保障の生涯恩典には、純社会保障給付支払いを含むだけでなく、社会保障の所得税負担への影響も含まれる。

　就労中、社会保障税と就労者の純所得は、現行政策に基づく基準シミュレーションにあたって変化しないと仮定する。現行政策のもとでは、社会保障税の就労者負担分は、所得税算出時の所得に含まれる。ここではまた、現行政策とは異なり、社会保障税の雇用者負担分も所得に含まれる[68]。雇用者と就労者の社会保障税負担分は両方とも、就労者のために課税対象の個人投資口座に拠出される。401(k)プランと同様、この口座はインフレ率プラス3.0％の米国債に投資され、利子所得は連邦税ならびに州所得税の対象となる。就労中の純所得が変化しないよう、納税者は追加的に所得税負担が発生した場合には、課税対象の社会保障用個人投資口座から資金を引き出すことで支払うと仮定する。追加的所得税をカバーするために引き出された資金には早期引出しのペナルティは課されないと仮定する。

　就労中の純所得が変化しないとしても、社会保障制度の変更の影響、すなわちこれには、通常の恩典から個人の投資口座に蓄積された資産に基づく恩典への変更、社会保障税と給付金に対する所得税の取扱いの変更、および個人投資口座で得た投資所得に対する所得税の取扱いの変更などが含まれるが、これらは純退職後所得に反映される。

　個人の退職後の期間には、所得に含まれる年間社会保障給付支払いの割合

は変化する。現行政策のもと、社会保障給付支払いは、累進的な恩典の計算式を使って決定され、課税所得に含まれる社会保障給付の割合は所得によって０％から85％の範囲にある。課税対象の社会保障用の個人投資口座に蓄積されたすべての資産は、退職後に保険数理的に公正でインフレ連動する即時年金の購入に充当される。個人投資口座に拠出されたすべての社会保障税と、その口座から得たすべての利子所得は、所得税の対象であったため、年金を購入する際に所得税は発生しない。退職後の期間、課税繰延された所得に相当する年金支払いの一部だけが課税される。課税対象の401(k)プラン口座と、現行政策のもとでの非適格年金と同様に、年金給付の30.1％が毎年の所得に含まれる[69]。

生涯恩典の評価結果

社会保障制度は、所得21,000ドルの就労者に対してはプラスの社会保障給付支払いを提供し（すなわち、現在価値でみて、社会保障給付支払いが徴収された社会保障税よりも大きい）、他の５人の代表的就労者に対しては、マイナスの恩典支払い（すなわち、現在価値でみて、社会保障給付支払いが徴収された社会保障税よりも小さい）（図2.14の最初の棒グラフ群）[70]。生涯総報酬に対する割合としての純社会保障給付支払いは、所得21,000ドルの就労者ではプラス2.3％だが、所得122,000ドルの就労者ではマイナス4.8％に減少し、所得234,000ドルの就労者ではマイナス2.8％にマイナス幅が減少する。

就労中、米国の退職後資金支援制度は所得税の支払いを大幅に減少させる。所得21,000ドルの就労者では総報酬の3.7％から、所得234,000ドルの就労者では9.3％まで減らしている（図2.14の２番目の棒グラフ群）。これらの恩典は、図2.13で示された課税繰延シミュレーションで計算された恩典（図2.14の棒グラフの濃い色部分）と、社会保障制度の恩典（薄い色部分）に分けることができる。所得税負担を軽減することにより、社会保障制度は６人の代表的就労者全員に著しい恩典を与え、所得234,000ドルの就労者では生涯総報酬の2.9％、所得92,000ドルの就労者では4.6％の範囲となる[71]。

退職後になると、米国の退職後資金支援制度は6人の代表的就労者のうち5人の所得税を増額する。所得43,000ドルの就労者での生涯総報酬の0.1%から、所得234,000ドルの就労者での3.4%の範囲となる（図2.14の3番目の棒グラフ群）。社会保障は、退職後に支払う所得税に適度な影響を与える（3番目の棒グラフの薄い色部分）。社会保障は、最も所得の低い2人の就労者には影響を与えない。理由は、課税繰延がない状況で、これらの就労者は、社会保障給付支払いの税の取扱いに関係なく、退職後に所得税を支払わないからである。所得順の次の3人の就労者、すなわち所得69,000ドル、所得92,000ドル、および所得122,000ドルの就労者では、退職後に支払う所得税に対する社会保障制度の影響は、四捨五入して生涯総報酬の0.0%になる。所得234,000ドルの就労者では、社会保障制度が退職後の所得税支払いを生涯総報酬の0.1%増加させる。

　全体として評価すると、米国の退職後資金支援制度は累進的である。純社会保障給付支払いと所得税負担の減額をあわせて、生涯恩典は、生涯所得の低い就労者の生涯総報酬の大きな割合を占める（図2.14の4番目の棒グラフ群）。これらのシミュレーションでは、米国政府による国民の退職後資金支援制度の生涯恩典の現在価値は、最も低い生涯所得の就労者（所得21,000ドルの就労者）で生涯総報酬の6.0%、所得122,000ドルの就労者で1.3%に下がる。所得234,000ドルの就労者では、生涯恩典は総報酬の3.1%に上昇するが、これは最も低い生涯所得の2人の就労者よりも低い割合である[72]。所得税負担にこれが与える影響を加えて、社会保障は最も所得の低い3人の就労者にはかなり大きな恩典を与えるが、最も所得の高い3人の就労者への影響はあまり大きくない（4番目の棒グラフ群の薄い色部分）。

　最も所得の高い3人の就労者では、生涯恩典のパターンは主に課税繰延から得る恩典によってもたらされている。前述のように、所得92,000ドルと所得122,000ドルの就労者は、所得の低い就労者よりも報酬のより高い割合を繰り延べているが、繰り延べしている1ドル当りの恩典は少ない[73]。所得234,000ドルの就労者が報酬の最も高い割合を繰り延べ、所得69,000ドルの

就労者が繰り延べた報酬の１ドル当りと同様の恩典を受けている。結果として、繰延した生涯恩典は、所得234,000ドルの就労者よりも高いことになる。

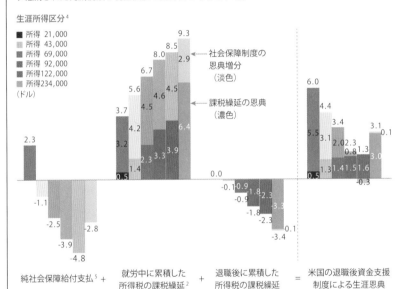

図 2.14
米国の退職後資金支援制度がもたらす恩典の生涯所得別現在価値
米国の退職後資金支援制度の恩典は、さまざまなレベルの生涯所得の代表的な個人が、32歳から66歳までの間に得た総報酬[1]の現在価値に対する、課税繰延[2]と現在の社会保障制度[3]により軽減された純減税額の現在価値の割合として示される。

生涯所得区分[4]
■ 所得 21,000
□ 所得 43,000
■ 所得 69,000
■ 所得 92,000
■ 所得122,000
■ 所得234,000
（ドル）

純社会保障給付支払[5] ＋ 就労中に累積した所得税の課税繰延[2] ＋ 退職後に累積した所得税の課税繰延 ＝ 米国の退職後資金支援制度による生涯恩典

1 総報酬は、賃金と給与所得、給与税の雇用者負担分（OASDIと入院保険［HI］の両方）、雇用者の401(k)プランへのマッチング拠出の合計である。
2 課税繰延がない場合、401(k)プランは継続するが、課税対象の投資口座として扱うと仮定する。仮定される拠出行動の詳細は図2.4を参照のこと。401(k)口座への拠出は、物価プラス3.0％の利子の債券に投資すると仮定し、累積した資産は、退職時に保険数理的に公平で、物価連動の即時終身年金の購入に使用される。
3 現行の社会保障制度がない場合、社会保障制度が課税対象の個人投資口座のシステムを設立することを想定している。社会保障税（雇用者ならびに従業員負担分の老齢/遺族/障害保険［OASDI］税の両方）は投資口座に拠出される。投資は401(k)口座と同じと仮定する（注記１を参照）。
4 生涯所得区分はBrady 2010により示された所得区分に基づく。詳細については、図2.3を参照のこと。
5 純社会保障給付支払いは、受領する給付支払いの純現在価値から、支払う税金（雇用者ならびに従業員負担のOASDI税両方）の純現在価値を引いたものとして計算される。
注記：四捨五入のため、項目の合計が総計に一致しないことがある。
出典：ICI simulations

社会保障制度の影響

　社会保障制度はすべての就労者の所得税負担を著しく下げるので、純社会保障給付支払いは社会保障制度が就労者に与える生涯恩典の一部にすぎない。

　社会保障は6人の就労者全員において、就労中に支払う所得税を削減するが、退職後の期間にはほとんど影響がないか、まったく影響がない。就労中に支払う所得税は、雇用者の社会保障税負担分が所得から差し引かれること、そして社会保障制度は個人の課税対象の投資所得を生み出さないことから、削減されることになる。この2つの影響のうち、課税対象の投資所得からの削減の影響が大きい。理由は、就労中毎年給与の12.4%を拠出する課税対象の個人投資口座は、すぐに大きな金額の資産を蓄積し、多くの課税対象利子所得を生み出すからである。

　最も所得の低い所得21,000ドルの就労者は、生涯報酬に占める割合として社会保障制度から最もプラスの生涯恩典を得る。現在価値でみて、生涯総報酬の2.3%相当の純社会保障給付支払いに加えて（図2.14の最初の棒グラフ群）、所得21,000ドルの就労者は、より低い所得税負担のかたちで、生涯総報酬の3.2%の恩典を受け（2番目の棒グラフ群の薄い色部分）、退職後の期間には所得税負担の変化はない（3番目の棒グラフ群の薄い色部分）。その結果、社会保障制度は生涯総報酬の5.5%の生涯恩典を与える（4番目の棒グラフ群の薄い色部分）。

　中間の生涯所得の就労者、すなわち、所得43,000ドル、所得69,000ドル、所得92,000ドルの就労者は、社会保障制度からプラスの生涯恩典を得るが、低所得就労者よりもプラスの程度は少ない。これら3人の就労者全員がマイナスの純社会保障給付支払いを受ける（図2.14の最初の棒グラフ群）が、社会保障制度が与える所得税負担の削減による相殺以上のものがある（2番目と3番目の棒グラフ群の薄い色部分）。生涯総報酬に対する社会保障の生涯恩典は、現在価値でみて、所得43,000ドルの就労者の3.1%から、所得92,000ドルの就労者の0.8%まで下がる（4番目の棒グラフ群の薄い色部分）。理由は、

純社会保障給付支払いは生涯所得が増加するとともにマイナスになるからである。

　社会保障制度の生涯恩典は、２人の最も所得の高い就労者では控えめである。社会保障制度の所得税の恩典は、所得122,000ドルの就労者ではマイナスの純社会保障給付支払いを相殺するには十分ではなく、その結果、マイナスの影響が生涯総報酬の0.3％となる（図2.14の４番目の棒グラフ群の薄い色部分）。所得234,000ドルの就労者では、マイナスの純恩典支払いと生涯所得税の減少がちょうど相殺し、社会保障制度の恩典が生涯所得の0.1％にすぎない。

■ 要　　約

　米国の退職後資金支援制度は累進的である。米国の退職後資金支援制度の中心は社会保障制度であり、社会保障制度の生涯恩典は非常に累進的である。社会保障に加えて、就労者は雇用者が提供する退職金制度（DBプランとDCプラン。ともに政府の雇用主と民間企業が提供）とIRAを通じて、退職のために報酬の一部を留保することが許容されており、退職後資金支援制度やIRAから分配を受けた時にのみ納税する。退職前の生活水準を維持するためには、高生涯所得の就労者は退職後に社会保障給付支払いを補完する措置をより多く必要とする。これは、社会保障給付支払いは、退職前所得のより低い割合しか代替しないからである。驚くまでもないが、課税繰延の恩典は、高生涯所得の就労者が所得に比例して高くなる。しかし、社会保障制度と課税繰延を組み合せて全体的に評価すると、累進的な退職後資金支援制度となっている。

第2章 ── 注記

1 　第1章で説明したとおり、複数年にわたる予算期間の租税支出評価は、単純に単年度の租税支出評価の合計である。

2 　キャッシュフローと課税繰延の恩典の現在価値による測定の違いの説明は第1章とBrady 2012b、29～34ページを参照のこと。

3 　Congressional Budget Office 1987、xiiページ。

4 　Congressional Budget Office 1987、xiページ。

5 　Goodfellow and Schieber 1993、167ページ。

6 　Schieber 2012、293ページ。

7 　たとえば、Burman et al. 2004、Goodfellow and Schieber 1993、Schieber 2012、Congressional Budget Office 2013、およびSchieber 2014を参照のこと。

8 　たとえば、Goodfellow and Schieber 1993、Smith, Toder, and Iams 2004、Congressional Budget Office 2006、Schieber 2012、Schieber 2014、および Smith and Toder 2014を参照のこと。

9 　社会保障の純給付は、社会保障がない代替的シミュレーション（3番目のシミュレーション）と現行政策に基づく基準シミュレーションの間で支払った純社会保障税の差異を表すので、恩典測定の一部である。本章の注記16と17を参照のこと。

10 　現行所得税における調整後総所得（AGI）は、すべての財源からの所得の総合計である。これは、給与所得、利子所得、配当所得、事業所得、キャピタルゲイン、IRA分配、年金所得、賃貸所得、農業所得、社会保障からの給付などを含み、これらから、移動費、自営業者の健康保険費用、控除対象IRA拠出、学生ローンの利子などを差し引いて調整したものである。

11 　特定の条件のもとでは、課税繰延された拠出の恩典は同額の税引前報酬額を拠出したRoth拠出の恩典と同じである。なぜこの2つの異なる課税の取扱いがしばしば同じ恩典をもたらすかについての説明はBrady 2013a および Brady 2012b、4 ～12ページを参照のこと。

12 　DeWitt 2001で引用されているとおり、House Budget Committeeは、本章の注記14で

説明されているように、社会保障からの給付に85％の包含率を加えた1993年の法改正の理論的根拠を説明する次の声明を発表している。「委員会は、特定の高所得受益者の総所得に含まれる社会保障の恩典の最大額を増やすことによって、社会保障の恩典と民間年金の恩典に対する所得税の取扱いをより密接に一致させることを望んでいる。これらの（高所得）受益者に対する社会保障の恩典の除外を減らすことは、すべての所得をより似た方法で取り扱うことになり、個人所得税の水平的・垂直的公平性を高めるだろう。」

13　連邦所得税におけるAGIに含まれる社会保障給付の割合は、納税者の修正後調整総所得（MAGI）に基づいており、これには社会保障の恩典の半分とその他の所得が含まれる。独身の納税者の場合、MAGIが25,000ドル以下の場合、AGIに社会保障給付は含まれない。MAGIが25,000ドル〜34,000ドルまでの場合、社会保障給付の50％もしくは25,000ドルを超えたMAGIの50％の少ないほうがAGIに含まれる；MAGIが34,000ドルを超える場合、社会保障からの給付の85％もしくは34,000ドルを超えるMAGIの85％に4,500ドル［＝50％×（34,000ドル−25,000ドル）］を加えた額の少ないほうがAGIに含まれる。閾値はインフレ調整されない。25,000ドルの閾値は1984年に導入され、34,000ドルの閾値は1994年に導入された。説明は本章の注記14を参照のこと。

14　1984年以前、すべての社会保障からの給付は、連邦所得税に基づく所得から除外されていた。1984年以降、1983年に発効した社会保障改正の一環として、特定の閾値以上の所得のある納税者については、社会保障からの給付に法定50％の包含率が適用された。1994年以降、1993年に発効した国家予算削減一括法の一部として、高い閾値以上の所得のある納税者について法定85％の包含率が適用された。閾値はインフレ調整されない。閾値と閾値が適用される所得基準に関する説明は本章の注記13を参照のこと。

15　JCTが説明するとおり、「通常の所得税法のもとでは、退職者は就労中に支払った給与税の返戻とみなされる退職給付金の一部のみを控除することができる。したがって、給与税支払いを超える社会保障と鉄道退職給付金の控除は、課税繰延と分類される」（Joint Committee on Taxation 2014、4ページ）。言い換えれば、公式の社会保障税支出の評価では、現在の税法と現在の税法の雇用者退職年金制度を組み込んだ通常の所得税構造を比較する。

16　純社会保障税は、個人が支払った社会保障給付税の現在価値と、個人が受け取った社会保障給付の現在価値の差として測定される。*純社会保障税*と*純社会保障給付*という用語は、おおむね同義語として使用することができる。純社会保障税は、支払った税金と受け取った給付額の現在価値の差額である。純社会保障給付は、受け取った給付額と支払った税金額の現在価値の差額である。この2つの測定は、大きさは同じであるが符号が逆である。すなわち、プラスの純社会保障税を支払っている個人は、マイナスの純社会保障給付を受け取り、マイナスの社会保障税を支払っている個人は、プラスの純社会保障給付を受け取る。

17 課税繰延と社会保障制度の両方を排除した３番目のシミュレーションでは就労者の純社会保障税はゼロとなるので、３番目のシミュレーションで支払った純社会保障税と基準シミュレーションとの差異は、基準シミュレーションで支払った純社会保障税のマイナス値と同じである。したがって、２番目のシミュレーションで支払った純社会保障税は、現行政策に基づく基準シミュレーションで受け取った純社会保障給付とも等しくなる（本章の注記16を参照）。

18 従業員の拠出には限度があるため、すべての想定就労者が目標とする所得代替率を達成するのに十分な貯蓄ができるわけではない。

19 この白書で使用された前提と一致しているが、Brady and Bogdan 2014aでは、退職金制度を提供する企業で働く確率は年齢や所得とともに高まることを示している。

20 従業員マッチング拠出額の計算方法を分析すると、単純なマッチング計算を行う401(k)プランの40％で、最も一般的で単純なマッチング拠出は、給与の６％まで従業員拠出額の１ドル当り50セントを拠出するというものであった。単純なマッチング拠出を行うプランのなかでは、90％以上のプランが給与の６％またはそれ以下、そして約半分が従業員拠出額の１ドル当り50セントまたはそれ以下であった。マッチングの給与に対する限度とマッチング率をあわせて考えると、単純なマッチング拠出を行うプランの約60％が、給与の３％またはそれ以下を雇用者によるマッチング拠出の限度としていた。BrightScope and Investment Company Institute 2014を参照のこと。

21 従業員拠出の制限（Internal Revenue Codeの402(g)項）が個人の納税者に課される。2014年に、個人は自らが加入するすべての401(k)プランを対象として、年間17,500ドル（50歳以上の就労者では23,000ドル）の拠出が可能であった（雇用者分と従業員分の）。合計拠出に対する制限（Internal Revenue Codeの415(c)項）はプラン上の制限である。2014年に、加入者は従業員と雇用者の拠出を合計してDCプランに52,000ドルの拠出が可能であった。複数のプランに加入する就労者は、合計で年間52,000ドルを超える拠出が可能であったが、すべてのプランを対象として、従業員拠出は17,500ドル（50歳以上で23,000ドル）にすぎなかった。

22 Gokhale, Kotlikoff, and Warshawsky（2001）では、すべての就労者が給与の13.5％を拠出し、雇用者のマッチング拠出が給与の3.0％に相当すると仮定している。この研究では、従業員拠出と雇用者拠出の区別を無視し、給与の16.5％が（従業員分と雇用者分の）合計拠出額への制限よりも大きい場合に拠出を制限している。しかしながら、従業員拠出に別の制限を設けているため、最も所得の高い就労者は、給与の13.5％の選択的繰延をすることができず、したがって、雇用者拠出が給与の3.0％よりも相当程度高い場合にのみ合計拠出が16.5％になるとしている。Schieber（2012）では、雇用者拠出と従業員拠出を別々に区分していない。しかしながら、給与に対する割合（％）でみて、最も給与が高い就労者への暗黙の雇用者拠出（すなわち、従業員拠出制限を超える

総拠出金の部分）は、最も給与が低い就労者の（雇用者分と従業員分の）合計拠出よりも大きくなる。両方の就労者が同じ会社に雇用されると、拠出率にこのような格差のある退職金制度は、不当差別禁止の検査を通過しないだろう（本章の注記23を参照）。

23　不当差別禁止ルールは、高い報酬を得る従業員に年金の恩典が過度に計上されないよう設計されている。これは、同一企業において、高給与の就労者が受け取る恩典を、低給与の就労者が受け取る恩典にリンクさせることで達成される。401(k)プランの場合、一般的な不当差別禁止ルールに加えて、実態繰延率（ADP）テストと実態拠出率（ACP）テストという拠出に適用される2つのテストがある。ADPテストは、従業員拠出とマッチング対象でない義務化した雇用者拠出の合計に適用される。ACPテストは、雇用者マッチング拠出と（非Roth）税引後従業員拠出の合計に適用される。これらのテストでは、同一企業において、給与が低い従業員グループの報酬に対する拠出率に基づいて、給与が高い従業員グループの報酬に対する拠出率に最大値を設定する。たとえば、給与が低い従業員がグループとして給与の3％の雇用者マッチング拠出を受け取る場合、給与が高い従業員がグループとして受け取る雇用者マッチング拠出は、給与の5％以下となる。401(k)プランに適用される不当差別禁止ルールのより詳細な説明については、Holden, Brady, and Hadley 2006a および 2006bを参照のこと。

24　物価スライド後平均月額賃金（AIME）とは、（物価スライドの際に選択された）所得が高い35年間の賃金スライド後所得の合計を420（＝35年間の月数）で割ったものである。社会保障給付計算式の完全な説明は本章の注記31を参照のこと。

25　本章の注記24と31で説明したとおり、32歳前における追加的勤務年数は、追加的勤務年数における1年以上の賃金スライド後年間所得が、32歳から66歳の間における1年以上の賃金スライド後年間所得よりも大きい場合を除いて、社会保障給付には影響を与えない。代表的就労者が32歳以前に社会保障税を支払った範囲まで、これらの税金は社会保障制度の恩典を測定する際には無視される。就労者が社会保険税を35年以上支払った範囲で、シミュレーションは社会保障制度の生涯恩典を過大評価することになる。

26　社会保障給付は、就労者が全額退職給付年齢である67歳に給付を請求すると仮定して計算される。就労者に35年分の対象所得がある場合、この仮定は社会保障制度の推定恩典に大きな影響を与えない。就労者が全額退職給付年齢よりも早くに、または遅くに請求した場合、生涯の恩典支払い総額の期待価値がおおむね同じになるよう調整される。本章の注記31を参照のこと。

27　この仮定が評価結果に与える影響に関する説明は、122ページの平均余命の差異を参照のこと。

28　2006年の年間所得に関する情報が含まれている"2007年3月現在の人口調査"の集計に基づいている。

29 課税繰延の恩典をよりわかりやすく分離するため、税計算は現行法とはやや異なる。現行法では、就労者がセーバーズ・クレジット（Savers Credit）を請求しないと仮定しているためである。基準シミュレーションでは、所得21,000ドルの就労者だけがセーバーズ・クレジットを受ける資格がある。セーバーズ・クレジットを含めても、所得21,000ドルの就労者が401(k)プランへの拠出から得る推定生涯恩典への影響はわずかであり、課税繰延の恩典とセーバーズ・クレジットの恩典を区別することはむずかしい。セーバーズ・クレジットを含むシミュレーション結果は、依頼があれば提供可能である。

30 特定の賃金所得に課される0.9%の追加的メディケア税と、特定の非賃金所得に課される3.8%（2013年導入）の追加的メディケア税は、税計算に組み込まれていない。この新しい税は、最も所得が高い代表的就労者（所得234,000ドルの就労者）に主に影響を与える。新しいメディケア税を計算に含めると、所得234,000ドルの就労者の生涯租税負担と課税繰延の推計恩典の両方が増加する。

31 社会保障給付は個人の所得履歴に基づいており、最大課税対象金額（2014年は117,000ドル、*対象所得*ともいわれる）未満の所得が計算に含まれる。物価スライド後平均月額賃金（AIME）とは、（物価スライドの際に選択された）所得が高い35年間の賃金スライド後所得の合計を420（＝35年間の月数）で割ったものである。60歳前の対象所得は、60歳時の平均賃金指数（AWI）を使ってスライドされている。60歳以降の所得はスライドされず、すなわち名目所得が計算に使用される。（所得スライドの説明については、Social Security Administration 2015dを参照のこと。）受益者が完全に定年に達した時に受け取る権利のある恩典は基礎年金給付額（PIA）である。PIAの計算式は、最初のブレークポイントまではAIMEの90%で、最初のブレークポイントから2つ目のブレークポイントまではAIMEの32%を加え、2つ目のブレークポイントを超えるとAIMEの15%を加える（PIA計算式の説明については、Social Security Administration 2015cを参照のこと）。個人の恩典を計算するために使用されるブレークポイント値は、受益者が62歳になった時に設定されるが、これは就労者が最初に恩典資格を得る年齢である。たとえば、2014年に62歳になった者は、PIA計算式のブレークポイントは816ドルと4,917ドルである。これらのブレークポイントは、年間賃金スライド後所得に換算して9,792ドルと59,004ドルに相当する。請求時に退職者が受け取る最初の社会保障給付は、この計算式を使用して得たPIAに基づくが、受益者が62歳になった時と個人が給付資格を得た時の間に生じたインフレを考慮して調整される。さらに、社会保障給付支払額は、個人が全額退職給付年齢前に請求すると減額され、個人が全額退職給付年齢後に請求すると増額される（最高70歳）。このシミュレーションでは、すべての代表的就労者は全額退職給付年齢に社会保障給付を請求する。

32 恩典を受ける資格を得るには、就労者は40四半期の被保険期間が必要である。1978年以前には、一般的に就労者の所得が四半期に50ドル以上あった場合には 1四半期分の被保険期間とみなされた。自営業の場合には、自営業所得が年400ドル以上あった年は4

四半期の被保険期間が認められた。1978年に、ほとんどの雇用者は年間ベースの所得報告に切り替え、四半期に250ドルの所得があれば1四半期分の被保険期間が与えられ、1年に最大4四半期分の被保険期間が認められることになった。1978年以降は、1四半期の被保険期間を得るための所得はAWIにあわせて増加し、2014年には1四半期で1,200ドルとなった。AWIの説明についてはSocial Security Administration 2015bを参照のこと。被保険期間に関する説明はSocial Security Administration 2015aを参照のこと。

33　なぜこのマッチング計算式が選択されたかに関する説明は本章の注記20を参照のこと。

34　本章の注記21で説明したとおり、DCプランへの雇用者拠出とDCプランへの（従業員分と雇用者分の）合計拠出の両方に個別の制限がある。さらに、資格あるプランへの拠出とみなされる報酬額は制限されており、2014年には260,000ドルに制限されている（Internal Revenue Codeの401（a）17項）。401(k)プランでは、拠出とみなされる報酬限度は、雇用者がマッチング拠出額を決定する際に採用するマッチング率を適用する報酬額に影響を及ぼす。所得234,000ドルの就労者による401(k)プランへの総拠出額は、従業員拠出制限と、拠出とみなされる報酬制限に何年間か制約を受ける。しかしながら、所得234,000ドルの就労者による401(k)プランへの拠出額は、（従業員分と雇用者分の）合計拠出の制限によっていかなる年も制約を受けない。

35　注記34で説明したとおり、マッチング拠出は拠出とみなされる報酬制限額までの報酬だけに適用される。所得234,000ドルの就労者は、拠出とみなされる報酬額によって何年間か制約を受けるので、平均雇用者マッチングは、賃金所得の3.0％を0.01％下回る2.99％となる。

36　2033年に67歳となる人の年金の価格設定は、Arias 2006で報告されているとおり、2003年に65歳だった人の条件付き年間生存率を使って計算される。これは、65歳の人の平均余命は2005年から2035年までに、男性で1.9歳、女性で1.5歳伸びると仮定する社会保障庁の中間予測にほぼ一致している。年金は例示目的だけのために給付形式が選択されている。

37　これは、Federal Reserve Board 2015のデータを使用したICIの計算に基づいている。

38　税務上の恩典評価と課税繰延の税収費用に用いた収益率の前提の影響と、評価にあたってなぜ収益率と割引率が等しいと前提しているかについての説明は、Brady 2012b、14〜17ページを参照のこと。

39　毎年配当の支払いを受ける形式の投資収益は、課税繰延の恩典を低下させる。課税対象口座で保有する資産が生んだ収益の場合、配当収益は利息所得よりも低い税率で課税されるためである。キャピタルゲイン形式の投資収益は、2つの理由で課税繰延の恩典

を低下させる。長期のキャピタルゲインは利子所得よりも税率が低く、キャピタルゲインは発生すると毎年課税されるものではなく、実現時のみに課税されるという2つの理由である。キャピタルゲインは発生ベースではなく実現時に課税されるため、未実現キャピタルゲインは課税繰延から恩典を得る。税の恩典評価と課税繰延の税収費用に投資所得の性質が与えた影響に関する説明は、Brady 2012b、21～24ページと42～45ページ参照。

40　税の恩典と課税繰延の税収費用に対する配分方法の影響に関する説明は、Brady 2012b、42～45ページ参照。

41　年金の価格とは、一定の年金所得を得るために年金受取人が支払う金額のことである。ある年金の価格が他の年金の価格より高い場合、投資の内容を所与として、価格の高い年金は価格の低い年金よりも将来受け取る年金額が低くなることを意味する。

42　年金にとっての「お金の価値」の議論に関しては、Mitchell et al. 1999を参照のこと。

43　退職後の十分性を、なぜ純退職前所得よりも少ない金額の純退職後所得で達成できるのか、そして十分性にはなぜ純退職前所得よりも多い純退職後所得が必要なのかに関する論議はBrady 2012aを参照のこと。退職後の十分性の評価に使う目標所得代替率は、なぜ一般的に高過ぎるのかに関する説明はBrady 2014を参照のこと。

44　どのようにAGIに含まれる社会保障給付の割合が決定されるかの説明は本章の注記13を参照のこと。

45　バージニア州所得税では所得から除外されるので、代表的就労者は社会保障からの給付に州所得税を支払わない。バージニア州はこの点で珍しい例ではない。41州とコロンビア特別区には包括的な個人所得税がある。これらのうち、28州とコロンビア特別区は社会保障給付に課税しない。Malm, Borean, and Carvajal 2013を参照のこと。連邦所得税では社会保障給付の一部だけが課税される（本章の注記13を参照のこと）。総所得が低く、社会保障給付の一部だけに課税することに加えて、65歳以上の納税者の課税対象所得を減額する他の規定がある。たとえば、65歳以上の納税者に対して、連邦所得税にはより大きな標準控除とより高額の人的控除があり、バージニア州所得税には高齢者控除がある。

46　特定の税法規定に関連した租税支出を評価するためには、特定の税法規定を除外する代替的税法をシミュレーションしなければならない。これらの代替的政策は、税法における賃金所得の定義を変更することになり、支払う税額が増えるため、純所得を減らす。しかしながら、シミュレーションに使用した税務政策にかかわらず、各就労者の総報酬は変わらないままと仮定した。

47 社会保障からの給付と401(k)プランからの分配は両方とも、インフレ連動する即時年金であるため、余命確率の調整は平均総退職後所得の測定に影響を与えなかった。しかしながら、調整後総所得から社会保障給付を控除する際の閾値がインフレ調整されないため、連邦所得税負担は退職後に年齢とともに増加する（本章の注記13および注記14を参照）。連邦所得税負担は年齢とともに増加するため、純退職後所得は年齢とともに減少する。純退職後所得が年齢とともに減少するため、余命加重平均退職後所得は、一定の余命を前提とした予測期間を通じて退職者が得るであろう退職後所得の単純平均よりも大きくなる。

48 所得234,000ドルと所得122,000ドルの就労者の賃金所得に対する純所得の割合に差異が出るのは、401(k)プランへの拠出が大きいことが主な要因である。賃金所得に対する割合（％）としてみると、連邦税と州所得税は、所得122,000ドルの就労者では23.4％だが、所得234,000ドルの就労者では26.6％に増加する（図2.8を参照）。しかしながら、OASDI税は所得上限までの賃金にのみ適用されるので、賃金所得に対する割合（％）としての給与税の従業員負担分は、所得122,000ドルの就労者の7.6％から、所得234,000ドルの就労者の4.8％に減少する。結果として、賃金所得に対する割合としての所得税と給与税の合計は、所得122,000ドルの就労者の31.0％から、所得234,000ドルの就労者の31.4％へとわずかに増加するだけで、ほとんど変化しない。

49 本章の注記47を参照のこと。

50 DCプラン拠出限度と考慮される報酬限度の説明は本章の注記21と注記34を参照のこと。

51 所得122,000ドルの就労者は、社会保障の所得基準に非常に近い所得がある。32歳から66歳までの35年間に、所得122,000ドルの就労者は年間所得基準を超える所得を12年間得る。これらの12年間に100％の値を割り当てると、年間所得基準に対する平均所得率は、所得122,000ドルの就労者で96.6％になる。したがって、所得234,000ドルの就労者と所得122,000ドルの就労者の所得の差異は、ほとんど社会保障税の追加支払いや社会保障からの追加給付によるものではない。

52 たとえば、Brady and Bogdan 2014b および Gustman, Steinmeier, and Tabatabai 2009 を参照のこと。

53 代替的政策に対応して総報酬は変化しないと仮定しているので、就労者の総報酬は税負担を推し量るために好ましい基準となり、代替的政策によって生じる税負担の変化の解釈を容易にする。これは、生涯の税負担の測定に使用する調整後総所得（AGI）など他の基準では当てはまらない。実際に、代替的租税政策が税負担に影響を与える方法は、AGIの定義を変更することである。たとえば、課税繰延がない場合、雇用者と従業員両方の401(k)プランへの拠出は、就労中にはAGIに含まれ、退職後は未実現投資収益を

401(k)プランから分配した場合に一部のみが含まれることになる。

54　12.4%の社会保障税は、雇用者と従業員の間で均等に分割され、年間所得基準（＝
2014年で117,000ドル）になるまでのすべての賃金所得に課される。納税申告書のデータ
分析によれば、所得が増加すると、社会保障税の所得に対する割合が低下する傾向があ
ることを示している。高所得就労者は、キャピタルゲインや配当金などより多くの非賃
金所得を得るためであり、年間所得基準以上の所得のある就労者では社会保障税の所得
に対する割合が減少するためである。

55　課税繰延の恩典の現在価値は、次の３つの同等の方法の１つを使って計算することが
できる。すなわち、（a）支払う生涯税額の現在価値、（b）政府が負担する生涯予算費用
の現在価値、または（c）純退職後所得の増加分の現在価値である。

56　本章の注記29で説明したように、課税繰延の恩典評価にはセーバーズ・クレジット
（Savers Credit）の恩典は含めない。課税繰延の恩典を分離するため、就労者はセー
バーズ・クレジットを請求しないものと仮定する。セーバーズ・クレジットをシミュ
レーションに組み入れても、所得21,000ドルの就労者の結果にしか影響を与えず、その
影響はわずかである。セーバーズ・クレジットの影響を含むシミュレーション結果は、
請求あれば利用可能である。

57　このセクションの焦点が所得税における退職後資金支援口座に対する課税の取扱いで
あること、そして就労者の総報酬支出が税法の変更の影響を受けないという仮定を単純
化するために、給与税における401(k)プランの課税の取扱いは変わらないものとする。
現行法において、従業員拠出は給与税の対象であるが、雇用者拠出はそうではない。給
与税基準と所得税基準はすでに現行法で異なっているので、所得税の課税の取扱いが自
動的に給与税の課税の取扱いに影響を与えないと仮定することは非合理的ではない。２
つ目のシミュレーションで雇用者拠出に給与税を課すことは、課税繰延の推定恩典を増
加させるが、低所得の就労者の税の恩典と比較して、高所得就労者の恩典には大きな影
響を与えない。

58　税法では、課税対象となる非適格年金の支払いの割合を特定する。即時年金の場合、
支払い開始時の個人の年齢によってその割合が変化する。その割合とは、非課税投資収
益に起因する分配の一部の評価である（また、内部累積ともいわれる）。この割合
（％）はIRS Publication 939（Internal Revenue Service 2013）のワークシートを使用し
て計算される。シミュレーションで使用する保険数理的に公正な年金の例として、67歳
で100,000ドル支払って取得するインフレ連動の即時終身年金で年金額は7,779ドルにな
る。IRS Publication 939の表Ⅴによると、67歳の年金受給者の平均余命は18.4年である。
年金から期待される支払いは、143,125ドル（＝18.4年×7,779ドル）である。期待され
る支払いに対する年金基準額の比率は69.9%である（＝100,000ドル/143,125ドル）。未
実現投資収益を表す年金割合の部分の評価包含率は30.1%（＝100%−69.9%）となる。

59 本章の注記29で説明したとおり、課税繰延の恩典をよりわかりやすく分離するため、現行政策に基づく基準シミュレーションでは、就労者はセーバーズ・クレジットを請求しないと仮定している。もし所得21,000ドルの就労者が、現行政策下においてセーバーズ・クレジットを請求し、課税繰延なしにセーバーズ・クレジットを受ける資格がないと仮定した場合、シミュレーションにその他の変更がないとすれば、所得21,000ドルの就労者の課税繰延の生涯恩典は約20％増加し0.6％となる。セーバーズ・クレジットの影響を含むシミュレーション結果は、請求あれば利用可能である。

60 所得234,000ドルの就労者よりも生涯所得が高い就労者の場合、退職制度には拠出と分配の制限があるため、生涯合計報酬に対する税制上の恩典の割合は低下する可能性がある。ミクロのシミュレーションモデルを使用し、1年間のDCプランとIRAへの拠出の生涯恩典を評価すると、Burman et al. 2004では、納税額上位1％の人は上位5％の人よりも所得に対して低い割合の恩典を受け、納税額上位0.1％の人は上位1％の人よりも所得に対して低い割合の恩典を得る。

61 繰延報酬1ドル当りの恩典は、生涯にわたる減税額の割引現在価値を、（雇用者と従業員合計の）401(k)プランへの拠出額の割引現在価値で割ったものとして計算される。繰延報酬の1ドル当りの恩典は、1ドル当りのセント単位で表され、所得21,000ドルの就労者は27.0、所得43,000ドルの就労者は32.5、所得69,000ドルの就労者は27.2、所得92,000ドルの就労者は22.4、所得122,000ドルの就労者は20.8、所得234,000ドルの就労者は28.6である。なぜこれが平均的な恩典なのかに関するある種の直観については、第4章で述べた課税繰延の限界的な恩典に影響を与える就労者の限界税率以外の要因に関する論議を参照のこと。課税繰延の生涯恩典に影響を与えるすべての要因に関する詳細な説明は、第3章を参照のこと。

62 Social Security Administration 2014で報告されているとおり、2013年の米国の労働人口の約94％は社会保障の対象となっていた。社会保障の対象になっていない就労者は、他の退職後資金制度、たとえば連邦文官退職制度（1984年以前に雇用された連邦政府公務員向け）、特定の州や地方政府職員の退職制度や鉄道退職制度などでカバーされている。対象になっていないその他の就労者は、自営業者、農家、純所得が非常に低い国内就労者である。

63 恩典給付の適格性規則に関する説明は本章の注記32を参照のこと。

64 税収評価の慣用句では、課税繰延とは「当初積上げ（stacked first）」のことであり、社会保障制度の恩典は米国退職後資金支援制度の残余の恩典として計算される。すなわち、課税繰延の恩典は、まず現行政策に基づく基準シミュレーションと、課税繰延を除外して社会保障を変更しないことを前提とする代替的シミュレーションを比較することから評価する。したがって、米国退職後資金支援制度の恩典は、現行政策に基づく基準シミュレーションと、課税繰延と社会保障の両方を除外することを前提とする代替シ

ミュレーションを比較することで評価する。最後に、社会保障の恩典は、米国退職後資金支援制度と課税繰延の恩典の差異として測定される。あるいは、社会保障は、現行政策に基づく基準シミュレーションと、社会保障を除外し課税繰延を変更しないことを前提とする代替シミュレーションを比較することで評価する。そして、課税繰延の恩典は、米国の退職後資金支援制度の恩典と社会保障の恩典の差異として計算される。社会保障を「当初積上げ」とするシミュレーション、課税繰延の恩典を米国の退職後資金支援制度の残余の恩典として計算するシミュレーションの結果は、請求あれば入手可能である。

65　本章の注記55で述べたとおり、個人が支払った税金の減少分の現在価値は純退職後所得の増加分の現在価値に等しい。

66　本章の注記16における純社会保障税の定義を参照のこと。

67　本章の注記17の説明を参照のこと。

68　この章の焦点が所得税における社会保障制度の取扱いであり、また雇用者の総報酬支出が税法の変更の影響を受けないという前提を単純に実施するため、給与税の基準は変わらないものと仮定する。すなわち、現行法において、税金の従業員負担は給与税の基準に含まれているが、雇用者負担分は含まれていない。給与税基準と所得税基準はすでに現行法で異なっているので、所得税の取扱いの変化が自動的に給与税の取扱いに影響を与えないと仮定することは非合理的ではない。3つ目のシミュレーションにおいて、社会保障税の雇用者負担分に給与税を課すことは、社会保障制度の推定恩典を増加させるが、低所得就労者の恩典と比較して、高所得就労者の恩典に大きな影響を与えることはない。

69　本章の注記58を参照のこと。

70　この結果は、すでに図2.12の説明で指摘されている。図2.12では、各就労者の社会保障税と社会保障給付の正味額は、純社会保障税（支払った社会保障税の現在価値から、受け取った社会保障給付の現在価値を差し引いたもの）として示されている。図2.14では、各就労者の社会保障税と社会保障給付は、純社会保障給付（受け取った社会保障給付の現在価値から、支払った社会保障税の現在価値を差し引いたもの）として示されている。この2つの概念は同等である。すなわち、純社会保障給付は、純社会保障税と絶対値は同じであるが、反対の符号で示されている。

71　社会保障制度の恩典は、米国の退職後資金支援制度（社会保障と課税繰延の両方を含む）と課税繰延の恩典のみの差異として評価される。2つの政策が変化すると相互作用が発生するため、個別に評価された場合と恩典は異なるだろう。本章の注記63を参照のこと。

72 本章の注記60で説明しているとおり、米国退職後資金支援制度の恩典は、所得が234,000ドルの就労者よりも高い所得の就労者は、生涯所得に対する割合が減少する可能性がある。

73 本章の注記61の説明を参照のこと。

A Closer Look at the Effect of Tax Deferral on Income Tax Liability

所得税負担に対する
課税繰延の影響に関する
詳細な考察

▶ 課税繰延の政策論議は、しばしば就労者が享受する減税に焦点を当てがちで、退職後にこれらの就労者が支払う高い税金を無視している。退職プランへの拠出は非課税ではなく、課税の繰延である。

▶ 課税繰延の生涯にわたる税負担に対する影響は複雑である。限界税率だけに頼って課税繰延の恩典を安易に計算すると、退職後に支払う課税繰延の影響を過小評価する可能性が高い。税負担のシミュレーションを生涯にわたって行うと、課税繰延がなければ、高所得者であっても退職後に所得税をほとんど支払わない。

▶ 課税繰延は退職後の調整後総所得（AGI）を、直接的（退職プランの分配に含まれるため）および間接的（退職プランの分配に含まれることで、AGIに占める社会保障給付支払いの割合が高くなる）に増加させる。累進的な税率体系とあいまって、課税繰延は、高生涯所得者の退職後の所得税を著しく増加させる。

第2章における課税繰延の生涯恩典の評価は、過去の研究で得られた結果と定性的には同様であったが[1]、課税繰延の恩典を生涯にわたってみると、就労者全体でわずかしか違わなかったという研究成果は、政策論議で恒常的に使われる誇張された論議を考えると驚きかもしれない[2]。政策論議では通常、課税繰延の前倒しの恩典に焦点が置かれるが、これは誤解を招く可能性がある。このシミュレーションでは、就労中に課税繰延が税負担を最も減少させる就労者は、退職後に課税繰延の納税額が最も増加する就労者でもあることを示している。結果として、課税繰延の生涯恩典は、就労者全体でみると、前倒しの恩典ほど大きな変動はない。

　課税繰延の生涯恩典をより良く理解するために、この章では課税繰延が課税の時期によってどのような影響を与えるかについて詳細な説明を行う。課税繰延は、就労者の生涯にわたる所得税負担に異なる影響を与える。就労中、課税繰延は拠出と退職後資金支援制度で得る投資所得の両方を除外することで、所得を減らす。これが課税対象の所得を減らして、限界税率を下げることもありうる。退職後、課税繰延は、直接的には退職後資金支援制度の恩典に含まれること、間接的には所得に含まれる社会保障給付支払いの割合を増やすことにより、測定される所得を増やす。これは、ほぼすべての代表的就労者で課税対象となる所得額を増やし、限界税率を上げる。

■ 課税の繰延であり、非課税ではない

　政策論議で高所得就労者が受け取る恩典がしばしば過大評価される理由の1つは、課税繰延が、免税や控除と同じ課税の恩典を提供すると示されることにある[3]。免税（雇用者提供の健康保険料の所得からの除外など）や控除（住宅ローン利子の所得からの控除など）は、発生した年の税金は下げるが、将来の税金を上げることはない。加えて、税務上の恩典は、納税者の限界税率に比例して計算がしやすい。たとえば、住宅ローン利子1ドルの控除を追加すると、限界税率35%の納税者で所得税0.35ドルの減少、限界税率25%の納税

者で所得税.0.25ドルの減少となる。

　しかし、課税繰延は免税や控除ではない[4]。401(k)プランへの拠出は課税繰延であり、免税ではなく、課税繰延の恩典は拠出した際の減税ではない。第1章で説明したとおり、課税繰延の課税は、次の3つの点で通常の税の取扱いとは異なる。

> » 第一に、雇用者や就労者の退職後資金支援制度への拠出は、DCプランでもDBプランでも、Form W-2で報告される課税対象所得からは除外される。
> » 第二に、拠出から得る投資収益は、得た時点では課税されない。
> » 第三に、課税繰延されたすべての分配は課税される。

　課税繰延がどのように所得税負担を変化させるかを完全に理解するには、その影響を就労者の生涯を通じて追跡しなければならない。就労者が退職金口座に拠出した時に支払った税金の減額は、課税繰延の単に1つの側面にすぎない。拠出した時点での税金の減額は、分配が行われた時点での税金の増額につながる。加えて、繰延期間中は投資所得に課税されない。

　課税繰延の恩典と就労者の限界税率の関係は、免税や控除の場合よりも複雑である。プランへの加入者が同様の投資をすると仮定すると、課税繰延の恩典は、どれくらいの期間課税繰延したかに依存し、拠出時、繰延期間中、分配時の納税者の限界税率に依存する[5]。

■ 課税繰延はどのように所得税負担に影響を与えるか

　税負担は課税所得に税率表を適用することで決定される。課税対象所得は、AGIから人的控除を差し引き、項目別控除または標準控除の大きなほうの金額を差し引いたものである[6]。課税対象所得に適用される税率は税率表で決定される。連邦の所得税率体系は累進的で、課税所得が増えると税率も高くなる。

　税負担に対する政策の影響を評価する場合、法定税率と限界税率の2つの

税率が重要となる。納税者の課税対象所得の最後の1ドルに適用される税率表の税率は、納税者の法定税率といわれる。限界税率という用語は、納税者の課税対象所得が、たとえば1ドルなどの少額増加する場合に適用される事実上の税率を指す。限界税率が納税者の法定税率と異なるのは、特定の税法規定がAGIに基づいて導入されたり、廃止されたりして、納税者の限界税率が適用法定税率と異なる事態となり、納税者の法定税率と異なる場合があるためである。

　課税繰延は、AGIを変えることによって税負担に影響し、課税対象所得を変化させる。場合によっては、課税対象所得への影響が、代表的就労者の限界税率を変化させるほど大きくなり、これがAGIの変化による影響を増幅させることになる。

課税繰延の調整後総所得（AGI）に対する影響

　課税繰延は、就労中にAGIを減少させるが、退職後はAGIを増加させる。本シミュレーションにおいて、就労中の課税繰延は、雇用者と就労者の401(k)プラン拠出を除外し、401(k)プラン資産から得た利子を除外することにより、AGIを減少させる。退職後は、すべての401(k)プランからの分配がAGIに含まれるため、課税繰延がAGIを増加させる。課税繰延がないと、まだ課税されていない401(k)プランからの分配の一部のみがAGIに含まれ、本章のケースでは30.1％となる[7]。課税繰延は、退職後にAGIを直接増加させることに加えて、AGIに占める社会保障給付支払いの割合も増加させる。

　AGIに対する課税繰延の影響は、まず所得69,000ドルの就労者で詳細を示し、その後にすべての代表的就労者についての結果を説明する。所得69,000ドルの就労者は、40歳の時点で、35歳から44歳までの学士の学位をもつ常勤・通年就労者の中央値所得と同等となる。40歳時に所得69,000ドルの就労者は、35歳から44歳までの所得のあるすべての就労者のなかで73パーセンタイルを表す（図2.4を参照）。

所得69,000ドルの就労者の実例結果

　所得69,000ドルの就労者では、課税繰延は就労中のAGIを減らすが、平均して、課税繰延なしの場合の73,136ドルから、課税繰延あり場合の66,317ドルに低減する（図3.1の上段パネル）。課税繰延がないと、所得69,000ドルの就労者は、Form 1040の7行目（「所得、給与、チップなど」を記入する行）に平均で70,790ドルを含めることになる。これには、賃金所得の69,299ドルと、401(k)プランに対する雇用者マッチング拠出の1,491ドルが含まれる。加えて、401(k)プランは就労中に平均して2,346ドルの利子所得を生み出し、これもAGIに含まれる。課税繰延がある場合、所得69,000ドルの就労者は、平均で賃金所得の66,317ドルだけをForm 1040の7行目に含める。この金額は、雇用者の401(k)プラン拠出なしの平均賃金所得69,299ドルから、就労者の401(k)プラン平均拠出2,982ドルを差し引いたものと等しい。さらに、投資収益のすべては、退職後に分配が行われるまで繰り延べられるため、AGIに利子所得は含まれない。

　退職後になると、課税繰延は逆の影響を与え、所得69,000ドルの就労者では、課税繰延なしの退職後の平均8,008ドルから、課税繰延によって34,420ドルに増加する（図3.1の下段パネル）。課税繰延がない場合、401(k)プランの分配は1年につき2,914ドルだけがAGIに含まれるが、課税繰延がないと1年につき17,203ドルとなる。課税繰延は、AGIに含まれる401(k)プランの分配額を2つの理由で増加させる。第一に、課税繰延があると、退職時に口座残高が大きくなり、追加的に年金を購入するために追加的に資産を使用する。所得69,000ドルの就労者の401(k)プランからの総分配は、課税繰延がないと9,672ドルだけであるが、課税繰延があると17,203ドルになる。第二に、課税繰延がないと、9,672ドルもしくは2,914ドルの30.1％だけがAGIに含まれるが、課税繰延がないと17,203ドルの100％が含まれることになる。

　しかしながら、課税対象の401(k)プランからの分配の増加は、退職後に課税繰延がAGIに与える影響の一部にすぎない。連邦所得税のもとでは、納税者が受け取るその他の金額の割合によって、社会保障給付支払いの一部のみ

図 3.1
所得69,000ドルの就労者の調整後総所得に対する課税繰延の影響
すべてのドル額は実質米ドル（2014年基準）

就労中（32～66歳の年間平均）

課税繰延なし	
調整後総所得（AGI）	**73,136**
Form1040の7行目（賃金所得、給与、チップ等）	70,790
賃金所得	69,299
401(k)プランへの雇用者拠出	1,491
401(k)プランからの利子収益	2,346
課税繰延あり（現行の政策基準に基づく）	
調整後総所得（AGI）	**66,317**
Form1040の7行目（賃金所得、給与、チップ等）	66,317
賃金所得	69,299
控除：401(k)への従業員拠出	2,982

退職後（67歳以上の生存率調整後年間平均）

課税繰延なし	
総退職後所得	40,311
社会保障恩典支払い	30,639
401(k)プラン分配	9,672
調整後総所得（AGI）	**8,008**
社会保障恩典支払い（16.6%）	5,094
401(k)プラン分配（30.1%）	2,914
課税繰延あり（現行の政策基準に基づく）	
総退職後所得	47,842
社会保障恩典支払い	30,639
401(k)プラン分配	17,203
調整後総所得（AGI）	**34,420**
社会保障恩典支払い（56%）	17,217
401(k)プラン分配（100%）	17,203

注記：生涯所得区分はBrady 2010により示された所得区分に基づく。詳細については、図2.3を参照のこと。
出典：ICI simulations

がAGIに含まれるため、この影響は増幅される。所得69,000ドルの就労者
は、課税繰延の有無にかかわらず、年間30,639ドルの社会保障給付支払いと
同じ金額を受け取る（図3.1の下段パネル）。しかしながら、課税繰延がない
場合、平均で401(k)プランからの分配の2,914ドルだけがAGIに含まれるた
め、1年につき平均社会保障給付支払いの16.6％、または平均で1年につき
5,094ドルがAGIに含まれる。対照的に、課税繰延がある場合、401(k)プラン
からの分配の17,203ドルがAGIに含まれるため、社会保障給付支払いの
56.2％、または1年につき平均で17,217ドルがAGIに含まれる[8]。

すべての代表的就労者の結果

　課税繰延は、就労中、生涯所得が高い就労者ほどAGIを減少させる。これ
は、高所得者はより若い年齢から貯蓄をはじめ、場合によっては所得のより
高い割合を貯蓄することがあるためである。すべての就労者でみると、就労
中の年間のAGIの減少は、所得21,000ドルの就労者の4％（約21,900ドルか
ら約21,100ドル）から、所得234,000ドルの就労者の17％（約258,000ドルから
約214,000ドル）の範囲である（図3.2の上段パネル）。

　課税繰延は、52歳まで401(k)プランへの拠出を始めない所得21,000ドルの
就労者には就労中のAGIに最小限の影響しか与えないが、その後給与の4％
を拠出し、雇用者マッチング拠出の2％を受け取る（図2.4）。32歳から66歳
の平均で、所得21,000ドルの就労者の雇用者と就労者の拠出の合計は、1年
につき約600ドルで、Form 1040の7行目で報告される金額を課税繰延がな
い場合の約21,700ドルから、課税繰延がある場合の約21,100ドルに減少させ
る（図3.2の上段パネル）。さらに、平均して約200ドルの利子所得が401(k)プ
ランから生み出されるが、課税繰延がある場合AGIに含まれない。

　課税繰延は、所得234,000ドルの就労者で就労中のAGIに最も大きな影響
を与える。この就労者は、32歳から66歳まで法律で許される最大限の拠出
（平均で給与の約8.5％と同等）をしており、最大限の雇用者マッチング拠出
3％を受けている（図2.4を参照）。平均で32歳から66歳まで、所得234,000ド

ルの就労者で1年当り約27,000ドルを雇用者と就労者合計で拠出しており、Form 1040の7行目に報告する金額を、課税繰延がない場合の約241,000ドルから、課税繰延がある場合の約214,000ドルに減少させる（図3.2の上段パ

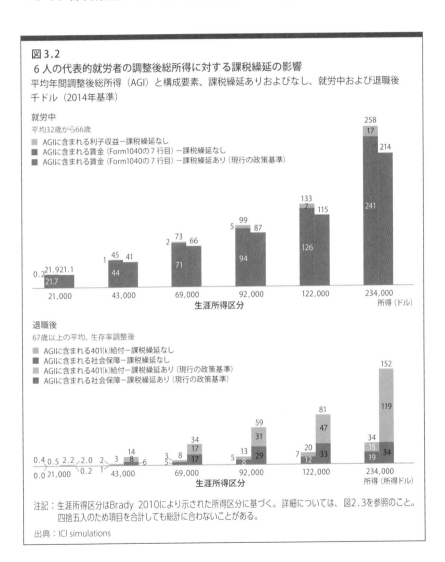

図3.2

6人の代表的就労者の調整後総所得に対する課税繰延の影響

平均年間調整後総所得（AGI）と構成要素、課税繰延ありおよびなし、就労中および退職後 千ドル（2014年基準）

就労中
平均32歳から66歳

- AGIに含まれる利子収益－課税繰延なし
- AGIに含まれる賃金（Form1040の7行目）－課税繰延なし
- AGIに含まれる賃金（Form1040の7行目）－課税繰延あり（現行の政策基準）

退職後
67歳以上の平均、生存率調整後

- AGIに含まれる401(k)給付－課税繰延なし
- AGIに含まれる社会保障－課税繰延なし
- AGIに含まれる401(k)給付－課税繰延あり（現行の政策基準）
- AGIに含まれる社会保障－課税繰延あり（現行の政策基準）

注記：生涯所得区分はBrady 2010により示された所得区分に基づく。詳細については、図2.3を参照のこと。四捨五入のため項目を合計しても総計に合わないことがある。

出典：ICI simulations

ネル）。さらに、約17,000ドルの利子所得が平均して401(k)プランから生み出されるが、課税繰延がある場合AGIに含まれていない。

　課税繰延は、すべての代表的就労者で退職後のAGIを著しく増加させる。すべての就労者で、退職後の平均AGIは、課税繰延がある場合は課税繰延がない場合よりも4〜5倍高くなる。たとえば、所得21,000ドルの就労者の退職後の平均AGIは、課税繰延ありの約500ドルから、課税繰延なしの約2,200ドルに増加する（図3.2の下段パネル）。所得234,000ドルの就労者では、AGIは課税繰延なしの約34,000ドルから、課税繰延ありの約152,000ドルに増加する。

　6人の代表的就労者すべてに対し、直接的にはAGIに含まれる401(k)プランからの分配額を増加させ、AGIに含まれる社会保障給付支払いの割合を増加させることで、課税繰延は退職後のAGIを増加させる。たとえば、課税繰延なしの場合、所得21,000ドルの就労者では（図3.2には示されていない）課税対象の401(k)プランからの総分配額は年間約1,500ドルとなり、約400ドルがAGIに含まれる（図3.2の下段パネル）。課税繰延ありの場合、所得21,000ドルの就労者では課税繰延された401(k)プランからの総分配は年間約2,000ドルとなり、すべての分配がAGIに含まれる。さらに、AGIに含まれる社会保障給付の支払いは、課税繰延なしの平均50ドル弱（恩典支払いの0.2％）から、課税繰延ありの平均200ドル以上（恩典支払いの1.3％）に増加する[9]。所得234,000ドルの就労者では、課税対象の401(k)プランの総分配は、課税繰延なしの場合、年間約49,000ドルとなり（図3.2には示されていない）、課税繰延ありの場合、約15,000ドルがAGIに含まれる（図3.2の下段パネル）。課税繰延ありの場合、課税繰延された401(k)プランからの総分配額は、所得234,000ドルの就労者では約119,000ドルとなり、全額がAGIに含まれる。さらに、AGIに含まれる社会保障給付の支払いは、所得234,000ドルの就労者では、課税繰延なしの平均約19,000ドル（恩典支払いの48％）から、課税繰延ありの約34,000ドル（恩典支払いの85％）に増加する[10]。

課税繰延の限界税率に対する影響

課税繰延は、就労中よりも、退職後の限界税率により大きな影響を与える[11]。就労中、課税繰延は、一部の代表的就労者では限界税率に影響を与えないが、他では比較的緩やかな影響を与える。しかしながら、退職後に、課税繰延は所得21,000ドルの就労者を除いた全員に対して著しく限界税率を引き上げる。

限界税率は、代表的就労者のAGIが少額増加した場合に適用される事実上の税率である。限界税率には、AGIに含まれる401(k)プランからの分配と社会保障給付の支払いとの相互作用がない。すでに説明したとおり、401(k)プランからの分配に1ドルを追加すると、相互作用によりAGIが1ドル以上増加することがある。

就労中

就労中、課税繰延は不均等ではあるが穏やかに、代表的就労者に対する限界税率に影響を与える（図3.3の左パネル）。その影響が不均等であるのは、AGIの変化が次の納税者たちの限界税率を変化させたためである。：(1)法定税率の限度に近い課税所得の納税者：(2)AGIが項目別控除の制限に近づきつつある納税者、または(3)AMT負担に達しようとしている納税者である。就労中のAGIへの課税繰延の影響は、生涯所得とともに増加するにもかかわらず、限界税率への影響は増加しない。限界税率は、所得21,000ドルと所得69,000ドルの就労者では変化せず、所得122,000ドルと所得234,000ドルの就労者では緩やかに変化し、所得43,000ドルと所得92,000ドルの就労者では著しく低下する。

就労中の平均で、課税繰延は所得43,000ドルと所得92,000ドルの就労者で最も限界税率を引き下げた（図3.3の左パネル）。連邦ならびに州の限界税率の合計は、所得43,000ドルの就労者で、課税繰延なしの場合の25.6％から課税繰延ありの場合の20.8％に、所得92,000ドルの就労者で、32.7％から30.8％に低下する[12]。

対照的に、課税繰延は最も生涯所得が高い2人の就労者のAGIに最大の影響を与えるが、課税繰延が限界税率に及ぼす影響ははるかに小さい（図3.3の左パネル）。課税繰延は、所得234,000ドルの就労者の限界税率を、課税繰延なしの場合の平均39.1%から、課税繰延ありの場合の平均38.4%に引き下げる[13]。限界税率は所得122,000ドルの就労者ではやや増加し、課税繰延なしの場合の32.4%から、課税繰延ありの場合の32.8%となる[14]。

退職後

　課税繰延は退職後により大きな影響を与え、課税繰延があってもなくても、退職後に所得税納税義務のない所得21,000ドルの就労者以外のすべての就労者で、限界税率を著しく上昇させる（図3.3の右パネル）。たとえば、所得43,000ドルの就労者は、課税繰延なしの場合には、退職後に所得税の納税義務はないが、課税繰延がある場合10.0%の限界税率となる。所得234,000ドルの就労者は、課税繰延なしの場合15.0%、課税繰延ありの場合32.1%の限界税率となる。課税繰延なしの場合、退職者のいずれにも州所得税の納税義務はなく、連邦所得税の納税義務がある者は限界税率が15%を超えない。課税繰延がある場合、これらの高所得就労者は30%を超える限界税率（連邦税ならびに州所得税の両方を含む）に直面する。

課税繰延の平均税率に対する影響

　課税繰延の平均税率に対する影響は、就労者の生涯を通して変化する。課税繰延は、就労中は平均税率を引き下げるが、退職後は通常平均税率を引き上げる。就労中の平均税率の引下げと退職後の平均税率の引き上げの両方とも、生涯所得が高いほど大きくなる。

　平均税率でみると、課税対象となる総所得の割合と課税される税率の両方を反映するので、課税対象所得の定義が異なる税制を比較する際の助けとなる。平均税率は単に総所得の基準に対して支払う税負担の割合であり、AGIの変化と限界税率の変化をあわせた、所得税負担に対する課税繰延の影響全

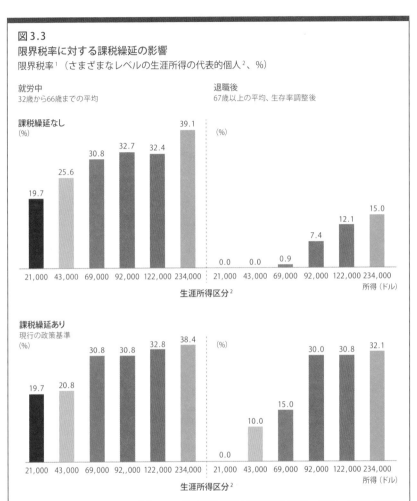

図 3.3
限界税率に対する課税繰延の影響
限界税率[1]（さまざまなレベルの生涯所得の代表的個人[2]、%）

就労中
32歳から66歳までの平均

退職後
67歳以上の平均、生存率調整後

課税繰延なし
(%)

21,000	43,000	69,000	92,000	122,000	234,000
19.7	25.6	30.8	32.7	32.4	39.1

生涯所得区分[2]

(%)

21,000	43,000	69,000	92,000	122,000	234,000
0.0	0.0	0.9	7.4	12.1	15.0

所得（ドル）

課税繰延あり
現行の政策基準
(%)

21,000	43,000	69,000	92,,000	122,000	234,000
19.7	20.8	30.8	30.8	32.8	38.4

生涯所得区分[2]

(%)

21,000	43,000	69,000	92,000	122,000	234,000
0.0	10.0	15.0	30.0	30.8	32.1

所得（ドル）

[1] 限界税率は、法定税率を使用して算出しているが、連邦法定税率は項目別控除の制限、代替ミニマム税（AMT）およびAMT標準控除の段階的廃止との相互作用により調整した。AMTの対象でない納税者、および控除が項目別の者の場合、連邦と州の限界税率は州の所得税が控除できるかを考慮して調整されている。AMTの対象である納税者（州の所得税の控除が許されない）、または控除を項目別にしていない者の場合、限界税率合計は単純に連邦と州の限界税率の合計である。プロットされた税率は、対象期間（32歳から66歳、または67歳以上）の代表的就労者の平均税率である。
[2] 生涯所得区分はBrady 2010により示された所得区分に基づく。詳細については、図2.3を参照のこと。
出典：ICI simulations

体を要約する1つの方法である。納税者の限界税率は総所得の一部にしか課されないので、平均税率は限界税率と異なる。一部の所得は、除外、調整、免税、および控除を理由に課税されない場合がある。その他の所得は、課税対象所得に含まれるかもしれないが、限界税率よりも低い税率が課され、これは所得の最後のドルに適用される。

この分析では、すべての退職関連の所得税を同等に扱うよう総所得を設定し、政策間の比較を単純にするため、課税繰延がない場合と課税繰延がある場合とが同一であると定義する。就労中、総所得は、賃金所得から401(k)プランの雇用者負担分を差し引き、就労者の社会保障税を差し引いたものである。退職後の総所得は総退職後所得（社会保障給付支払いと401(k)プランからの分配の合計）と等しく設定されている[15]。

就労中

就労中、課税繰延は、AGIを削減することにより、場合によっては限界税率も下げることによりすべての就労者の平均税率を下げる。平均税率の引下げは、生涯所得が高い就労者にとっては比例的に大きくなる（図3.4の左パネル）。平均税率の引下げは、所得21,000ドルの就労者で0.8%ポイント（課税繰延なしの場合の10.4%から課税繰延ありの場合の9.6%）、所得234,000ドルで8.1%ポイント（課税繰延なしの場合の38.0%から課税繰延ありの場合の29.9%）の範囲となる。

退職後

退職後は、課税繰延は通常平均税率を引き上げ、生涯所得が高い就労者により大きな影響を与える（図3.4の右パネル）。課税繰延がない場合、就労者は退職後に所得税をほとんど、またはまったく支払わず、最も所得の低い就労者3人はまったく所得税を支払わず、所得92,000ドルの就労者では総退職後所得の0.4%、所得234,000ドルの就労者では総退職後所得の3.4%となる。課税繰延がある場合、所得21,000ドルの就労者は退職後も引き続き所得

税を支払わないが、他のすべての就労者は所得税をより多く支払う。課税繰延がある場合の平均税率は、所得43,000ドルの就労者の1.1％から所得234,000ドルの就労者の24.7％の範囲となる。

■ 要　　約

　就労中に課税繰延が最も所得税を引き下げる就労者は、退職後に課税繰延が最も所得税を引き上げる就労者であるので、課税繰延の恩典は、生涯所得とともに穏やかにしか増加しない。課税繰延の前倒しの恩典にのみ焦点を当てる政策論議は誤解を招く。異なる所得の就労者間における所得税負担に対する課税繰延の影響の変動は、生涯で測定するとはるかに小さくなる。

　しかしながら、課税繰延の生涯恩典の評価を試みる分析も、就労者間の差異を過大評価する可能性がある。生涯の税負担の完全なシミュレーションを行わず、限界税率だけに頼って課税繰延の恩典を安易に計算すると、退職後に支払う課税繰延の影響を過小評価する可能性が高い。課税繰延なしの場合、高生涯所得の就労者でも、退職後は所得税をほとんど支払わない。シミュレーションでは、課税繰延はAGIに含まれる401(k)プランの分配額を増やすことで、退職後のAGIに直接影響を与える。しかしながらこの影響は、401(k)プランの分配が、AGIに含まれる社会保障給付支払いの割合に与える影響によって増幅される。平均税率の比較で示されるとおり、退職後のAGIに対する課税繰延の直接的または間接的な影響および累進的税率体系をあわせると、課税繰延は高生涯所得者の退職後の所得税を著しく増加させる。

図 3.4
平均税率に対する課税繰延の影響
平均税率[1]（生涯所得がさまざまなレベルの代表的個人、課税繰延あり／なしの場合[2]、%）

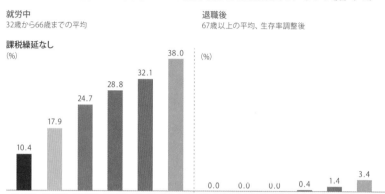

就労中
32歳から66歳までの平均

退職後
67歳以上の平均、生存率調整後

課税繰延なし
(%)

課税繰延あり
現行の政策基準
(%)

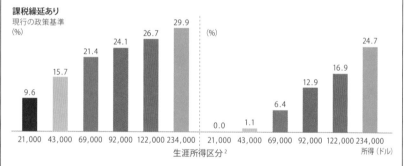

---

1 就労中の平均税率は、連邦所得税ならびに州所得税を給与所得で割って、従業員負担の社会保障給与税を差し引き、従業員の401(k)プラン拠出を引いたものである。退職後の平均税率は、連邦所得税と州所得税の合計を、社会保障給付と401(k)プランの給付の合計で割ったものである。プロットされた税率は、対象期間（32歳から66歳、または67歳以上）の代表的就労者の平均税率である。
2 生涯所得区分はBrady 2010により示された所得区分に基づく。詳細については、図2.3を参照のこと。
出典：ICI simulations

第3章 — 注記

1 たとえば、Burman et al.(2004) を参照のこと。

2 たとえば、Marr 2013 および Bernstein 2014を参照のこと。

3 たとえば、Morrissey 2011、Orszag 2011、および Ellis, Munnell, and Eschtruth 2014 を参照のこと。

4 課税繰延、税免除、税控除の違いに関するより詳しい論議は、Brady 2012b、2013a、および2013bを参照のこと。

5 これらの要因のそれぞれが報酬の追加的 1 ドルの繰延による恩典に影響を与えるかについては、Brady 2012bを参照のこと。

6 AGIに何が含まれるかに関する説明は第 2 章注記10を参照のこと。この研究における代表的就労者は、限られた数の財源から所得を得ており、所得に何も調整をしておらず、AGIの計算を単純化している。

7 第 2 章の注記58を参照のこと。

8 第 2 章の注記13と14で説明したとおり、AGIに含まれる社会保障給付の割合を決める所得の閾値はインフレ調整されない。退職後総所得はインフレ調整後では一定であるが、除外閾値は調整されないので、AGIに含まれる恩典の割合は、少なくとも過去数年間包含率がゼロ以上の就労者と、少なくとも過去数年間85％未満の就労者で、時間の経過とともに増加する。所得69,000ドルの就労者で課税繰延がない場合、67歳時に社会保障給付の6.9％がAGIに含まれ、100歳時に社会保障給付の32.6％がAGIに含まれる。課税繰延がある場合、所得69,000ドルの就労者の67歳時の包含率は45.5％、100歳時の包含率は72.3％となる。退職者に示されたすべての平均値は、特定の年齢までの生存率で配分されている。

9 課税繰延がない場合、所得21,000ドルの就労者は89歳まで社会保障給付がAGIに含まれず、100歳までは社会保障給付の7.1％が含まれる。課税繰延がある場合、所得21,000ドルの就労者は、83歳時に社会保障給付を含め始め、100歳まで16.1％を含める。

10 課税繰延がない場合、所得234,000ドルの就労者の社会保障給付の包含率は67歳で40％、100歳で61％の範囲にある。課税繰延がある場合、所得234,000ドルでは退職後の全ての期間で社会保障給付の85％がAGIに含まれる。

11 　本書で報告される限界税率は、法定税率を使用して算出しているが、連邦法定税率は、項目別控除の制限、代替ミニマム税（AMT）、およびAMT標準控除の段階的廃止の相互作用を調整した。項目別控除に関するPease制限は、項目別控除が80％削減されるまで、法定税率に対して限界税率を3％ポイントまで引き上げる。代替ミニマム税（AMT）においては法定税率26％と28％を課す。AMT標準控除の段階的廃止により、AMT法定税率に対して限界税率を5％ポイントまで引き上げる。人的控除の段階的削減（PEP）は個々の50のステップで人的控除を削減し、課税対象所得が1ドルなど少額増加しても、税負担に影響を与えないので、PEPについては限界税率の調整を行わない。AMTの対象ではなく、項目別控除のある納税者の場合、連邦と州の限界税率を合計する際に、州所得税の所得控除を考慮して調整する。AMTの対象である納税者（州所得税に控除が許されない）、または控除を項目別にしていない納税者の場合、限界税率の合計は単純に連邦と州の限界税率を合算する。

12 　繰延がない場合、より高い課税対象賃金とより高い利子所得がある就労者は、所得43,000ドルの就労者では50歳で連邦所得税が15％枠から25％枠に押し上げられ、所得92,000ドルの就労者では44歳で25％枠から28％枠に移動する。繰延がある場合、所得43,000ドルの就労者と所得92,000ドルの就労者では、就労期間を通じて連邦所得税はそれぞれ15％枠と25％枠にとどまる。

13 　この変更の一部のみが、通常の所得税に基づいた法定税率の変更による。所得234,000ドルの就労者では、課税繰延は連邦法定税率の28％から33％への移行を37歳から39歳まで2年間遅らせる。より大きな影響は、項目別控除へのPease制限とAMTによるものである。繰延がない場合、所得234,000ドルの就労者では、39歳から通常の税制に基づくPease制限の対象となり、44歳から66歳までAMTの対象となる。繰延がある場合、所得234,000ドルの就労者は、通常の税制に基づくPease制限の対象ではなく、45歳から66歳までAMTの対象となる。

14 　所得122,000ドルの就労者の場合、課税繰延は連邦の限界税率にも州の限界税率にも影響を与えない。しかし、課税繰延は州所得税額を減らすことから、所得122,000ドルの就労者では、課税繰延を行う際に控除の項目化をする頻度が少なく、よって、連邦および州をあわせた限界税率は高くなる。課税繰延がある場合でもない場合でも、所得122,000ドルの就労者は、就労期間を通じて、連邦限界税率は28％、州限界税率は5.75％となる。しかしながら、連邦所得税のもとでは州所得税が控除可能となるため、納税者が控除を項目化する場合に比べて、納税者が標準控除を選択する場合は、連邦と州の限界税率の合計は高くなる。所得122,000ドルの就労者が標準控除を選択すると、連邦と州の限界税率の合計は33.75％となる（＝28％＋5.75％）。所得122,000ドルの就労者が控除を項目化すると、支払った州所得税が連邦課税対象所得を引き下げるため、合計限界税率は32.1％となる［＝28％＋（5.75％×（100％－28％））］。所得122,000ドルの就労者の平均限界税率は課税繰延で高くなる。その理由は、課税繰延がない場合、所得122,000ドルの就労者はより多くの州所得税を支払い、38歳から控除を項目化し始めるが、繰延があ

る場合、所得122,000ドルの就労者は47歳になるまで控除を項目化し始めないからである。

15　平均税率の計算に使用した合計所得には、就労中に発生するすべての401(k)プランへの拠出と社会保障税を除き、退職後に発生するすべての401(k)プランからの分配と社会保障からの給付を含めている。現在の税法では、雇用者と従業員の401(k)プランへの拠出と、雇用者負担の社会保障税は、就労中のAGIから除外されるが、従業員負担の社会保障税は除外されない。この分析で使用した合計所得では、すべての401(k)プラン拠出と社会保障税（雇用者支払いまたは従業員支払いのいずれも）を同等に扱う。現在の税法では、すべての401(k)プランからの分配と社会保障からの給付の一部が、退職後のAGIに含まれる。すべての社会保障からの給付を退職後の合計所得に含めることによって、この分析で使用する合計所得の基準では、401(k)プランからの分配と社会保障からの給付を同等に扱う。

Dispelling Popular Misconceptions About Tax Deferral

課税繰延に関する
社会的通念となった誤解
を払拭する

▶ 社会的通念とは対照的に、課税繰延の限界的な恩典（所得を追加的に1ドル繰り延べることの恩典）は、平均して、高所得就労者よりも、この研究で分析した低所得就労者のほうが大きくなる。低所得者は、就労中の限界税率は低いものの、退職後の期間に限界税率が大きく低下するので、限界的な恩典は大きくなる。

▶ 生涯所得の増加とともに課税繰延の恩典が増加するのは、所得税の設計ではなく、社会保障制度の設計に起因する。この研究で行ったシミュレーションでは、高所得就労者のほうが課税繰延からの恩典は大きくなる。これは退職プランに拠出する追加的な1ドルからの恩典が大きいからではなく、より大きな金額を拠出できるからである。社会保障給付は、退職前所得に対する代替率が低いので、より所得が高い就労者はより多くの金額を貯蓄して、目標とする退職後の所得代替率を達成する必要がある。

▶ 現行の税法がもたらす貯蓄のインセンティブは「逆効果」ではない。通常の所得税制措置は、投資収益に課税することで、貯蓄インセンティブを奪っている。課税繰延は貯蓄インセンティブに「逆効果」をもたらすどころか、すべての就労者の投資収益に対する税率をゼロにすることで貯蓄インセンティブを平準化している。

この研究のシミュレーションは、米国の退職後資金支援制度でだれが恩典を受けているかを示すことに加えて、社会的通念となっている課税繰延に関する2つの考え方が正しくないことを示すために使用することが可能である。

　第一の誤解は、高所得就労者は、繰り延べた報酬の1ドルごとからより大きな恩典を得るので、彼らのほうが課税繰延からより大きな恩典を受けるという誤解である。この考え方はおそらく、税金の繰延を免税や控除と混同した結果であろう。免税や控除とは異なり、課税繰延の限界的な恩典は個人の限界税率に比例して増加することはない。実際、この研究で分析した最も所得の低い3人の代表的就労者は、平均で、報酬からの追加的1ドルの繰延からより大きな恩典を得る。

　第二の誤解は、課税繰延が原因で、現行の所得税は貯蓄に「逆効果」のインセンティブを与えているという誤解である。この誤解は第一の誤解の誤りを複雑にする。これは、課税繰延の限界的な恩典が就労者の限界税率に比例すると仮定しているだけでなく、*課税繰延の限界的な恩典と貯蓄するインセンティブ*を同一視している。*課税繰延の恩典*は、現行税法のもとでの税負担と、通常の所得税構造のもとでの税負担を比較することで測定する。*貯蓄のインセンティブ*は、現在と将来の支出のトレードオフ関係である。投資収益に課税することで、所得税は貯蓄を阻害するが、これは、現在の支出を先送りすることで捻出した将来の支出額を減らすからである。投資収益に対する税率をゼロにすることで、課税繰延はすべての就労者にほぼ同じ貯蓄インセンティブを効果的に与える。

　高所得就労者は繰り延べる1ドルごとからより大きな恩典を得ているという社会的通念や、課税繰延は貯蓄インセンティブに「逆効果」をもたらすという社会的通念は、より高い限界税率の就労者に対する課税繰延の前倒しの恩典を削減する提案に繋がっている[1]。これらの提案は、課税繰延の明らかな誤解に基づいていることに加えて、所得税の公平性を低下させ、その複雑さを増幅することになる（第7章を参照）。

■ 課税繰延の限界的な恩典

> 誤解：*高所得の就労者は、限界税率が高くなるので、課税繰延からより大きな恩典を得ている。*
>
> 事実：*課税繰延の恩典が生涯所得とともに増加する主な理由は、所得税の設計によるものではなく、社会保障制度の設計による。*

　課税繰延に対する一般的な批判は、高生涯所得の就労者は限界税率が高いため、繰り延べる報酬全額からより大きな税制上の優遇を得ているというものである。以下は、高所得就労者が課税繰延からより大きな恩典を受けている理由を説明する最近の報告例である。

> 「退職金拠出の繰延の恩典は、納税者の限界税率と結びついているため、世帯所得が増加するにつれて増加する。たとえば、40,000ドルを稼ぎ税率が10％の人の場合、控除可能な退職金拠出の１ドルごとに10セントの前倒しの恩典を受ける。450,000ドルを稼ぎ税率が35％の人の場合、１ドルごとに35セントの前倒しの恩典を受ける。結果として、退職金貯蓄の租税支出の恩典は、最近のCBO報告が説明するとおり『トップに大きく傾く（'tilt heavily toward the top'）』」(Marr, Frentz, and Huang 2013、３ページ)

　しかしながらこの説明は、課税繰延の恩典を免税や控除の恩典と同一視している。退職金制度拠出に由来する前倒しの恩典は、課税繰延のほんの一面にすぎない。課税繰延は繰延期間中の税金を減らすが、制度から分配が行われる時には税金を増やす。

　過去の研究とは対照的に、報酬を追加的に１ドル繰り延べることから就労者が得る限界的な恩典は、就労者の限界税率と密接には関連していない。課税繰延の限界的な恩典は、さまざまな要因で決定される。この要因には、繰延期間、拠出時の限界税率、分配時の限界税率などが含まれる。本研究のシ

ミュレーションで行った一般化によれば、課税繰延の限界的な恩典は通常生涯所得の低い就労者で大きくなる。本研究における低所得就労者は、就労中はより低い限界税率であるが、退職後の期間に限界税率が最も下がることから、繰り延べした報酬の追加的な1ドルごとからより大きな恩典を受ける。

課税繰延の恩典が生涯所得に伴って増加するのは、所得税の設計が原因ではなく、社会保障制度の設計が原因である。この研究で明らかにしたことは、高生涯所得就労者は課税繰延からより大きな恩典を受けるが、これは繰り延べる1ドルごとからより大きな恩典を受けているからではなく、より多くの報酬を繰り延べているからである。より多くの報酬を繰り延べている理由は、社会保障給付の支払いが、退職前所得の小さい割合しか代替しないからである。

課税繰延の限界的な恩典の評価

本書の分析では、就労者が課税繰延から得る恩典全体を評価することに焦点を当てている。恩典全体を見積もるため、現行政策に基づく基準シミュレーションを、課税繰延を完全に排除し、401(k)プランを課税対象の個人投資口座に変更したシミュレーションと比較する。

この章では分析の方向性を変えて、課税繰延の限界的恩典を評価する。すなわち、退職金制度に拠出する追加的な1ドルから就労者が得る生涯恩典を見積もる。現行政策を課税繰延を完全に排除した別の政策と比較するのではなく、現行政策に基づく基準シミュレーションから開始する2つの代替的シナリオと比較する。最初の代替的シナリオでは、課税繰延された報酬が、基準シミュレーションに比例して1ドルずつ増加するものとする。2つ目の代替的シナリオでは、報酬の同じ1ドルを使って、課税対象の投資口座に拠出するものとする。そして繰延の限界的恩典を、これら2つの代替的シナリオから算出された生涯税負担の現在価値の差額として計算する[2]。

限界税率と限界的恩典

課税繰延の限界的恩典は、退職金制度への拠出がなされた年の就労者の限界税率だけに依存するものではない。制度加入者が同様の投資をしたと仮定した場合、報酬の追加的1ドルごとの課税繰延の恩典は、拠出時の就労者の限界税率、就労者の繰延期間中の限界税率、就労者の分配時の限界税率、および繰延期間に依存する[3]。限界的恩典と繰延期間の関係は、比較的単純で、限界税率のどのような組合せにおいても、課税繰延の限界的恩典は、制度に拠出が行われる限り毎年増加する。課税繰延の限界的恩典と拠出時の就労者の限界税率の関係はより複雑である。

» 納税者の限界税率が拠出時と分配時で同一であれば、401(k)プランに追加的1ドルを拠出することの恩典は、通常就労者の限界税率とともに増加する。しかしながら、限界的恩典は、納税者の限界税率に比例しては増加しない。実際、特定の税率の閾値を過ぎると、追加的1ドルの退職金制度拠出の恩典は、限界税率の高い就労者では実際に低下する[4]。

» 納税者の限界税率が、拠出時と分配時で変化する場合、その関係はより複雑になる。限界税率が同一の場合と比較して、分配時の限界税率が拠出時の限界税率よりも低いと、限界恩典は増加し、分配時の限界税率が高いと減少する。

» さらに複雑なのは、退職後に401(k)プランからの分配とAGIに含まれる社会保障給付の割合の相互作用が発生することである。限界税率は、課税対象所得の限界的変化に対応する税金の変化を測定する。第3章で説明したとおり、401(k)プランからの追加的1ドルの分配はAGIを増加させ、そしてAGIに含まれる社会保障給付の割合に影響を与えるため、課税対象所得を1ドル以上増加させる。このような場合、課税所得に課される納税者の限界税率は、401(k)プランからの分配が所得税の負担に与える影響をすべて捕捉しているわけではない。これらの場合、401(k)プランへの追加的1ドルの拠出の恩典は、就労者の限界税率から派生する恩典よりも小さくなる。

限界的恩典の評価

これらの 3 つのシナリオに対応して、課税繰延の限界的恩典に関する以下の 3 つの評価が本研究で分析した 6 人の代表的就労者に対して行われる。

- » 第一に、拠出時と分配時の就労者の限界税率を同一とする簡単な計算を行う。拠出時の就労者に関する情報しかもたない研究者は、この種の計算を使って、限界的恩典を評価することが可能である[5]。

- » 第二と第三の評価は、全シミュレーションを使って導出される。これらのシミュレーションは、就労者の残りの生涯にわたる毎年の所得税負担の差異をとらえることができ、したがって、両方とも退職後の限界税率の変化を説明する。

    - » 退職後に限界税率が低下する影響を分離するために、第二の限界的恩典の評価では、AGIに含まれる社会保障給付の支払額は、現行政策に基づく基準シミュレーションにおける支払額と同一と仮定する。このシミュレーションの結果は、退職後の限界税率の減少を説明する簡単な計算を使用する研究者によって再現される可能性がある[6]。

    - » 第三の限界的恩典の評価では、AGIに含まれる社会保障給付の支払額が、現行政策に基づく基準シミュレーションに比例して変化する。これは最も正確な限界的恩典の測定であるが、完全な生涯シミュレーションなしに正確に測定するのは困難であろう。

経年的に就労者の限界税率が変化しないと仮定した限界的恩典

課税繰延の限界的恩典は、拠出時ならびに分配時の税率が同じ場合、限界税率が増加しても、恩典の増加は税率の増加には比例しない。たとえば、現行政策に基づく基準シミュレーションと比較して、6 人の代表的就労者が50歳時点で追加的 1 ドルを401(k)プランに拠出し、71歳で拠出に関連した資産をすべて分配したとする（図4.1の中央パネル）[7]。各就労者の限界税率はこの期間変化せず、就労中（32歳から66歳まで）の平均税率が同一であったと仮

定する。基準シミュレーションの平均限界税率の範囲は、所得21,000ドルの就労者で19.7％、所得234,000ドルの就労者で38.4％である。50歳時の課税繰延報酬の追加的１ドルは、所得21,000ドルの就労者で現在価値0.16ドルと同等の税制上の恩典を生み出す。限界税率が２倍近くあるにもかかわらず、所得234,000ドルの就労者の限界的恩典は0.22ドルまたは３分の１しか大きくならない。実際、限界税率が30.8％から38.4％の範囲では、４人の高所得者は課税繰延からおよそ同等の限界的恩典を得ることになる。

経年的に就労者の限界税率が変化しないと仮定すると、課税繰延の恩典は投資所得に税率ゼロを課すことに等しい[8]。課税繰延の税負担に関して、拠出時の減税、繰延期間中の減税、分配される際の増税という３つの個別の影響があることを思い出してほしい。限界税率が変化しない場合、分配時の納税額は現在価値でみて、拠出に関連する課税留保分と同等である。これらの２つの影響がお互いに完全に相殺されることから、税務上の恩典は、繰延期間中の税負担の減額という残りの１つの影響となる。具体的には、繰延の税務上の恩典は、報酬をまず所得税の対象とし、税引後の金額を投資口座に拠出する場合に得られる投資所得に税率ゼロを課すことに相当する。

この等価性が理解されると、繰延の限界的恩典がなぜ就労者の限界税率と比例して増加しないのかを簡単に説明できる。より高い限界税率の就労者は、税率ゼロが適用される*投資所得*の１ドルごとからより多くの恩典を得る。しかし税引後の拠出によって得られる*投資所得*額は、高い限界税率の就労者で低くなる。その結果、課税繰延の限界的恩典は限界税率とともに増加するが、限界税率の増加に伴った増加率は鈍くなる。

限界税率に変化がない場合、繰延の恩典が就労者全体でどのように異なるかを示すことに加えて、簡単な計算によって、生涯所得を固定した場合、課税繰延の限界的恩典が繰延期間によって増加することも示される（図4.1）。たとえば、60歳時点で401(k)プランに追加的１ドルを拠出した場合の恩典を評価すると、所得21,000ドルの就労者の0.09ドルから所得234,000ドルの就労者の0.13ドルの範囲となる（最初のパネル）。40歳時の追加的１ドルの拠出

については、恩典は所得21,000ドルの就労者の0.23ドルから所得234,000ドルの就労者の0.30ドルの範囲である（3つ目のパネル）。これらの計算が示すように、課税繰延の恩典を決定するうえで、個人の年齢は個人の限界税率よりも一般的に重要である。

さらに、就労者の限界税率が経年的に変化しない場合、課税繰延の恩典は、投資所得に税率ゼロを課すことと同等であることを理解することで、なぜ繰延期間に伴って恩典が増えるかの説明が簡単になる。すなわち、投資された拠出金が残っている年数が増えるにつれ、拠出によって得られる投資所得が増加し、投資所得への税率ゼロの恩典も増える。

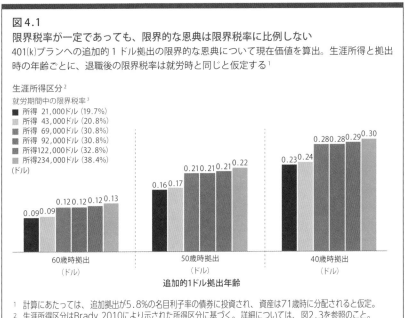

図4.1
限界税率が一定であっても、限界的な恩典は限界税率に比例しない
401(k)プランへの追加的1ドル拠出の限界的な恩典について現在価値を算出。生涯所得と拠出時の年齢ごとに、退職後の限界税率は就労時と同じと仮定する[1]

生涯所得区分[2]
就労期間中の限界税率[3]
■ 所得 21,000ドル（19.7%）
■ 所得 43,000ドル（20.8%）
■ 所得 69,000ドル（30.8%）
■ 所得 92,000ドル（30.8%）
■ 所得122,000ドル（32.8%）
■ 所得234,000ドル（38.4%）
（ドル）

60歳時拠出（ドル）： 0.09 0.09 0.12 0.12 0.12 0.13
50歳時拠出（ドル）： 0.16 0.17 0.21 0.21 0.21 0.22
40歳時拠出（ドル）： 0.23 0.24 0.28 0.28 0.29 0.30

追加的1ドル拠出年齢

1 計算にあたっては、追加拠出が5.8%の名目利子率の債券に投資され、資産は71歳時に分配されると仮定。
2 生涯所得区分はBrady 2010により示された所得区分に基づく。詳細については、図2.3を参照のこと。
3 上表に記載された限界税率は、32歳から66歳までの基準シミュレーションに基づく平均限界税率（図3.3の下側パネル）。
出典：ICI calculations

就労者の限界税率の経年的な変化を考慮した場合の限界的恩典のシミュレーション

退職後に代表的就労者の限界所得税率が低下することを考慮すると、限界的恩典のパターンはおよそ反転し、課税繰延の限界的恩典は通常低生涯所得の代表的就労者でより大きくなる。低所得就労者は、就労中は低い限界税率であるにもかかわらず、退職後に限界税率がより急激に下がるため、より大きな限界的恩典を得る。

現行政策に基づく基準シミュレーションでは、6人の代表的就労者の限界所得税率はすべて低いので、図4.1の限界的恩典の評価は、課税繰延の本当の限界的恩典を示していない（図3.3の下側パネルに示されているとおり）。退職後に限界税率が低くなる場合、分配時に支払う所得税は、現在価値でみて、拠出に関連する課税留保分よりも少なくなる。退職後に税率が低くなる場合、繰延の恩典は、課税対象口座で得たであろう投資所得に税率ゼロが適用される就労者と同等になり、それに加えて、現在価値でみて、拠出に関連する課税留保分と分配時に支払う税金の差と同等のボーナスが加わる。たとえば、拠出中に限界税率が25％であった就労者が、退職後に分配を受けた時点の限界税率が15％に下がった場合、繰延報酬1,000ドルの恩典は、課税対象口座への750ドルの拠出から得られる投資所得に100ドルのボーナスを加えたものと（現在価値でみて）同等となる。

就労者の生涯にわたる限界税率の変化を考慮した、特定の年齢における退職制度拠出1ドルの限界的な恩典の評価を提供するため、2つのシミュレーションを実行して比較した。第一のシミュレーションは、現行政策に基づく基準シミュレーションから開始したが、各代表的就労者は、401(k)プランに追加的に1ドルの従業員拠出をすると仮定した[9]。第二のシミュレーションも基準シミュレーションから開始したが、すべての就労者が追加的1ドルの報酬を使って、別の課税対象個人口座に拠出することとした。このシミュレーションでは他の仮定は変更しなかった[10]。課税繰延の恩典に限界税率が与えた影響を分離するため、両方のシミュレーションでは、AGIに含まれる

社会保障給付支払額を、現行政策に基づく基準シミュレーションでAGIに含まれる金額に固定した。課税繰延の限界的恩典は、2つのシミュレーションの間の生涯税負担を現在価値でみた差額として計算された。

　現行政策に基づく基準シミュレーションでは、すべての就労者で退職後に限界税率が低下するが、生涯所得のより低い就労者では急激な税率低下となる。たとえば、連邦ならびに州の限界所得税率は、所得234,000ドルの就労者では退職後に6.3％ポイント（就労中の38.4％に対して退職後は32.1％）、所得122,000ドルの就労者では2.0％ポイント低くなる（32.8％に対して30.8％）。対照的に、所得69,000ドルの就労者では、退職後の限界税率は15.8％ポイント（30.8％に対して15.0％）、退職中に所得税を支払わない所得21,000ドルの就労者では19.7％ポイント低くなる。

　簡単な計算を使用して導出した最初の評価と比較して（図4.1）、シミュレーションから導出し、限界税率の変化を考慮した2番目のシミュレーションでは、限界的恩典の評価は6人すべての代表的就労者でより高くなる（図4.2）。しかし、退職後に限界税率がより大きく低下するので、2つの評価の間の差異は、低生涯所得の就労者がより大きい。たとえば、40歳時点の1ドルの退職制度拠出について評価した限界的恩典は、所得21,000ドルの就労者では0.41ドルで、限界税率に変化がないと仮定する計算と比較して0.18ドル増加する。所得234,000ドルの就労者では、シミュレーションされた恩典は0.35ドルで、率に変化がない計算と比較して0.06ドル（小数点第三位を四捨五入）増加する。

　限界税率の変化を理由として、生涯所得が低い代表的就労者では通常、報酬の追加的1ドルを繰り延べることでより大きな恩典を受ける（図4.2）。繰延期間にかかわらず、退職後に限界税率の急激な低下を経験する2人の就労者（所得21,000ドルの就労者と所得69,000ドルの就労者）は、課税繰延から最も大きな限界的恩典を受ける（図4.2）。たとえば、60歳時点での1ドルの退職制度拠出の限界的恩典は、所得21,000ドルと所得69,000ドルの就労者の両方で0.26ドルだが、所得234,000ドルの就労者ではわずか0.20ドルである。同

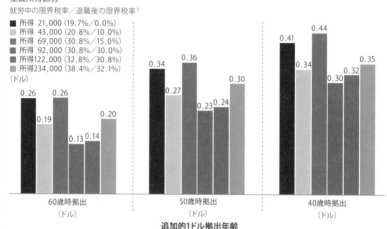

図 4.2

限界税率の変化を勘案すると、生涯所得の低い就労者のほうが大きな限界的恩典を得る

401(k)プランに追加的 1 ドルを拠出した場合の恩典の現在価値、AGIに含まれる社会保障給付割合を一定と仮定したシミュレーション[1]、所得区分別・拠出時点別

生涯所得区分[2]

就労中の限界税率／退職後の限界税率[3]

- 所得　21,000 (19.7%／0.0%)
- 所得　43,000 (20.8%／10.0%)
- 所得　69,000 (30.8%／15.0%)
- 所得　92,000 (30.8%／30.0%)
- 所得122,000 (32.8%／30.8%)
- 所得234,000 (38.4%／32.1%)
（ドル）

60歳時拠出
（ドル）
0.26　0.19　0.26　0.13　0.14　0.20

50歳時拠出
（ドル）
0.34　0.27　0.36　0.23　0.24　0.30

40歳時拠出
（ドル）
0.41　0.34　0.44　0.30　0.32　0.35

追加的1ドル拠出年齢

[1] シミュレーションでは、追加的拠出が3.0%プラスインフレ率の債券に投資されると仮定しているが、これは投資期間中のほとんどを5.8%の名目利子率の債券に投資することと等しい。累積した資産は、退職時に保険数理的に公平でインフレ連動の即時終身年金の購入に使用される。シミュレーションでは、AGIに含まれる社会保障給付支払いの金額が現行政策に基づく基準シミュレーションと同じと仮定している。

[2] 生涯所得区分はBrady 2010により示された所得区分に基づく。詳細については、図2.3を参照のこと。

[3] 上表に記載された限界税率は、32歳から66歳までの基準シミュレーションで用いた平均限界税率。退職後の限界税率は、基準シミュレーションで用いた67歳以上の平均限界税率で生存率調整後（図3.3の下段パネル参照）。

出典：ICI simulations

様に、40歳時点での 1 ドルの退職制度拠出の限界的恩典は、所得21,000ドルの就労者で0.41ドルで、所得69,000ドルの就労者で0.44ドルだが、所得234,000ドルでは0.35ドルにすぎない。所得43,000ドルの就労者を含めて、最も生涯所得が低い 3 人の就労者の課税繰延の限界的恩典は、最も生涯所得が高い 3 人の就労者にとっての限界的恩典とほぼ同一か、著しく大きくなる。

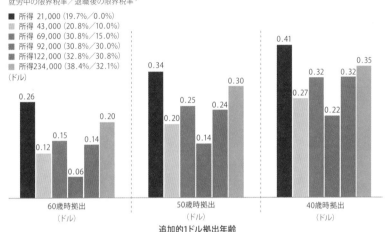

図4.3

社会保障の恩典除外の段階的廃止は、中間生涯所得の就労者の限界的恩典を減らす

401(k)プランに追加的1ドルを拠出した場合の恩典の現在価値、AGIに含まれる社会保障給付支払いの割合が変化すると仮定したフル・シミュレーション[1]、所得区分別・拠出時点別

生涯所得区分[2]
就労中の限界税率/退職後の限界税率[3]

- ■ 所得 21,000 (19.7%/0.0%)
- ■ 所得 43,000 (20.8%/10.0%)
- ■ 所得 69,000 (30.8%/15.0%)
- ■ 所得 92,000 (30.8%/30.0%)
- ■ 所得122,000 (32.8%/30.8%)
- ■ 所得234,000 (38.4%/32.1%)
- （ドル）

60歳時拠出
（ドル）

0.26　0.12　0.15　0.06　0.14　0.20

50歳時拠出
（ドル）

0.34　0.20　0.25　0.14　0.24　0.30

40歳時拠出
（ドル）

0.41　0.27　0.32　0.22　0.32　0.35

追加的1ドル拠出年齢

1 シミュレーションでは、401(k)プラン拠出が3.0%プラスインフレ率の債券に投資されると仮定しているが、これは投資期間中のほとんどを5.8%の名目利子率の債券に投資することと等しい。蓄積した資産は、退職時に保険数理上公平でインフレ連動の即時終身年金を購入に使用される。
2 生涯所得区分はBrady 2010により示された所得区分に基づく。詳細については、図2.3を参照のこと。
3 上表に記載された就労中の限界税率は、32歳から66歳までの基準シミュレーションで用いた平均限界税率。退職後の限界税率は、基準シミュレーションで用いた67歳以上の平均限界税率で生存率調整後（図3.3の下段パネル参照）。

出典：ICI simulations

社会保障の恩典課税を考慮した限界的恩典のシミュレーション

　課税繰延の限界的恩典に対する第三の測定は、第二の測定と同様の方法でシミュレーションされたが、AGIに含まれる社会保障給付の支払いの割合は変化する。この第三の測定は、限界税率の変化と社会保障税の影響をあわせて考慮している。

　追加的な退職後所得がAGIに含まれる社会保障給付支払いの割合に及ぼす

影響は、所得43,000ドル、所得69,000ドル、所得92,000ドルの中間的な生涯所得を有する代表的就労者の課税繰延の限界的恩典を引き下げる（図4.3と図4.2を比較）。これら3人の就労者は、現行政策に基づく基準シミュレーションにおいて、社会保障給付支払いの除外が段階的廃止の範囲にあるため、401(k)プランまたは課税対象口座いずれかからの追加的退職後所得は、AGIに含まれる社会保障給付支払いの割合を高める。

　他の3人の代表的就労者について、限界的恩典の評価は変わらない（図4.3と図4.2を比較）。追加的退職後所得は所得21,000ドルの就労者でAGIに含まれる社会保障恩典支払いの割合を増やすが、AGIは課税対象の閾値をかなり下回ったままなので、所得税負担に影響を与えない。追加的退職後所得も、現行政策に基づく基準シミュレーションでは、AGIにすでに社会保障給付の支払いを最大85％含むので、所得122,000ドルと所得234,000ドルの就労者の税負担に影響を与えない。

　社会保障給付の課税を考慮しても、最も生涯所得が低い3人の就労者では、平均で課税繰延の限界的恩典はより大きい（図4.3）。たとえば、所得21,000ドル、所得43,000ドル、所得69,000ドルの就労者で、40歳時の401(k)プランへの追加的1ドル拠出に関してシミュレーションされた限界的恩典は、それぞれ0.41ドル、0.27ドル、0.32ドル、または平均で0.33ドルである。これは、所得92,000ドル、所得122,000ドル、所得234,000ドルの就労者に関してシミュレーションされたそれぞれ0.22ドル、0.32ドル、0.35ドル、または平均で0.30ドルと比較される。

■ 貯蓄インセンティブに対する課税繰延の影響

　　誤解：*課税繰延のため、現在の所得税制度は貯蓄に「逆効果」のインセンティブをもたらしている。*

　　事実：*「逆効果」のインセンティブをもたらすどころか、課税繰延は貯蓄のインセンティブを平準化している。*

課税繰延に対しては、貯蓄に「逆効果」のインセンティブをもたらすという批判がしばしば向けられている[11]。課税繰延が存在することで、所得の低い就労者よりも所得の高い就労者により大きな貯蓄のインセンティブを与えるといわれてきた。たとえば、次の引用は、連邦所得税の納税義務のない低所得就労者の貯蓄のインセンティブについての一般的なコメントである：

> 現在の税制は不公平に課税しないことを保証しているが、貯蓄をすることで経済的な安全性を潜在的に高められるにもかかわらず、*貯蓄のためのインセンティブをまったく与えていない*（Valenti and Weller 2013、7ページ、強調表示を追加）。

　課税繰延は、「逆効果」のインセンティブを与えるどころか、貯蓄のインセンティブを平準化している。貯蓄のインセンティブは、所得税からではなく、資本市場と信用市場から得られる投資収益によって与えられている。投資収益の一部を取り去ることにより、所得税は投資家が受け取る収益を減少させ、貯蓄を阻害することになる。課税対象の投資口座では、限界税率の高い就労者は貯蓄のインセンティブが最も低い。退職後に就労者の限界税率に変化がないと仮定すると、課税繰延は、所得税に固有の貯蓄の阻害要因を取り除き、効果的に投資収益に税率ゼロを課す。これにより、すべての就労者が限界税率に関係なく貯蓄から市場収益率のすべてを得ることが可能となる。

　就労者の限界税率に変化がないという仮定を緩和したとしても、依然として課税繰延は所得税を許すことに較べて貯蓄のインセンティブを平準化する。退職後に限界税率が低下する就労者は、すべての市場収益率に加えて、限界税率の低下から追加の恩典を得る[12]。貯蓄が社会保障給付支払いの課税に与える影響を含め、税負担の変化がこのシミュレーションで完全に考慮される場合、最も生涯所得の低い3人の代表的就労者の貯蓄インセンティブは、最も生涯所得の高い代表的就労者よりも平均で高い。

貯蓄するインセンティブ

　貯蓄するインセンティブは、税引後に投資から得られる収益率である。貯蓄は現在の所得から支出を差し引いたものとして定義される。貯蓄するためには、個人が今日の支出を減らすことが求められる。今日の支出を減らすことの報酬は、将来の支出を増やすことが可能になることである。現在と将来の支出のトレードオフ関係が貯蓄のインセンティブを表す。今日１ドル支出を減らしたら、将来どれくらい支出を増やすことが可能になるか？このトレードオフ関係の条件を決定するのが、投資から得る収益の税引後収益率である。

通常の所得税の取扱いは貯蓄インセンティブを減少させる

　通常の所得税構造は貯蓄を阻害し、結果として限界税率の高い就労者は貯蓄するインセンティブが低くなる。これは、異なる限界税率の就労者におい

図 4.4
通常の所得税は貯蓄インセンティブを減少させる

通常の所得税制措置のもと、今年度に投資した1,000ドルが20年後に生み出す税引後所得（就労者の限界税率ごと）

仮定

初期投資	1,000ドル
収益率（年間支払い利子）	6%
投資期間	20年間

限界税率 （%）	（1） 税引後所得のうち今年の 消費に支出可能な額 （1）（ドル）	（2） 20年後に消費支出が可能な 税引後所得 （2）（ドル）	（3） 現時点の１ドルの消費放棄 により将来消費に回せる額 （2）/（1）（ドル）
0	1,000	3,207	3.21
15	850	2,299	2.70
25	750	1,809	2.41
35	650	1,397	2.15

注記：限界税率は20年間変わらないとした。
出典：ICI calculations

て、貯蓄に回す報酬の課税の取扱いを比較することで示すことが可能である。たとえば、現在の税引前報酬のうち1,000ドルを20年間課税対象の投資口座に留保する就労者が、年利6.0％の債券に投資し、20年間限界税率が変わらないケースで比較してみる（図4.4）。

» 限界税率がゼロの就労者の場合、税引前報酬の1,000ドルは所得税負担を発生させず、現在の報酬のうち1,000ドルの資金を出すことが可能である（列1）。あるいは、税引後所得のうち1,000ドルを課税対象投資口座に貯蓄可能である。20年間利子を受け取った後、この就労者は消費支出に3,207ドルを充てることが可能である（列2）。

» 限界税率が25％の就労者の場合、税引前報酬の1,000ドルから250ドル（1,000×25％）の所得税を支払った後、750ドルを現在の消費に充てることが可能である（図4.4(1)）。あるいは、750ドルの税引後所得を課税対象投資口座に貯蓄可能である。20年間利子を受け取り、利子所得に対する所得税を支払った後、その就労者は消費に充てる資金として1,809ド

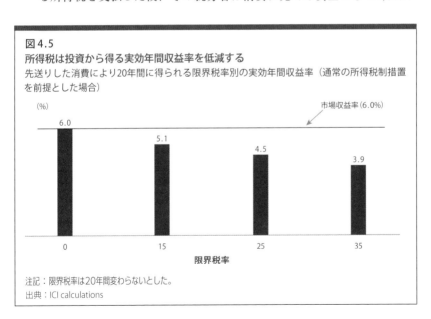

図4.5
所得税は投資から得る実効年間収益率を低減する
先送りした消費により20年間に得られる限界税率別の実効年間収益率（通常の所得税制措置を前提とした場合）

(％)

市場収益率(6.0％)

限界税率	0	15	25	35
	6.0	5.1	4.5	3.9

注記：限界税率は20年間変わらないとした。
出典：ICI calculations

ルを得るだろう（図4.4(2)）。

この例が示すように、高い限界税率の就労者は現行の所得税構造のもとでは、貯蓄のインセンティブはあまりない（図4.4(3)）。限界税率ゼロの就労者では、今日放棄された消費１ドルが20年間で消費に充てるための資金約3.21ドル（3,207ドル/1,000ドル）を生み出す。限界税率25％の就労者では、今日放棄された消費１ドルが20年間で消費に充てるための資金約2.41ドル（1,809ドル/750ドル）を生み出す。

貯蓄のインセンティブは、先送りされた消費で得られる実効年間収益率として示すことも可能である（図4.5）。投資収益に対する限界税率がゼロの就労者は、先送りされた消費で6.0％の市場収益率のすべてを得るのに対し、25％の限界税率の就労者では4.5％の年利の収益を得る[13]。25％の限界税率の就労者は、毎年投資所得の25％または資産の1.5％（６％×0.25）の所得税を支払わなければならない。

通常の所得税制措置は貯蓄を阻害する。所得税がなければ、現在と将来の支出のトレードオフは市場で定められた投資収益率で決定される。所得税は投資で得られる市場収益率と納税者が受け取る税引後収益率の間に楔を打ち込む。そして就労者の限界税率が高くなると、この楔の幅は大きくなる。

課税繰延は貯蓄に対するバイアスを取り除く

課税繰延は所得税に内在する貯蓄の阻害要因を取り除く。これは、報酬が課税繰延された場合の現在と将来の支出について、同様の計算をすることによって説明可能である（図4.6）。

» 限界税率がゼロの就労者では、1,000ドルの税引前報酬を1,000ドルの現在の消費に使用することが可能である（図4.6(1)）。あるいは、1,000ドル全額を401(k)プランに拠出することも可能である。6.0％の利子を受け取り、20年後に401(k)プラン口座は3,207ドルの残高となる。分配を受ける際、この就労者は依然として限界税率がゼロであると仮定するので、20年間で3,207ドルの口座残高全額を消費に充てることが可能となる

（図4.6(2)）。

» 限界税率が25％の就労者の場合、税引前報酬の1,000ドルから250ドル（1,000×25％）の所得税を支払った後、750ドルを現在の消費に充てる（図4.6(1)）ことが可能である。あるいは、1,000ドル全額を401(k)プランに拠出することも可能である。6.0％の利子を受け取り、20年後に401(k)プランは3,207ドルの残高となる。引出し時に、所得税802ドル（3,210ドル×25％）が発生し、20年間で2,405ドル（3,207ドル－802ドル）を消費に充てることが可能となる（図4.6(2)）。

この例で示されたとおり、限界税率が時間の経過とともに変化しないと仮定すると、すべての就労者は、それぞれの限界税率に関係なく、同じ貯蓄のインセンティブを得ることになる（図4.6(3)）。限界税率がゼロの就労者では、貯蓄のインセンティブは通常の所得税構造において同じ取扱いを受ける課税繰延と同じである。すなわち、今日先送りされた消費1ドルが20年間で

図4.6
課税繰延は貯蓄の阻害要因を排除する
課税繰延によって、今年度に投資した1,000ドルが20年間に生み出す税引後所得（就労者の限界税率ごと）

仮定			
初期報酬			1,000ドル
収益率（年間支払い利子）			6%
投資期間			20年間

限界税率	（1） 税引後所得のうち今年の 消費に支出可能な額	（2） 20年間に消費支出が可能な 税引後所得	（3） 現時点の1ドルの消費放棄 により将来消費に回せる額
（%）	（1）（ドル）	（2）（ドル）	（2）／（1）（ドル）
0	1,000	3,207	3.21
15	850	2,726	3.21
25	750	2,405	3.21
35	650	2,085	3.21

注記：限界税率は20年間変わらないとした。
出典：ICI calculations

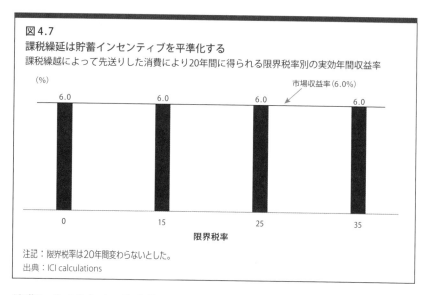

図4.7
課税繰延は貯蓄インセンティブを平準化する
課税繰越によって先送りした消費により20年間に得られる限界税率別の実効年間収益率

(%)

市場収益率(6.0%)

6.0　　　　　6.0　　　　　6.0　　　　　6.0

0　　　　　　15　　　　　　25　　　　　　35
限界税率

注記：限界税率は20年間変わらないとした。
出典：ICI calculations

消費に充てるための資金約3.21ドル（3,207ドル/1,000ドル）を生み出す。しかしながら、課税繰延の場合、他のすべての就労者も限界税率ゼロの就労者と同様の効果が得られるので、貯蓄のインセンティブを高める。たとえば、25%の限界税率の就労者が今日先送りした消費の1ドルは20年間で消費に充てるための約3.21ドル（2,405ドル/750ドル）を生み出す。

　実効年間収益率として表すと、就労者の限界税率に変化がない場合、すべての就労者は課税繰延された先送り消費から6.0%の収益を得る[14]。事実上、すべての就労者は、課税繰延によって投資所得に限界税率ゼロが課される。このようにして、課税繰延は、投資家が受け取る市場収益率と税引後収益率の間に楔を打ち込み、貯蓄のインセンティブを平準化する。

6人の代表的就労者にとっての貯蓄インセンティブ

　就労者の限界税率が経年的に変化する場合、貯蓄インセンティブの分析はよりむずかしくなるが、先に分析した6人の代表的就労者を使えば説明が可能である。限界税率の変化と社会保障給付支払いとの相互作用を完全に考慮

しても、低生涯所得の代表的就労者の貯蓄インセンティブは、通常高生涯所得の就労者のインセンティブと同じくらい、またはそれより高くなる。

限界的な貯蓄インセンティブを計算するため、各代表的就労者は、現行政策に基づく基準シミュレーションと異なり、報酬の追加的1ドルを50歳時に貯蓄に充て、71歳時に貯蓄とすべての投資収益を一括して引き出す。71歳時の税引後一括分配は、50歳時の消費減少に対する実効収益率を計算するために使用する[15]。

限界的な貯蓄インセンティブは、それぞれに2つの基準が提示され、課税対象貯蓄と課税繰延貯蓄の両方について計算される。退職後の低限界税率の影響を区分するため、第一の計算では、AGIに含まれる社会保障給付支払いが現行政策に基づく基準シミュレーションにあるものと同一であると仮定して導出される。第二の計算では、就労者が直面する真の限界インセンティブを示しており、AGIに含まれる社会保障給付支払額が基準シミュレーションに比例して変化することを許容して導出される。

AGIの社会保障給付の割合を固定した実効収益率

通常の所得税構造においては、すべての就労者に対して貯蓄の実効収益率を下げているが、生涯所得が増加するにつれ貯蓄インセンティブは減少する（図4.8の上段パネル）。現行政策に基づく基準シミュレーションでは、市場収益率は5.8％と仮定されている。AGIの社会保障給付の割合を固定すると、課税対象貯蓄の実効収益率は、所得21,000ドルの就労者の4.6％から、所得234,000ドルの就労者の3.3％の範囲となる[16]。

区分してみると、退職後の限界税率の低下は、税が繰り延べられた場合、貯蓄インセンティブを高める（図4.8の上段パネル）。限界税率が時間の経過とともに変化しない場合、課税繰延された報酬の実効収益率は、すべての就労者で市場収益率が5.8％となることを思い出してほしい。AGIに含まれる社会保障給付支払いの割合を固定すると、すべての6人の就労者は、全員が退職後に限界税率の引下げを経験するため、5.8％よりも大きな実効収益率

を得る。そして、退職後に限界税率が最も低下する就労者は、課税繰延によって最も高い貯蓄インセンティブを得て、所得21,000ドルの就労者で6.9%、所得69,000ドルの就労者で6.8%となる[17]。

退職後の限界税率の低下を考慮すると、貯蓄インセンティブはもはやすべての就労者で同一ではないが、明らかに逆効果ではない。最も生涯所得の低い代表的就労者3人の課税繰延の貯蓄インセンティブは、最も生涯所得の高い3人の就労者と同程度か、それより高い（図4.8の上段パネル）。

AGIの社会保障給付の割合が変化する場合の実効収益率

AGIの社会保障給付の割合が変化すると、より中間の生涯所得（所得43,000ドル、所得69,000ドル、所得92,000ドル）の就労者で貯蓄インセンティブを引き下げるが、他の3人の就労者では計測されたインセンティブに影響を与えない（図4.8の上段と下段パネルの比較）。これらの就労者では、社会保障給付支払い排除の段階的な範囲にあるので、追加的退職後所得についてAGIに含まれる社会保障給付支払いの割合が増える。

社会保障給付支払いへの課税は、より適度な所得を得ている就労者で、課税対象口座への貯蓄のインセンティブをやや低下させる（図4.8の上段と下段パネルの比較）。これは、AGIに含まれる社会保障給付の割合が、退職後に発生する利子所得のみによって影響を受けるためである。たとえば、AGIに含める社会保障給付支払いの割合を変えることによって、所得92,000ドルの就労者で、3.7%（図4.8上段パネル）から3.4%（図4.8下段パネル）へと課税対象口座での実効収益率が下がる[18]。

対照的に、社会保障給付支払いの課税は、より中間の所得の就労者において、課税繰延による貯蓄インセンティブを著しく低下させる（図4.8の上段と下段のパネルの比較）。これは、AGIに含まれる社会保障給付の割合が、退職金制度からの拠出元本と、繰延期間中に発生したすべての利子所得を含む全額の引出しによって影響を受けたためである。たとえば、AGIに含まれる社会保障給付支払いの割合の変化を許容する場合、課税繰延により実効収益率

図4.8
課税繰延によって6人の代表的就労者はより均等な貯蓄インセンティブを得る
先送りした消費によって20年間に得られる限界税率別の実効収益率（%）（通常の所得税制措置と課税繰延の場合）

AGIに含まれる社会保障給付支払いの割合を固定したシミュレーションから算出[1]

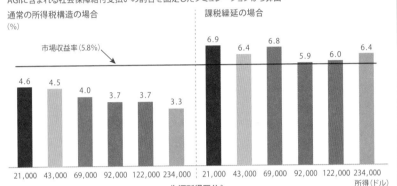

AGIに含まれる社会保障給付支払いの割合を変化させるシミュレーションから算出[1]

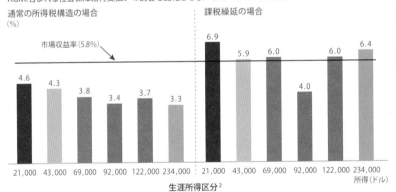

[1] 50歳時の報酬1ドルによる追加貯蓄の実効年間収益率。資金は71歳時に一括して引き出される。
[2] 生涯所得区分はBrady 2010により示された所得区分に基づく。詳細については、図2.3を参照のこと。
出典：ICI calculations

が所得92,000ドルの就労者で5.9%（上段パネル）から4.0%（下段パネル）に低下する[19]。

　図4.8に示すように、現行の所得税構造において課税繰延は貯蓄の阻害要因以上をオフセットするが（上段パネル）、中間以上の所得の就労者では、社会保障給付支払いの段階的除外によって導入される貯蓄の阻害要因を完全にオフセットできない可能性がある（下段パネル）。

　しかしながら、社会保障給付支払いの課税が考慮されても、インセンティブは逆効果ではない（図4.8の下段パネル）。その代わりに、最も生涯所得の低い3人の代表的就労者では、貯蓄インセンティブは平均してより高くなる。所得21,000ドルの就労者、所得43,000ドルの就労者、および所得69,000ドルの就労者の、50歳時の401(k)プランへの追加的1ドルの拠出当りの実効収益率は、それぞれ6.9%、5.9%、6.0%、または平均で6.3%となる。これを所得92,000ドルの就労者、所得122,000ドルの就労者、および所得234,000ドルの就労者の実効収益率と比較すると、それぞれ4.0%、6.0%、6.4%、または平均で5.5%となる。

■ 要　　約

　この章では、この研究で分析された6人の代表的就労者のシミュレーション結果を用いて課税繰延についての一般的な誤解を払拭した。従前の研究とは対照的に、このシミュレーションは、所得税の設計ではなく、社会保障制度の設計に起因して、課税繰延恩典が生涯所得とともに増加することを示す。またこのシミュレーションは、課税繰延が貯蓄インセンティブに「逆効果」のインセンティブを与えるどころか、適用される限界税率に関係なく、就労者全般にわたって貯蓄インセンティブを平準化することを示している。

　課税繰延に対する一般的な批判は、限界税率が高いため高生涯所得の就労者は、繰延報酬の全てのドルからより大きな税制優遇を得ているということである。しかしながら、実際には、報酬の1ドルの繰延から就労者が得る限

界的な恩典は、就労者の限界税率と密接には関連していない。この研究で分析された代表的就労者では、課税繰延の限界的な恩典は、退職後に限界税率が最も大きく低下する低生涯所得の就労者でより大きい。

高生涯所得の代表的就労者も課税繰延からより大きな恩典を得るが、これは繰り延べた報酬の１ドルごとにより大きな恩典を得ているからではなく、報酬のより多くの割合を繰り延べているからである。報酬のより多くを繰り延べている理由は、社会保障給付支払いが退職前所得の小さい割合しか代替しないからである。

課税繰延に対する批判は、これが貯蓄に「逆効果」のインセンティブを与えるというものである。そのため課税繰延が存在することで、所得の低い就労者よりも所得の高い就労者により大きな貯蓄のインセンティブを与えるといわれてきた。

貯蓄のインセンティブは、所得税ではなく、資本市場と信用市場への投資収益によって与えられる。貯蓄するために人々は今日の支出を減らす必要がある。今日支出を減らすことへの報酬は、将来支出を増やすことが可能ということである。現在と将来の支出のトレードオフは、貯蓄のインセンティブを表す。今日１ドル支出を減らしたら、将来どのくらい支出を増やすことができるだろうか？このトレードオフの条件を設定するのは、投資から得る収益の税引後収益率である。

「逆効果」のインセンティブを与えるどころか、課税繰延が貯蓄のインセンティブを平準化している。投資収益の一部をとりさることで、通常の所得税制措置は貯蓄を阻害し、結果として、高限界税率の就労者は最も貯蓄のインセンティブが低くなる。効果的に投資収益に税率ゼロを課すことにより、課税繰延はすべての就労者にほぼ同じだけ貯蓄するインセンティブを与えている。

第4章 — 注記

1　これらの提案では、課税繰延の前倒しの恩典は、直接制限するか、定額払戻可能な税額控除または政府マッチング拠出に変更される。課税繰延の前倒しの恩典を直接制限する提案例としては、2013会計年度から始まる大統領予算提案（U.S. Department of the Treasury 2012、2013、2014、2015）およびHouse Ways and Means Chairman Camp's 2014 税制改革提案（Tax Reform Act of 2014）を参照のこと。定額払戻可能税額控除の提案例としては、Batchelder, Goldberg and Orszag 2006を参照のこと。政府マッチング拠出の提案例としては、Gale, Gruber, and Orszag 2006、Gale 2011およびGale, John, and Smith 2012を参照のこと。これらの提案の詳細な説明は付論を参照のこと。

2　課税繰延の限界的な恩典は、次の3つの同等な測定の1つを使って計算できる。すなわち、（a）生涯に支払う税額の現在価値、（b）政府が負担する生涯財政費用の現在価値、または（c）純退職後所得の増加分の現在価値である。

3　課税繰延報酬への追加的拠出の恩典に影響するすべての要因に関する詳細な論議は、Brady 2012bを参照のこと。限界税率が課税繰延の恩典に与える影響に関する議論については、Brady 2012b, 18〜21ページおよびBrady 2013bを参照のこと。

4　退職後資金制度において追加の1ドルの拠出の恩典が最大になる税率は、繰延期間によって異なる。繰延が1年間の場合、限界税率に変化がないと仮定して、退職後資金制度への追加的1ドルの拠出は、限界税率が50％の時に最大の恩典をもたらす。恩典が最大化される限界税率は、繰延期間が長くなるほど低下する。Brady 2012b, 18〜21ページを参照のこと。

5　簡単な評価式の導出については、Brady 2012b, 34〜40ページを参照のこと。拠出時と分配時の限界税率が同じであり、期待される投資収益が割引率と同じであり、投資収益が年利払いの形式であり、分配が一括払いである場合、課税繰延の限界的な恩典を（現在価値ベースで）算出するための計算式は、次のようになる。

$$[(1-t)(1+r)^T - (1-t)(1+r(1-t))^T]/(1+r)^T$$

ここで、
　t ＝就労者の限界税率
　r ＝期待される投資収益率と割引率
　T ＝拠出から一括分配までの年数

6　簡単な評価式の導出については、Brady 2012b, 34〜40ページを参照のこと。就労者の退職後に限界税率は低下するが、本章の注記5に示す他のすべての仮定が変わらない場合、課税繰延の限界的な恩典を（現在価値ベースで）算出するための計算式は、次の

ようになる。

$$t^W + \sum_{n=1}^{R-1} \frac{t^W r\left[\left(1-t^W\right)\left(1+r\left(1-t^W\right)\right)^{n-1}\right]}{(1+r)^n} + \sum_{n=R}^{T} \frac{t^R r\left[\left(1-t^W\right)\left(1+r\left(1-t^W\right)\right)^{R-1}\left(1+r\left(1-t^R\right)\right)^{n-R}\right]}{(1+r)^n} - \frac{t^R(1+r)^T}{(1+r)^T}$$

ここで、
t^W ＝就労者の就労中の限界税率
t^R ＝就労者の退職後の限界税率
r ＝期待される投資収益率と割引率
n ＝拠出時からの年数の指数、拠出年＝0、退職年＝R、分配年＝T

7　この仮定を用いた簡単な計算により、シミュレーションが導出した評価にほぼ近い限界的な恩典の評価が算出されたため、一括分配の年齢を71歳とした。すなわち、限界税率の変化（本章の注記6の議論を参照のこと）を勘案した簡単な計算において、分配年齢71歳を前提とすると、限界的な恩典の評価はシミュレーションで導出したものとほぼ同等になる。限界税率の変化を勘案した簡単な計算は報告されていないが、請求あれば利用可能である。

8　課税繰延の限界的な恩典についてのより詳細な分析は、Brady 2012bを参照のこと。

9　所得234,000ドルの就労者の場合、すでに法定の最大額を拠出しているため、就労者の拠出制限は無視した。

10　401(k)プランへの拠出には変化はなかった。所得21,000ドルの就労者以外のすべての就労者は、すでにすべて最大の雇用者マッチング拠出を受け取っている。追加のマッチング拠出を受ける資格はあるが、所得21,000ドルの就労者の雇用者拠出にはいっさい変更はなく、シミュレーションは繰延報酬の追加的1ドルの限界的な恩典を測定する。

11　たとえば、Gale, Iwry, and Orszag 2005、Valenti and Weller 2013、およびCorporation for Enterprise Development 2014を参照のこと。

12　退職後に限界税率が増加する就労者は、全市場収益率から、税率増加の影響を差し引いたものを受け取る。シミュレーションでは、現在の税制政策、インフレ調整、すべての年における適用を前提として、6人の代表的就労者の限界税率は退職後にすべて低下する。

13　すなわち、将来における1,809ドルの消費は、現在750ドルの消費を20年間4.5％で複利換算したことと同等になる。これを数式で表現すると、1,809ドル＝750ドル*(1.045)^{20}。

14　すなわち、すべての就労者にとって、将来の消費は、20年間6.0％で複利換算した現在の消費と同等になる。これを数式で表すと、3,207ドル＝1,000ドル*(1.06)^{20}、2,726

ドル＝850ドル*(1.06)^{20}、2,405ドル＝750ドル*(1.06)^{20}、および2,085ドル＝650ドル*(1.06)^{20}となる。

15 数学的には、実効収益率は次の式から算出される率である。

$$C_{71} = S_{50}(1 + r)^n$$

ここで、

r ＝実効収益率

C_{71} ＝71歳時に税引後一括分配

S_{50} ＝50歳時の支出の減少

n ＝投資年数（この場合21年）

16 AGIに含まれる社会保障給付の割合を一定とすると、課税対象口座における投資収益への実効限界税率（市場年間収益率と実効税引後収益率の差として計算）は、所得21,000ドルの就労者で20.1％、所得43,000ドルの就労者で23.1％、所得69,000ドルの就労者で31.9％、所得92,000ドルの就労者で35.5％、所得122,000ドルの就労者で36.7％、所得234,000ドルの就労者で44.0％となる。

17 AGIに含まれる社会保障給付の割合を一定とすると、課税繰延口座の投資収益に対する実効限界税率（市場年間収益率と実効税引後収益率の差として計算）は、所得21,000ドルの就労者で△19.5％、所得43,000ドルの就労者で△11.1％、所得69,000ドルの就労者で△17.9％、所得92,000ドルの就労者で△0.9％、所得122,000ドルの就労者で△3.9％、所得234,000ドルの就労者で△9.7％となる。

18 AGIに含まれる社会保障給付の割合が変動することを許容すると、課税対象口座の投資収益への実効限界税率（市場年間収益率と実効税引後収益率の差として計算）は、所得43,000ドルの就労者で25.1％、所得69,000ドルの就労者で34.9％、所得92,000ドルの就労者で40.6％となる。その他の代表的就労者の実効限界税率は本章の注記16で報告されているものと同じである。

19 AGIに含まれる社会保障給付の割合が変動することを許容すると、課税繰延口座の投資収益の実効限界税率（市場年間収益率と実効税引後収益率の差として計算）は、所得43,000ドルの就労者で△2.4％、所得69,000ドルの就労者で△3.7％、所得92,000ドルの就労者で30.2％となる。他の代表的就労者の実効限界税率は本章の注記17で報告されているものと同じである。

A Closer Look at the Effect of Social Security on Income Tax Liability

所得税負担に対する
社会保障の影響の
詳細な考察

▶ 社会保障制度は、6人すべての代表的就労者の生涯にわたる所得税負担を軽減する。実際、最も所得の高い就労者以外の全員について、社会保障の所得税の恩典は課税繰延に関連する租税支出よりも大きい。

▶ 現行の所得税構造と比較すると、雇用者が負担する社会保障給与天引き分を排除し、投資所得を減らすと、社会保障は就労者の所得を減少させる。課税対象となる投資所得の減少が与える影響が最も大きく、端的にいえば、課税対象の投資口座に拠出した給与の12.4%がかなりの投資所得を生み出している。

▶ 課税対象所得を減らすことに加え、社会保障制度は生涯所得の低い就労者の限界税率を引き下げる。社会保障がなければ、追加的課税所得はこれらの就労者をより高い法定納税カテゴリーに押し込んでしまう。

第2章で述べたとおり、Goodfellow and Schieber（1993）、Schieber（2012、2014）、およびSmith and Toder（2014）などの従前の研究では、社会保障給付の純支払いを使用している。すなわち、社会保障給付支払いの現在価値から、徴収した社会保障費の給与天引き分の現在価値を差し引いたものを使って、社会保障制度の恩典を測定している。しかしながら、純給付金基準は、社会保障の所得税優遇措置を無視しているため、結果として、課税繰延に使用された恩典の基準と一致しない。

　社会保障給付金の純支払いの測定に加えて、本書の分析では現行の所得税構造と比較した、社会保障制度によって生じる所得税負担の軽減も測定する。社会保障は、6人すべての代表的就労者にとって、生涯の所得税負担を軽減する。実際、最も所得の高い就労者を除いた全員について、課税繰延に関連する租税支出よりも社会保障に関連する恩典のほうが大きい（図2.14を参照）。

　このセクションでは、社会保障制度の生涯恩典の評価に重点を置いて、社会保障が所得税負担に与える影響を詳細に評価する。そして、社会保障の租税支出評価により、租税支出の概念の限界について判明した内容を述べる。

■ 社会保障はどのように所得税負担に影響するか

　第3章で説明したとおり、税負担は課税所得に税率表を適用することで決定される。課税対象所得とは、AGIから人的控除を差し引き、項目別控除と標準控除のうち大きいほうを差し引いたものである[1]。課税所得に適用される税率は税率表で決定される。連邦の所得税率体系は累進的で、課税所得が増えると税率も高くなる。

　税負担に対する政策の影響を評価する場合、法定税率と限界税率の2つの税率が重要となる。納税者の課税所得の最後の1ドルに適用される税率表の税率は、納税者の*法定税率*といわれる。*限界税率*という用語は、納税者の課税対象所得が、たとえば1ドルなど少額上昇する場合に適用される事実上の

税率を指す。

　社会保障制度は、AGIを変更することと課税対象所得を変更することで主に税負担に影響を与える。場合によっては、課税所得への影響が代表的就労者の限界税率を変更するほどに大きくなり、これがAGIにおける変更の影響を増幅する。

社会保障が調整総所得に及ぼす影響

　第2章で説明したとおり、社会保障給付への課税は、雇用者が提供する退職金制度の課税をモデルにしている（DeWitt 2001）。したがって、社会保障制度の恩典は、課税繰延の評価と同じ方法で見積もられる。

　社会保障制度は、就労中と退職後の両方の税負担に影響を与える。社会保障がない場合、就労者は給与の12.4％を課税対象の個人口座に拠出すると仮定する。現行政策のもとでは、従業員から得た給与の6.2％はAGIに含まれる。現行政策と異なり、雇用者から得た給与の6.2％もAGIに含める。さらに、課税対象個人口座から得た利子所得もAGIに含まれる。退職後、口座の残高は、保険数理的に公正で物価連動の年金を購入するために使用される。未実現投資収益に相当する年金給付の一部のみが、退職後AGIに含まれ、この場合30.1％となる[2]。

　第3章の課税繰延の分析で行われたように、AGIに対する社会保障制度の影響は、まず所得69,000ドルの就労者で詳細を示し、その後すべての代表的就労者の結果を評価する。所得69,000ドルの就労者は、40歳時点で、35歳から44歳までの学士の学位をもつ常勤・通年就労者の中央値所得と同等になる。40歳時で所得69,000ドルの就労者は、35歳から44歳までで所得のあるすべての就労者のなかで73パーセンタイルにある。

所得69,000ドルの就労者の実例結果

　所得69,000ドルの就労者では、社会保障は就労中の平均AGIを、課税繰延と社会保障の両方なしの場合の85,439ドルから、課税繰延なしで社会保障あ

りの場合の73,136ドルへと約12,300ドル引き下げる（図5.1の上段パネル）。課税繰延と同様、AGIは社会保障によって引き下げられる。その理由は、就労者がForm 1040の 7 行目（「所得、給与、チップなど」を記入する行）で報告する所得がより少ないこと、そして就労者の課税対象利子所得がより少ないためである。社会保障は、報告される賃金所得よりも課税対象利子所得により大きな影響を与える。

　所得69,000ドルの就労者では、社会保障は32歳から66歳の平均で、年間約4,300ドルまでForm 1040の 7 行目に報告する所得を引き下げる。第 3 章で説明したとおり、課税繰延なしで社会保障ありの場合、所得69,000ドルの就労者は平均でForm 1040の 7 行目に70,790ドルを含める（図5.1の上段パネル）。これは賃金所得としての69,299ドルプラス401(k)プランへの雇用者マッチング拠出の1,491ドルからなる金額である。課税繰延も社会保障もない場合、所得69,000ドルの就労者は社会保障天引き部分として4,297ドルも含める [3]。この結果、Form 1040の 7 行目に75,086ドルが報告される。

　就労中、社会保障は所得69,000ドルの就労者で平均年間約8,000ドル課税対象利子所得を引き下げる（図5.1の上段パネル）。課税繰延なしで社会保障ありの場合、所得69,000ドルの就労者は、32歳から66歳の平均で、2,346ドルの利子所得をAGIに含める。課税繰延も社会保障もない場合、所得69,000ドルの就労者は、課税対象の社会保障個人投資口座から平均で8,007ドルの利子所得をAGIに含める。

　所得69,000ドルの就労者では、課税繰延よりも社会保障のほうが課税対象利子所得に大きな影響を与える。これは、社会保障においての課税対象投資口座に蓄積される資産のほうが、401(k)プランを代替する課税対象個人投資口座に蓄積される資産よりも多いという事実を反映している。所得69,000ドルの就労者の場合、社会保障税はシミュレーションの最初から徴収され、401(k)プランへの拠出を43歳まで開始しないことが、より資産が蓄積される主な理由である。さらに、社会保障税は所得の12.4%であるのに対し、雇用者と従業員あわせた401(k)プランへの負担分は賃金所得の9.0%であるため、

図 5.1
所得69,000ドルの就労者の調整後総所得（AGI）に対する社会保障の影響
すべてのドル額は実質米ドル（2014年基準）

就労中（32〜66歳の平均）

課税繰延なし、社会保障なし	
調整後総所得（AGI）	85,439
Form1040の 7 行目（賃金所得、給与、チップ等）	75,086
賃金所得	69,299
401(k)プランへの雇用者供出	1,491
社会保障税の雇用者負担	4,297
課税対象個人投資口座からの利子所得	10,353
課税繰延なしの利子所得	2,346
社会保障なしの利子所得増分	8,007
課税繰延なし、社会保障あり	
調整後総所得（AGI）	73,136
Form1040の 7 行目（賃金所得、給与、チップ等）	70,790
賃金所得	69,299
401(k)プランへの雇用者供出	1,491
課税対象個人投資口座からの利子所得	2,346

退職後（67歳以上の生存率調整後の年間平均）

課税繰延なし、社会保障なし	
総退職後所得	33,607
社会保障給付支払い	23,935
401(k)プラン分配	9,672
調整後総所得（AGI）	$10,126
社会保障給付支払い（30.1%）	7,212
401(k)プラン分配（30.1%）	2,914
課税繰延なし、社会保障あり	
総退職後所得	40,311
社会保障給付支払い	30,639
401(k)プラン分配	9,672
調整後総所得（AGI）	$8,008
社会保障給付支払い（16.6%）	5,094
401(k)プラン分配（30.1%）	2,914

注記：生涯所得区分はBrady 2010により示された所得区分に基づく。詳細については、図2.3を参照のこと。四捨五入のため項目を合計しても総計に一致しないことがある。

出典：ICI simulations

より多くの資産が蓄積される。

　退職後の個人では、所得69,000ドルの就労者の場合、課税繰延と社会保障両方なしの場合の年間10,126ドルから、課税繰延なしで社会保障ありの場合の年間約8,008ドルと、社会保障がややAGIを引き下げる（図5.1の下段パネル）。退職後所得の合計（社会保障給付プラス401(k)プラン分配）は実際、課税繰延と社会保障なしの場合の33,607ドルから、課税繰延なしで社会保障ありの場合の40,311ドルへ増加する。しかし、退職後総所得のうち社会保障付きのAGIに含まれる割合は少ない。社会保障なしの場合、社会保障の課税対象個人投資口座からの年金分配の30.1％（7,212ドル/23,935ドル）がAGIに含まれる。社会保障ありの場合、所得69,000ドルの就労者では社会保障給付のうちわずか16.6％（5,094ドル/30,639ドル）のみを平均でAGIに含める。

すべての代表的就労者の結果

　すべての代表的就労者について、社会保障は就労中のAGIを著しく引き下げる。たとえば、AGIは所得21,000ドルの就労者では6％（26,100ドルから21,900ドル）、所得122,000ドルの就労者では14％（154,000ドルから133,000ドル）、所得234,000ドルの就労者では8％（279,000ドルから258,000ドル）の減少となる（図5.2の上段パネル）。他の就労者と比較して、所得234,000ドルの就労者の賃金所得および利子所得に与える影響は比例的に小さい。その理由は、そのキャリアを通じて所得が社会保障所得の上限以上なので、賃金所得の一部に対する社会保障税のみを支払っているからである。

　個人が退職すると、社会保障の税負担に与える影響ははるかに少ない。退職後総所得（社会保障給付プラス401(k)プラン分配）は増加するが、社会保証給付のより少ない割合がAGIに含まれるため、社会保障制度は最も低所得の就労者4人で退職後のAGIを引き下げる。これらの就労者では、AGIの減少が約1,000ドルから約3,000ドルの範囲となる（図5.2の下段パネル）。対照的に、社会保障制度は所得122,000ドルの就労者では退職後総所得を減少させるが、AGIに含まれる社会保障給付の割合を増加させ（図5.2には示されてい

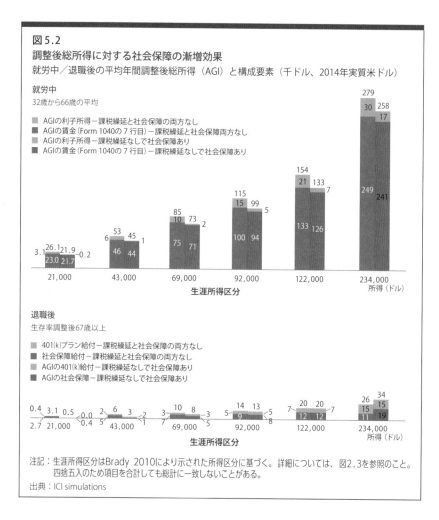

図 5.2
調整後総所得に対する社会保障の漸増効果
就労中／退職後の平均年間調整後総所得（AGI）と構成要素（千ドル、2014年実質米ドル）

就労中
32歳から66歳の平均

- AGIの利子所得−課税繰延と社会保障の両方なし
- AGIの賃金（Form 1040の7行目）−課税繰延と社会保障両方なし
- AGIの利子所得−課税繰延なしで社会保障あり
- AGIの賃金（Form 1040の7行目）−課税繰延なしで社会保障あり

退職後
生存率調整後67歳以上

- 401(k)プラン給付−課税繰延と社会保障の両方なし
- 社会保障給付−課税繰延と社会保障の両方なし
- AGIの401(k)給付−課税繰延なしで社会保障あり
- AGIの社会保障−課税繰延なしで社会保障あり

注記：生涯所得区分はBrady 2010により示された所得区分に基づく。詳細については、図2.3を参照のこと。四捨五入のため項目を合計しても総計に一致しないことがある。
出典：ICI simulations

ない）、AGIは20,000ドルでほぼ変化しない（図5.2の下段パネル）。所得234,000ドルの就労者では、社会保障制度は退職後総所得とAGIの両方を増加させ、AGIは約26,000ドルから34,000ドルに増加する。

社会保障が限界税率に与える影響

　社会保障制度が限界税率に与える影響は、生涯所得によって異なる。低所得就労者の場合、社会保障は就労中の限界税率を下げ、退職後は限界税率にほとんど影響を与えない。高所得就労者の場合、社会保障は就労中の限界税率にほとんど影響を与えず、退職後は複合的な影響がある。

就労中

　就労中、社会保障制度は低所得就労者では限界税率を引き下げるが、高所得就労者では限界税率にほとんど影響を与えない。たとえば所得43,000ドルの就労者では、社会保障は就労者の限界税率を28.2％から25.6％と2.6％ポイント引き下げる（図5.3の下段パネル）[4]。社会保障は、所得21,000ドルと所得69,000ドルの就労者両方の限界税率を引き下げ、20.4％から19.7％および31.5％から30.8％と、それぞれ0.7％ポイント下がっている。対照的に、社会保障は高所得就労者にはあまり影響を与えない。限界税率は所得234,000ドルの就労者ではやや下がり、所得92,000ドルと所得122,000ドルの就労者では実際にはやや増加した[5]。

退職後

　退職後、社会保障制度は低所得の就労者2人と最も高所得の就労者では限界税率に影響を及ぼさないが、その他の就労者では複合的な影響を与える（図5.3の右パネル）。課税繰延なしの場合、社会保障制度の有無にかかわらず、就労者は退職後州所得税を支払わない。さらに、所得21,000ドルと所得43,000ドルの就労者は、連邦所得税を支払わず、所得234,000ドルの就労者では、社会保障制度の有無にかかわらず15％の限界税率となる。所得69,000ドル、所得92,000ドル、所得122,000ドルの就労者では、社会保障が限界税率に与える影響は複合的だが、効果はあまりない[6]。

図 5.3
限界税率に対する社会保障の漸増効果
限界所得税率[1]（さまざまなレベルの生涯所得の代表的個人[2]、%）

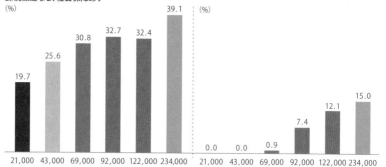

就労中
32歳から66歳までの平均

退職後
67歳以上の生存率調整後の平均

課税繰延なし、社会保障なし
(%)

就労中：20.4 / 28.2 / 31.5 / 32.3 / 32.3 / 39.2
退職後：0.0 / 0.0 / 0.0 / 10.0 / 10.0 / 15.0

21,000　43,000　69,000　92,000　122,000　234,000　｜　21,000　43,000　69,000　92,000　122,000　234,000
所得（ドル）

生涯所得区分[2]

課税繰延なし、社会保障あり
(%)

就労中：19.7 / 25.6 / 30.8 / 32.7 / 32.4 / 39.1
退職後：0.0 / 0.0 / 0.9 / 7.4 / 12.1 / 15.0

21,000　43,000　69,000　92,000　122,000　234,000　｜　21,000　43,000　69,000　92,000　122,000　234,000
所得（ドル）

生涯所得区分[2]

[1] 限界税率は、法定税率を使用して算出しているが、連邦法定税率は項目別控除の制限、代替ミニマム税（AMT）、およびAMT標準控除の段階的廃止との相互作用により調整した。AMTの対象でない納税者、および控除が項目別の納税者の場合、連邦と州の限界税率は州の所得税の控除可能性を考慮して調整されている。AMTの対象である納税者（州の所得税の控除が許されない）、または控除を項目別にしていない納税者の場合、限界税率は単純に連邦と州の限界税率の合算である。プロットされた税率は、対象期間（32歳から66歳、または67歳以上）の代表的就労者の平均税率である。

[2] 生涯所得区分はBrady 2010により示された所得区分に基づく。詳細については、図2.3を参照のこと。

出典：ICI simulations

社会保障が平均税率に及ぼす影響

　AGIと限界税率に対する社会保障制度の影響の組合せは、すべての就労者について就労中に平均税率を引き下げるが、退職後の平均税率にはほとんど影響を与えない。

　税負担に対する課税繰延を調べた分析と同様に、平均税率は所得税負担への社会保障制度の影響を要約するために使われている。平均税率は、支払った連邦ならびに州の所得税の合計と総所得の割合として測定される。総所得の基準は、社会保障がない場合と同様に定義されている。就労中の総所得は、賃金所得から401(k)プランの雇用者負担分を差し引き、従業員の社会保障税を差し引いたものである。退職後、総所得は退職後総所得（社会保障給付と401(k)プラン分配の合計）と等しく設定されている[7]。

就労中

　AGIと限界税率への社会保障の影響は、就労中すべての就労者に対して著しく平均税率を引き下げることにつながる。たとえば、社会保障は所得21,000ドルの就労者で就労中に平均税率を4.2％ポイント低下させ、課税繰延と社会保障の両方なしの場合で14.6％、課税繰延なしで社会保障ありの場合10.4％となる（図5.4の左パネル）。生涯所得が増加するにつれて、実効税率はさらに低下する。社会保障は、平均実効税率を所得43,000ドルの就労者で5.8％ポイント、所得69,000ドルの就労者で6.0％ポイント、所得92,000ドルおよび所得122,000ドルの就労者で6.3％ポイント低下させる。所得234,000ドルの就労者では、所得の大部分が社会保障の所得ベースを超えているので、社会保障の影響は小さく、実効税率は41.8％から38.0％へと3.8％ポイント低下する。

退職後

　個人が退職後になると、社会保障の平均税率への影響はさらに低くなる。課税繰延と社会保障の両方がない場合には、就労者は退職後所得税をほとん

ど支払わないか、まったく支払わない。課税繰延なしで社会保障がある場合、最も低い所得の 2 人の就労者は、引き続き税金を支払わず、最も所得の高い就労者 4 人は税負担に小さな変化を受ける（図5.4の右パネル）。社会保

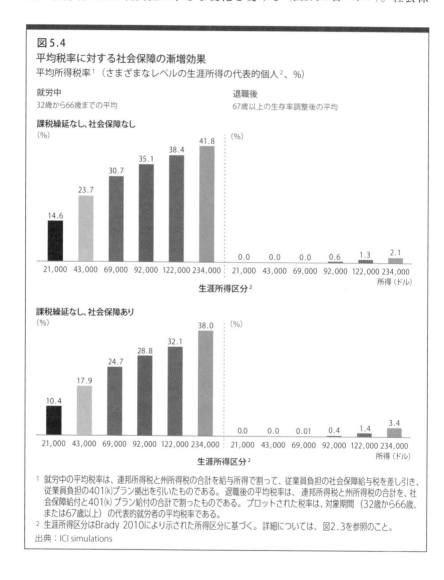

図 5.4
平均税率に対する社会保障の漸増効果
平均所得税率[1]（さまざまなレベルの生涯所得の代表的個人[2]、%）

就労中
32歳から66歳までの平均

退職後
67歳以上の生存率調整後の平均

課税繰延なし、社会保障なし

課税繰延なし、社会保障あり

生涯所得区分[2]

所得（ドル）

[1] 就労中の平均税率は、連邦所得税と州所得税の合計を給与所得で割って、従業員負担の社会保障給与税を差し引き、従業員負担の401(k)プラン拠出を引いたものである。退職後の平均税率は、連邦所得税と州所得税の合計を、社会保障給付と401(k)プラン給付の合計で割ったものである。プロットされた税率は、対象期間（32歳から66歳、または67歳以上）の代表的就労者の平均税率である。
[2] 生涯所得区分はBrady 2010により示された所得区分に基づく。詳細については、図2.3を参照のこと。
出典：ICI simulations

208

障は、所得234,000ドルの就労者の退職後には大きな影響を与え、平均実効税率を、課税繰延と社会保障なしの場合の2.1%から、課税繰延なしで社会保障ありの場合の3.4%に1.3%ポイント引き上げる。

生涯所得税負担に対する影響

多くの研究では、社会保障制度によって提供される純社会保障給付、または、同様に、社会保障制度によって課される純社会保障税に焦点を当てているが、この研究では、社会保障制度に関する租税支出は、多くの就労者にとって社会保障の生涯恩典のより大きな要素であることを示す。

社会保障制度は、就労中の税負担を著しく引き下げ、退職後の税負担にほとんど影響を与えないので、財務上の恩典をもたらすと推定される。一部の社会保障は、雇用者負担分の給与税をAGIから除外することによって、就労中の所得税を引き下げる。しかしながら、最も大きな影響は、社会保障は就労者がAGIに含める投資所得額を減らすことである。社会保障なしの場合、給与の12.4%を課税対象の個人投資口座に毎年拠出する。端的にいえば、これらの口座は著しい課税対象の利子所得を生み出す。低所得者では、税負担に対する追加所得の影響は、就労中により高い限界税率にも直面するために増幅される。

■ 社会保障評価は租税支出の概念の限界を浮き彫りにする

多くの点で、社会保障税支出の評価は非現実的に思えるかもしれない。たとえば、低生涯所得の就労者について所得税が余計に増加することを議会は決して許さないだろうと論ずることはできる。議会は、高所得者がより高い法定税率となるように税率を設定する。低生涯所得の就労者であっても、社会保障制度が課税対象の個人投資口座で代替できるとすれば、すべての就労者はかなりの利子所得を生み出す。すべての就労者において、所得に加えてその課税対象投資口座がかなりの利子所得を生み出すとすれば、「高所得納

税者」について再考が必要となり、議会はこれにあわせて法定税率を変更する可能性がある。

　モデルとすべき代替政策は、議会が社会保障を課税対象の個人投資口座に変更することではなく、単純に社会保障と給与税の社会保障部分の廃止であると主張することもできる。就労者は、追加の手取り給与を貯蓄せず、消費するだろうと主張することもある。また、就労者が追加の手取り給与を貯蓄し、かつ利子所得がない場合、追加の所得税は存在しない利子所得に対しては徴収されない。

　これらの問題は、この研究で取り上げる社会保障の租税支出に固有のものではない。これらは、程度は異なるが、すべての租税支出評価に当てはまる。たとえば、同じ問題は課税繰延の租税支出の文脈でも生じる可能性がある。すなわち、課税繰延が除外されると、議会は就労者の納税を促すため、税率を調整するだろうと主張することができる。また、就労者は貯蓄を減らす、または貯蓄を税負担が最小限になる投資に移行して、投資所得から徴収される所得税額を削減することで、税制措置の変化に反応すると主張することもできる。

　実際に、租税支出は非現実的とみなされるかもしれないが、本研究における恩典評価に対する有効な批判とはならない。本研究で米国の退職後資金支援制度の恩典の評価に利用される手法は、公式な租税支出評価に使用される方法と一致し、最近の所得階層別に租税支出の恩典を配分した研究で使用された手法と一致する。公式の租税支出評価と配分分析は、税制改革の論議で繰り返し参照されてきた実績がある。本研究における恩典評価は、課税繰延の恩典の配分を判断するものと同じ基準によって、課税繰延と社会保障をあわせた米国の退職後資金支援制度の恩典が累進的であることを示している。

　租税支出評価は非現実的だとみなされる事実は、必ずしも租税支出概念や評価方法への致命的な批判というわけではない。租税支出評価は、現行法のもとの特定の税法から個人が受ける税制上の恩典の特定の測定値を示す。すなわち、特定の税法規定を排除し、税法に他の変更は行わず、納税者の行動

も変化しない場合、どれくらい税負担が変化するかを測定する。その評価が何を示しているかが理解されていれば、税制分析に有用な情報を提供する可能性がある。

とはいっても、租税支出評価が非現実的だとみなされる事実は、租税支出の概念と評価方法の限界を浮き彫りにする。租税支出評価は、非常に狭義な質問の回答に他ならない。評価には分析的な価値があるが、それが導き出す回答はアナリストにとって興味深いという程度のものにすぎない。租税支出評価は、直接的な政策上の影響はなく、包括的な税制改革の作業で生じるより広範な政策上の疑問に答えるものでもない。これは租税支出の概念や評価方法を批判するというよりも、租税支出評価がしばしば誤って解釈されるということである[8]。それらは、税法規定が排除された場合に生じる税収の評価でも、将来の税制改革の取組みへの影響についてでもない[9]。さらに、特定の税法規定が租税支出評価に関連しているという事実は、それ自体、税制改革の将来の道筋を示唆していない。

■ 要　約

この章では、社会保障制度が所得税負担に与える影響を詳しく説明した。この研究ではまず、租税支出評価を使用して、課税繰延と社会保障をあわせた恩典を評価する。従前の研究は、正味の恩典の支払い基準を使用して社会保障の恩典を見積もっていたが、社会保障の税負担への影響を無視している。現行税法における社会保障制度の税制措置は、その退職制度に基づいているが、社会保障は所得税負担に同様の影響がある。事実、最も高所得の代表的就労者以外の全員について、社会保障は課税繰延よりも生涯所得税負担を減らしている。

就労中、社会保障は、通常の所得税構造と比較して所得税を著しく減少させると推定される。一部社会保障は、AGIにおける雇用者負担分の給与税を除外することで所得税を引き下げる。しかしながら、社会保障の最も大きな

影響は、就労者がAGIに含む投資所得額を減らすことである。

　個人が退職後になると、社会保障は現行の所得税構造に従って支払われる所得税にほとんど影響を与えない。低所得者の税負担は影響を受けず、高所得者も一般的に比較的影響を受けない。これは、就労中の所得税の減少が、退職後に増加する税金で相殺される課税繰延とは対照的である。

　社会保障制度の租税支出評価は、租税支出概念の限界を示す。租税支出評価は、非常に狭義な質問の回答に他ならない。評価に分析的価値があるかどうかは、関心次第である。租税支出の概念の限界は、特に、租税支出の配分分析については、包括的な税制改正に分析価値はほとんどないことを論じる第6章でさらに詳しく説明する。

第5章 — 注記

1　AGIの基準に含まれるものの詳細な説明は第2章注記10を参照のこと。この研究の代表的就労者は、限られた数の財源から所得を得ており、所得に何も調整をしていないため、AGIの計算は比較的容易である。

2　第2章の注記58を参照のこと。

3　雇用者は5,301ドルの給与税を支払うが（図2.7(6)）、これは社会保障税（OASDI）の4,297ドルとメディケア税（HI）の1,004ドルで構成される。メディケア税の雇用者負担分の所得税の取扱いは、課税繰延と社会保障がない代替的政策シミュレーションにおいて変更がないものと仮定する。

4　課税繰延と社会保障の両方がない場合、所得43,000ドルの就労者の連邦所得税枠は41歳で15％から25％に移行するので、32歳から66歳までの限界税率は平均で低下するが、課税繰延がなく社会保障がある場合は、50歳まで税率の上昇が遅れる。

5　社会保障はこれらの就労者の法定税率に影響を与えない。所得234,000ドルの就労者では、社会保障があると少なくとも2年間AMTの対象になるため、限界税率は低下する。所得92,000ドルと所得122,000の就労者では、社会保障が州所得税負担を引き下げ、その結果あまり項目別控除を申告しないので、限界税率は上昇する。項目別控除は、連邦と州税を合計した限界税率を低下させる。第3章の注記11を参照のこと。

6　これらの就労者では、社会保障は退職直後にAGIを引き下げるが、現行法のもとでは社会保障給付の控除はインフレ調整されないので、退職期の終盤にかけてAGIを引き上げる。AGIのこれらの変更が、どのように就労者間で異なる限界税率の変化につながるのか。所得92,000ドルの就労者では、社会保障は限界税率を退職後の平均で引き下げる。その理由は、早い時期のAGIの減少は低い限界税率につながるが、遅い時期のAGIの増加は限界税率を引き上げないためである。課税繰延と社会保障の両方がない場合、所得92,000ドルの就労者は、退職期を通じて限界税率は10％となる。課税繰延はないが社会保障がある場合、所得92,000ドルの就労者は67歳から71歳まで所得税を支払わず、72歳から限界税率は10％となる。所得69,000ドルと所得122,000ドルの就労者では、社会保障は退職後の平均で限界税率を引き上げる。その理由は、早い時期のAGIの減少は限界税率に影響を与えないが、遅い時期の増加はより高い限界税率につながるからである。課税繰延と社会保障の両方がない場合、所得69,000ドルの就労者は退職期を通じて所得税を支払わず、所得122,000ドルの就労者は退職期を通じて限界税率は10％となる。課税繰延がなく社会保障がある場合、所得69,000ドルの就労者は67歳から89歳まで所得税を支払わず、90歳になると限界税率は10％となり、所得122,000ドルの就労者は67歳から78歳まで限界税率は10％で、79歳から限界税率は15％となる。

7　第3章の注記15を参照のこと。

8　租税支出の概念的根拠までより深く探求しているが、Shaviro 2003は本書で示されている意見とほぼ一致した議論をしている。すなわち、租税支出評価の問題は、概念や評価方法ではなく、むしろどのように評価を解釈するかである。租税支出分析に批判的な学術文献、たとえばBittker 1969、Kahn and Lehman 1992、およびBartlett 2001などは、概念上の欠陥や評価方法に焦点を当てている。このような学術文献の指摘によってもっともな懸念がもたらされることは認めるが、Shaviro 2003は、評価の政策的示唆を過大評価する人々に"偏り"過ぎであり、これらの問題には関心を示していない。「少なくとも米国では、税制改革の1つの特定のビジョンのための道具として使われることによって、租税支出分析の努力は度を過ぎており、不必要にその容認を阻んできた」（Shaviro 2003、67ページ）。欠陥のある基準であるにもかかわらず、租税支出評価は有用な情報を提供する。主な問題は、その情報の政策的な示唆がしばしば誇張されることである。

9　税収評価は，納税者の行動の変化を考慮する必要がある。所得税の包括的改革の影響を予測する際には、おそらく相殺するであろうが、納税者の行動と税法の変更内容を考慮する必要がある。JCT（Joint Committee on Taxation 2014、16～17ページ）と財務省（Office of Management and Budget 2015、219～220ページ）の双方が2種類の評価の違いを説明しているとおり、租税支出評価と税収評価の間に横たわる混乱は非開示によって生じているわけではない。

CHAPTER

6

Is Distributional Analysis of Tax Expenditures Relevant?

租税支出の配分分析は妥当か？

▶ マイクロプログレッシヴィティ（特定の税法条項が累進性に与える影響）についての政策論議は本質をとらえていない。税制全体を累進的にする論理的根拠はあるものの、これらの根拠のいずれにも税法内のすべての規定を累進的にすべきという目標の設定を支持する根拠はない。

▶ 連邦所得税の包括的な改革が実施される場合、政治家は提案された改革に含まれるすべての変化が、どのように税制全体の累進性に影響を与えるかを考えることが重要である。特定の税法の適用が累進性に与える影響は懸念すべきではない。それ自体が累進的ではなくても、所得税法の改革に理にかなった政策目標を達成する条項を導入することは可能である。

▶ これまでの税制改革の取組みは租税支出に焦点を置いてきたが、租税支出が累進性に与える影響は主要な関心事ではなかった。主な関心事は、経済的効率性、簡素さ、そして水平的な公平性をめぐるものであった。

この研究における分析のインセンティブは、租税支出の配分分析が恒常的に税制改革の文脈で行われ、課税繰延の配分分析だけでは米国政府による国民の退職後資金支援制度の恩典の全体像がみえないことにある。従前の研究において課税繰延が判断されたものと同じ基準を用い、この研究では、社会保障と課税繰延が相まって米国の退職後資金支援制度が累進的であることを示している。

　本章では、一歩下がって、本研究の配分分析またはその他の租税支出の配分分析が、将来の税制改革の取組みに大きな役割を果たすべきか否かを考える。著者は、果たすべきではないと考える。租税支出評価の全体には、限定的ながらもいくらかの分析価値があるにしても、租税支出の配分分析に何かしらの分析価値があるかどうかは明確ではない。租税支出の個人納税者への割当てでは、税法全体の累進性への特定の税法条項の影響を正確に測定することはできない。実際に、極端に論理的に考えて、マイクプログレッシヴィティに焦点を置くと、結果を間違える可能性がある。連邦所得税の包括的な改革が行われる場合、重要な考慮点は、完全な税制改革パッケージが所得税全体の累進性に及ぼす影響である。特定の税法規定から得る恩典の配分に対する改革の影響は考慮すべきではない。それ自体が累進的でなくても、理にかなった政策目標に取り組む税制条項を、累進的な所得税に含めることができる。

■ 租税支出と従前の税制改革の努力

　租税支出を排除または制限することは、税制改革の取組みの一貫した焦点であるが、租税支出が累進性に与える影響は、通常重視されているわけではない。累進性とは、支払われた税金が納税者の所得によってどう変わるかをまとめた概念である[1]。所得が増加するごとに、税負担の割合が増える場合、税制は累進的である。所得が増加しても、税負担と所得の割合が固定の場合、税制は中立的である。所得が増加するごとに税負担と所得の割合が減

る場合、税制は逆累進的である。通常、垂直的公平性や累進性への影響よりも、所得税の公平性に対する租税支出の影響に関する懸念が、水平的公平性の中心にある。すなわち、同様の経済状況にある納税者は、同様の税負担をすべきという概念である。

累進的課税の提唱者として知られているにもかかわらず[2]、そして累進型所得税に対する彼の支援が、一部の者にとって租税支出の概念を「汚した」かもしれないという事実にもかかわらず[3] Stanley Surreyは、「租税支出をその累進性への影響のために排除すべき」とは主張しなかった。たとえば、租税支出という用語を考え出す前に、Surreyは「特別税制条項」が税制の公平性に与えた影響に関しても懸念をまとめた。これらの懸念とは、水平的公平性についてである。

> この批判は全体として次のような仮定を含んでいる。(1) 累進的税制、および累進的資産税や贈与税のもとでは、できるだけ公平性や平等性の基準を遵守すべきことは必須である。簡単にいうとこの基準は、所得税負担は同じ所得の者にできるだけ等しく適用されるべきであることを要求している。(2) 議会は、税法を立案する際に必ずしもこの基準を遵守しない、(3) この基準に従わない失敗例が、所得税、資産税、そして贈与税に多くみられるが、これらの失敗はその他の基準からの要請によって正当化されることはない。(Surrey 1957、1146〜1147ページ)。

Surreyは、多くの租税支出の「逆効果」の性質を後に批判したが（Surrey and McDaniel 1976）、その時でさえ、その批判は少なくとも公式的な見解としては、税法の累進性についてではなかった（以下「逆効果の租税支出」を参照）。さらに、Surreyが税制改革の道筋とみなした、限界税率の引下げと租税支出の排除という政策の組合せは、必ずしもより累進的な税法にはつながらなかった。

逆効果の租税支出

　Surreyの租税支出に対する主な批判は、彼がこれらの税法規定に与えた名称が示すとおり、政府は基本的に税法を通じて支出プログラムを実施しているということである。政策目標に追求する価値があるという前提でSurreyは、「政治は政策目標と租税支出が合致することよりも、直接支出プログラムと合致するかを慎重に見極めるべき」と信じていた。Surreyは、この文脈に沿って多くの租税支出の「逆効果」となる性質を批判した。彼は、「特に租税支出に関連する「逆効果」を考えると、直接支出プログラムの方が一般的に租税支出よりも好ましい」と主張した。

　　　　政府が特定の分野を支援することが優先度の高い目標であると仮定すると、その支援は直接プログラムの形式によるべきか、または税制を通じたものにすべきか？最近まで米国では、この疑問の側面にはほとんど考慮が払われず、選択にかかわる要素について何も分析されていなかったので、選択を司る基準が存在しなかった。しかしながら、徐々にではあるが、税制の選択にはさまざまな要素が認識されている。したがって、個人に対する累進的な税率や、中小企業よりも大企業に高い税率を課していることを勘案すると、免除や除外や控除の形式の租税支出は、最も裕福な納税者や大企業に最も大きな支援を提供することが認識されている。租税支出による支援は通常「逆効果」の支援である。さらに、税制を選択することは、課税対象とならない個人、赤字を繰り延べる個人、赤字を繰り延べる法人、非課税法人、政府機関など非納税者への支援を自動的に排除する。この逆効果となる支援の側面が、免除や控除の代わりに税額控除を使用することで軽減される

> 場合であっても、この排除効果は存在する。…逆効果や除外をも
> たらすようなかたちで直接プログラムが構築されないことは明ら
> かである（Surrey and McDaniel 1976、693ページ）。

　1986年税制改正法（TRA '86）までの政策論議では、累進性よりも水平的
な公平性により重点を置いていた。Treasury I（U.S. Department of the
Treasury 1984）とTreasury II（U.S. Department of the Treasury 1985）は、
TRA '86の基盤となった2つの報告書であるが、「公平性、成長性、簡易
性」を目指した税法改革を提案している。租税支出の増殖は、税法の複雑さ
を増し、納税申告書の記入が負担となり、多くの経済的な意思決定に税金へ
の配慮が必要になるとみなされた。また租税支出は、特定の活動を優遇する
ことで経済的な意思決定を歪めたり、所与の税収を得るために小さな課税
ベースに高い法定税率を課したりすることで、経済成長を阻害する要因とも
みなされていた。ここで公正性に対する懸念が持ち上がった際に議論された
ことは、主に水平的な公平性であり、所得税全体の累進性ではなかった。

> 課税基準額の浸食も不公平を生み出す。同じ所得を有する2つの世帯
> において、片方の世帯が税の優遇により所得を受領・支出できること
> を理由に、異なる税額を支払うことは明らかに不公平である（U.S.
> Department of the Treasury 1984、vol.1、5ページ）。

　実際に、TRA '86につながる改革プロセスでは、租税支出が税制の累進性
に及ぼす影響を明らかに無視していた。多くの租税支出が主に高所得者に恩
典をもたらしているという懸念が表明されたが、改革提案は配分の観点から
ほぼ中立的であるとして決定が下された。すなわち、税制改革は、ある所得
区分内の納税者において勝者と敗者を生む結果となったが、所得階層間の相

対的負担はおおむね維持された。

> 根本的な税制改革の研究において、財務省は、それぞれの所得階層に対する税金の現状の配分は、税制改革によって大きく変化しないという単純で実際に使える前提を採用した。税負担の現状の配分に何かしらの変更が望まれる場合は、人的控除の提案や税率表の調整によって実施でき、かつ実施すべきである。特定の所得の源泉や用途に課税の軽重をつけることで達成すべきではない。経済的な中立性と、同じ所得の人はおよそ同じ税金を支払うべきという原則の両方に違反するからである（U.S. Department of the Treasury 1984、vol.1、15ページ）。

■ 課税繰延は現行税制の累進性にどのように影響しているか？

　課税繰延が米国税制の累進性に及ぼす影響は、まず一見単純にみえる質問に答えることなしに判断することはできない。それは「何と比較するか？」である[4]。比較対象として選ばれた代替的税制によっては、課税繰延が税法の累進性を低下させると判断されることもあれば、累進性を高めると判断されることもあり、またまったく影響がないと判断されることもある。

　租税支出を評価するには、現行政策と比較する非常に特定的な代替的政策が必要となる。すなわち、他の税法は変更せずに、関連する税規定を除外した税法である。このような代替的政策と比較すると、課税繰延は税法をそれほど累進的にしていないと判断される。しかし、このような税法の変更は一般的ではない。税法の他の側面を変更せずに租税支出を減らす提案をする研究者もいたが（Senate Budget Committee 2015、Van Hollen 2013）、ほとんどの税法の改革、特に大規模な改革では、複数の税法規定の変更が行われる。たとえば、Debt Reduction Task Force of the Bipartisan Policy Center (2010) とthe National Commission on Fiscal Responsibility and Reform (2010) の両方には、税制改革パッケージに課税繰延の制限が含まれており、法定最

高税率の引下げを含むその他の数多くの税法変更が含まれていた。

代替的政策が、課税繰延を除外し、法定最高税率を引き下げるために追加的に特定の税収を得ようとする税制である場合、課税繰延を許容することは、税法をより累進的するものと判断されるだろう。これは、課税繰延は所得分配を通じて、就労者が支払う税金を減らすものであるが、最高税率が適用される高所得の納税者だけが減税の恩典を得られるからである。

課税繰延が累進性に及ぼす影響を判断するために最も適切な比較は、TRA '86において課税繰延が排除されていた場合、税法がどのようなものになったかを問うことである。税法は常に変化しているが、1986年の税制改革は連邦所得税に関する直近の包括的改革であった。

現行税法と課税繰延を排除したと仮定した1986年税制改革を比較すると、課税繰延は米国の現行税法の累進性に影響を及ぼさないと判断されるであろう。すでに述べたとおり、TRA '86に至った税制改革プロセスは、新しい税制の確立を目指し、それまでの法律と比較して、所得分配上中立的なものであった（すなわち、正味では、所得で区分された納税者集団の全体の税負担を変えなかった）。この改革プロセスの初期段階で掲げた目標を所与とすれば、課税繰延を維持しても排除しても、同程度に累進性のある税法を生み出すはずである。すなわち、もし課税繰延が排除された場合には、TRA '86が税法の累進性に正味の影響を及ぼさないよう、法定税率の引下げなどの他の変更がなされたはずである。

新たに包括的な連邦所得税の改革が実施される場合、課税繰延を制限する決定は、所得税の累進性への影響に関して行われるのではなく、水平的な公平性、経済の成長性、そして簡易性に関して行われることになろう。

特定の税法規定の変更に焦点を当てる前に、税収や累進性に目標を設定するなど、包括的な税法改革に目標を設定することが適切である。たとえば、第2章で示したように、現行所得税と社会保障制度の組合せは累進的であり、生涯所得に対する生涯税負担の割合は、所得21,000ドルの就労者で8.4％、所得234,000ドルの就労者で33.5％と累進的である（図6.1の左パネ

ル)[5]。もし課税繰延が除外され、他の税法に変更がない場合、税と所得移転制度はより累進的になり、生涯所得に対する生涯税負担の割合は、所得21,000ドルの就労者の8.9%から所得234,000ドルの就労者の36.5%の範囲となる（図6.1の右パネル）。税法改正の目標としては、累進性の水準かその他の代替的税法のどちらかが選択される可能性がある。

しかしながら、累進性の目標水準にかかわらず、課税繰延を排除する決定は、これを実施することが、法定税率の調整のような他の方法よりも、累進

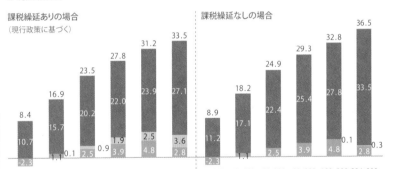

図6.1
代替的税制措置下における生涯総報酬に税金が占める割合
32歳から66歳までの総報酬[1]の現在価値に対する32歳から100歳までに支払う税金の現在価値
（さまざまなレベルの生涯所得の代表的個人）

■ 就労中の納税[2]
■ 退職後の納税[3]
■ 純社会保障税[4]

課税繰延ありの場合
（現行政策に基づく）

	21,000	43,000	69,000	92,000	122,000	234,000
計	8.4	16.9	23.5	27.8	31.2	33.5
就労中	10.7	15.7	20.2	22.0	23.9	27.1
退職後		1.1	0.1 2.5	1.9 3.9	2.5 4.8	3.6 2.8
純社会保障税	-2.3			0.9		

課税繰延なしの場合

	21,000	43,000	69,000	92,000	122,000	234,000
計	8.9	18.2	24.9	29.3	32.8	36.5
就労中	11.2	17.1	22.4	25.4	27.8	33.5
退職後		1.1	2.5	3.9	4.8 0.1	2.8 0.3
純社会保障税	-2.3					

生涯所得区分[5]　　　　　　　　　　　　　　　　所得（ドル）

1　総報酬は、賃金と給与所得、給与税の雇用者負担分（老齢/遺族/障害年金［OASDI］と入院保険［HI］の両方）、401(k)プランへの雇用者マッチング拠出の合計である。
2　就労中に支払う税金には、連邦所得税、州所得税、そして雇用者と従業員が負担するHI給与税の合計額が含まれる。
3　退職後に支払う税金は、連邦所得税と州所得税の合計額である。
4　純社会保障税は、支払う税金の純現在価値（事業者と従業員のOASDI税の両方）から、受け取る社会保障給付支払いの純現在価値を差し引いて算出される。
5　生涯所得区分はBrady 2010により示された所得区分に基づく。詳細については、図2.3を参照のこと。
注記：四捨五入のため、項目の合計が総計に一致しないことがある。
出典：ICI simulations

性の目標水準を達成するために優れた方法であると判断された場合にのみ行われるべきである。この判断には、公平性、経済成長性、簡易性というしばしば衝突する目標に重きを置く必要がある。

■ マイクロプログレッシヴィティ（特定の税法が累進性に与える影響）への誤った焦点

1つの税法規定から得られる恩典の配分に焦点を置くと、税制の論議がうまくいかなくなる可能性がある。累進性の最適な水準にコンセンサスはないが、累進的な課税制度を維持すべき合理的な根拠はいくつか存在する[6]。しかしながら、税法の累進性の合理的な根拠はいずれも、税法のすべての条項が累進的であるべきという目標を支持するものではない。簡単にいえば、マイクロプログレッシヴィティといわれる概念である。

税法にあるすべての条項について累進性を評価するのではなく、税制の累進性は全体として測定されるべきである。それ自体が累進的でなくても、理にかなった政策目標に取り組む税制条項を所得税に含めることができる。そして、税法の他の側面である法定税率などを調整して、望ましい累進性の水準を制度全体で達成することができる。

マイクロプログレッシヴィティは、税法が累進的であるための必要条件ではないだけではなく、その達成に焦点を当て過ぎると、予測に反する結果をもたらす可能性がある。論理的に結論を導くと、マイクロプログレッシヴィティの追求は、税と所得移転制度の累進性を全体として下げる政策の導入につながる可能性がある。

たとえば、高所得就労者は401(k)プランへの拠出からより多くの租税上の恩典を受けると多くの人が懸念する。第3章で説明したとおり、この懸念は見当違いの可能性がある[7]。しかしながら、限界税率が拠出時と分配時で同じである場合、繰延の恩典は限界税率とともに大きくなることは事実である。限界税率が時間の経過とともに変化しない場合、課税繰延の恩典は、課

税対象の貯蓄もしくは投資口座に投資した場合に投資所得に税率ゼロを課すことと同等になる。限界税率がより高い納税者が課税繰延からより大きな恩典を受けるということは、通常の所得税構造のもとで、課税対象の口座で得た投資所得により重く課税することと同じである。

　課税繰延を通じて、高所得者が投資所得に対する実効税率ゼロからより大きな恩典を受けるという「問題」の最も直接的な解決策は、納税者の所得に関係なく、課税対象の口座から得たすべての所得に同じ税率を課すことである。これは、低所得就労者が得た投資所得に対する税率を上げるか、高所得就労者が得た投資所得に対する税率を下げるか、2つの方法のうち1つで達成することができる。いずれの変更も、すべての納税者が、税率ゼロを適用された投資所得の1ドルから同じ税務上の恩典を得ることになり、マイクロプログレッシヴィティを高めることになる。いずれの変更も、税制の累進性を全体として低下させることになる。

　その代わりに、その懸念が、高所得者が退職口座に就労中の早い時期から給与の高い割合を拠出することであれば、その懸念に対応することは、税と所得移転制度全体の累進性を低下させてしまうことになる。第2章で示した現行政策に基づく基準シミュレーションでは、高所得就労者は、社会保障給付が退職前所得を代替する割合が低いので、退職後所得の高い割合を401(k)プランから得る（図2.10を参照）。これらのシミュレーションで、低所得就労者による退職プランへの参加を増やす最も直接的な方法は、これらの就労者に対する社会保障給付の寛大さを減らすことであった。低生涯所得の就労者が401(k)制度からの退職後所得に依存するほど、この変更は課税繰延の恩典の配分をより累進的にする。あるいは、高所得就労者に対する社会保障給付の寛大さを増やすことで、高所得就労者による退職プランへの参加を減らすことができる。高生涯所得の就労者が401(k)制度からの退職後所得に依存しなくなるほど、この変更は課税繰延の恩典の配分をより累進的にする。いずれの変更も、社会保障制度の恩典の累進性を低下させ、税と所得移転制度全体の累進性を低下させる。

■ 要　　約

　最初に租税支出の評価が発表されて以来、租税支出は税制改革の論議で中心的な役割を果たしてきた。今後も引き続き税制改革の焦点になる可能性が高いが、マイクロプログレッシヴィティに主な焦点を置くべきではない。実際に、特定の税法規定が所得配分に及ぼす影響について狭義の懸念をもつと、その論理的な帰結は、予想に反する結果につながる可能性がある。

　連邦所得税の包括的な改革が行われた場合、重要な考慮点は、税制改革パッケージが全体として所得税全体の累進性に及ぼす影響であり、特定の税法条項がもたらす恩典の配分に関する改革の影響ではない。包括的な税制改革には、数多くのさまざまな税法の変更が含まれる。これらの変更はそれぞれ勝者と敗者を生み出し、税法の累進性に影響を与える可能性がある。特定の税法条項に焦点を当てる前に、税収や累進性などに目標を設定するなど、新しい税法に目標を設定することが適切である。このプロセスから出てくる改革の提案は、複数の税法規定に変更を加えるパッケージになる。ある税法規定の変更は税収を増やし、その他の税法規定の変更は税収を減らす。同様に、税法の累進性を高める変更もあれば、税法の累進性を低下させる変更もある。

　それ自体が累進的でなくても、理にかなった政策目標に取り組む税制条項を所得税に含めることができる。税制改革提案を判断する基準は、パッケージ全体がプロセスの初期段階で定めた税収と累進性の目標を満たし、公平性、経済成長性、簡素性の基準でみてどのように判断されるかによる。

第6章 ― 注記

1 　累進課税に関する簡潔な議論はSlemrod 1993を参照のこと。累進課税制度をもつこと
の論理的根拠はいくつかあるが、累進性の最適水準についてコンセンサスは存在しな
い。

2 　租税支出の初期の歴史に関する議論はForman 1986を参照のこと。

3 　租税支出の初期の歴史に関する議論はShaviro 2003を参照のこと。

4 　代替的租税政策を選択することの重要性は、Brady, Cronin, and Houser 2006に示さ
れており、住宅ローンの利子控除を認める政策と、利子控除を認めない財政中立的な3
つの代替的政策を比較している。租税支出一般に関してこれと同様の点がToder, Har-
ris, and Lim 2009により示されている。

5 　図6.1の左パネルは図2.12の複製である。

6 　累進所得税の論理的根拠は第7章で議論されており、公平性の基準に基づいて課税繰
延を評価している。

7 　課税繰延の恩典は所得からの前倒しの控除であるという間違った考えに基づいている
場合、懸念は見当違いのものとなる。実際に第3章の分析では、生涯所得が低い就労者
の限界税率はしばしば退職後により低下するので、恒常的に課税繰延から恩典を受けて
いることを示している。

Judging Tax Deferral by Criteria of Fairness,
Economic Growth, and Simplicity

課税繰延を公平性、経済成長性、簡素性の基準から判断する

▶ 就労者に生涯にわたる本質的な「所得の平準化」をもたらすことによって、課税繰延は間違いなく租税システムの公平性を（低下させるのではなく）高めている。累進的な税率体系が正当化される理由は、納税者の経済状況を合理的に示すものが年間所得であるという仮定に大きく依存しているが、個人の生涯所得は平準ではないためこの仮定には問題が生じる。就労者が退職するまでその報酬の一部留保を許容することで、所得の生涯にわたるパターンの影響を減らし、結果として生涯の経済状況をより良く示す課税年間所得という尺度が得られる。

▶ 現行の所得税は、課税繰延の形式が異なっても課税の取扱いはほぼ中立的である。すなわち、確定給付（DB）年金制度と確定拠出（DC）年金制度を通じての課税繰延、雇用者拠出と従業員拠出のための課税繰延、そして民間企業従業員と公務員による課税繰延である。

▶ 課税繰延は、所得税によって生じる経済的歪みを減らすので、他の租税支出とは異なる。所得税は、投資所得に課税することにより、貯蓄のインセンティブを減少させる。課税繰延は、効果的に投資所得に税率ゼロを課すことにより、所得税に内在する貯蓄の阻害要因を排除する。

▶ 課税繰延は、就労者にとって比較的理解しやすく、政府にとっても管理がしやすい。この制度により、就労者は報酬の一部を退職に備えて別にとっておくことができ、就労者は分配時にだけ課税所得に含めることが求められる。

▶ 現行の退職後資金支援制度を大きく変更することは、税法の公平性を低下させることになる。現行の所得税は、異なる課税繰延方式において、ほぼ中立的な課税の取扱いを行っている。これらの提案は、DCプランだけを対象としたり、DCプランとIRAに加入する就労者が行う課税繰延拠出だけを対象としている。

▶ 課税繰延の前倒しの恩典を制限する提案は、税法をより複雑にする。課税繰延を代替する多くの提案は、退職プランに加入する判断をより複雑にし、政府は長期にわたる個人納税者の情報追跡を余儀なくされる。

課税繰越される報酬は、他の租税支出と多くの面で異なっているが、それはただ税負担を排除するからではなく、繰り越すからでもない。Blueprints for Basic Tax Reform（U.S. Department of the Treasury 1977）は、課税繰延が経済成長や公平性に与える影響に注目しているが、これはおそらく、課税繰延とその他の租税支出の間の基本的差異以上のものといえる。

　　　また、退職後資金目的の一定の投資から得られる所得を課税繰延にしていることは、現在の法律が所得ベースの増大を利用して貯蓄への悪影響を相殺しようとしている実例である。重要なことは、この最後の実例はまた、公平性の観点からも望ましいとみなされていることである（U.S. Department of the Treasury 1977、23ページ）。

　批評家たちの主張にもかかわらず、課税繰延は、所得税の公平性を高め、経済成長を助長し、理解と管理が比較的容易である。対照的に、課税繰延規則を変更しようとする最近の提案は、水平的な公平性を低下させ、税法を非常に複雑にする。

■ 公平性

　すでに述べたとおり、税制の公平性に関する論議は、垂直的な公平性、すなわち租税負担を所得階層全体に配分することと、水平的な公平性、すなわち租税負担を所得階層内に配分することの両方に対する懸念を包含する。

　第6章で説明したとおり、どのように課税繰延の恩典がすべての所得階層に配分されるか（すなわち、課税繰延が所得税の累進性に与える影響）は、連邦所得税の包括的改革の文脈では、主要な検討事項にはならないだろう。税制改革プロセスの最初のステップは、所得税全体の累進性に目標水準を定めることである。累進性の目標を満たす政策変更には異なる組合せがある。たとえば、課税繰延を含む改革パッケージは、課税繰延を排除した改革パッ

ケージよりも法定税率が高くなる可能性がある。これらの政策の組合せのなかから選択するには、水平的公平性、経済効率性、簡素性など、累進性以外の側面に立ったオプションの比較を行うことになる。

すなわち、公平性の基準に立った課税繰延の評価の主な問題は、垂直的公平性（累進性）ではなく、水平的公平性への影響である。水平的公平性の概念とは、同じ経済状況にある納税者は同じ税負担をすべきということである。この側面に沿うと、就労者が退職まで報酬の一部を繰り延べできることは、就労者の生涯にわたる所得の受取りを平準化することによって、間違いなく所得税の公平性を高めることになる。これは、就労者が退職まで報酬の一部を繰り延べることが許容された場合、就労者の年間所得がその生涯の状況をより良く表すからである。

課税繰延をさらに制限、または根本的に変えることを提唱するほとんどの主要改革案は、水平的公平性を低下させる。現行の税法は、ほぼ中立的な所得税制措置をすべての適格プランの形式に対して与えている。これらの提案は、DCプランのみを対象としたり、DCプランとIRAに拠出する従業員の課税繰延拠出のみを対象にするため、課税の中立性を損なうことになる。また、年間所得の低い就労者の課税繰延の恩典をさらに高める提案は、対象の絞込みが良くない可能性がある。

他の考察もまた、課税繰延が所得税の公平性を高めることを示唆している。たとえば、課税繰延がない場合、税負担と税収のタイミングは大きく異なってくる。これでは納税者の複数世代にわたる税負担の配分について懸念が生じる可能性がある。公平性についてのもう1つの考察は、雇用者が退職金制度を提供する際の意思決定に課税繰延が与える影響である。課税繰延の直接的な恩典の他に、従業員は雇用者が提供する退職金制度に参加することから恩典を得ており、低所得就労者はそれらの非課税恩典に大きな価値を置く可能性がある。

所得の平準化としての課税繰延

　累進的な所得税には２つの主な根拠がある[1]。第一に、納税は支払い能力に基づいて評価すべきであり、高所得納税者はより高い税負担能力があるといえることである。第二に、所得への追加的１ドルには、高所得納税者よりも、低所得納税者にとってより価値があり、比例的な所得税に対して、累進的な所得税は、追加的な１ドルに低い価値を置く納税者からより多くのお金を集めることによって、社会福祉を高めることができるというものである。

　累進的税率体系は、これらの根拠によって正当化されるが、これは年収が世帯の経済状況の良い尺度である場合においてである。年収が世帯の経済状況の良い尺度でない場合、累進的税率体系は水平的な不公平につながる可能性がある。すなわち、同様の経済状況にある個人に対する異なる税負担である。これは、個人の年収が時間の経過とともに変化する場合に特に懸念される。

累進的な税率体系のもとでは、所得の変動は税負担を増加させる

　法定税率は所得とともに増加するので、年によって年間所得が変化する個人は、同じ平均所得であっても、年間所得が安定している個人より税負担が大きくなる。たとえば、５年間で所得350,000ドルを稼ぐ２人の就労者を考えてみる（図7.1）。最初の人物は、毎年70,000ドルを５年間稼ぐ。２人目は、５年のうち４年間は１年当り25,000ドルを稼ぎ、５年のうち１年間は250,000ドルを稼ぐ。彼らの個人的な状況は、説明を容易にするため、他は同じであり、物価変動とお金の時間価値は無視し、２人の就労者はこの５年間同等に裕福であると判断する。しかしながら、2014年連邦所得税パラメーターをすべての年に当てはめると、安定した所得の就労者は５年間で所得の15.5％を納税し、不均等な所得の就労者は20.0％を納税する。この期間、この２人の納税者は同じ経済的財源があったと考えると、高い平均税率は、支払い能力や社会福祉の増大の観点から正当化できるものではない。

　納税者の税負担が所得のタイミングに影響される可能性があるという事実

累進的税率のもとでは年収の変動は税負担を増加させる

2人の仮想納税者の連邦所得税。標準的な控除が適用される個人に対し、2014年所得税率表を使用してすべての年について計算した所得税

	安定した所得の就労者			所得が変動する就労者		
年次	賃金所得 （ドル）	連邦所得税 （ドル）	平均税率 (%)	賃金所得 （ドル）	連邦所得税 （ドル）	平均税率 (%)
1	70,000	10,819	15.5	25,000	1,774	7.1
2	70,000	10,819	15.5	25,000	1,774	7.1
3	70,000	10,819	15.5	250,000	63,009	25.2
4	70,000	10,819	15.5	25,000	1,774	7.1
5	70,000	10,819	15.5	25,000	1,774	7.1
総額	350,000	54,094	15.5	350,000	70,104	20.0

出典：ICI calculations

は、長い間認識され、年間所得に対する特定の調整が許され、タイミングの影響への対処を助けてきた。たとえば、事業からの正味営業損失は、他の年の正味営業利益を相殺するために、繰り戻したり、繰り越したりすることができる。正味のキャピタルロスと限度額を超える慈善寄付金は、将来の所得と相殺するために繰り越すことができる。1986年税制改革法（TRA '86）以前に、納税者は「所得の平準化」を利用することもできた。すなわち、TRA '86以前に、納税者は過去3年間の平均所得の140%を超える所得に低い限界税率の適用を選択することができた[2]。

課税繰延は生涯にわたる所得変動に対処する際の助けとなる

所得は通常、個人の生涯で著しく変動する。平均でみて、物価連動の所得は就労の早い段階では増加し、その後所得の増加は緩やかとなり、所得がピークの時期に停滞期に達する[3]。就労者が退職後の期間に移行すると、所得は著しく減少する（たとえば、完全に退職するまで個人が常勤からパートタイムに切り替わる）、または単純になくなる（たとえば、個人が常勤から退職す

る）。退職年齢によっては、個人が人生の終わりまで何年もまったく所得がない場合もある。生涯における年間所得の変動は、4年間の所得を平準化するなどの税制規定で対処することはできない。税制規定は短期間の変動を平準化することを目的としたものである。

　生涯にわたる就労者の所得は不均一なので、年間所得を尺度として世帯の経済的状況を測定することには問題がある。たとえば、年間所得が同じで、個人的な状況が同じであるが、所得の財源が異なる2人の60歳を考える。最初の個人の所得は賃金のみで構成される。2人目の個人の所得は、米国財務省の国債ポートフォリオから得る利子所得のみで構成される。生涯の観点からは、2人目の個人により多くの経済的財源がある。この就労者はいずれ仕事をやめるが、国債のポートフォリオは永続的に利子所得を生み出すことができる。しかしながら、年間所得だけを基準にすると、両者とも同等に裕福であると判断される。

　所得のタイミングの影響はBlueprints for Basic Tax Reform（U.S. Department of the Treasury 1977）で強調された。年間所得は経済状況を測定するには不完全な尺度であり、所得を1年間で測定するという決定は、原則よりも実用的な観点からなされたことを強調している。2人の納税者の相対的な経済状況を適切に比較するには、より長い期間の所得を測定する必要がある。

　　　　この研究では、そのような比較が実施される期間はできる限り長くすべきであると前提している。理想的には、2人の納税者は全生涯の状況に基づいて比較されるべきであり、これを税制設計の一般的な目標としている。すなわち、生涯の税負担は生涯の状況に依存すべきである（U.S. Department of the Treasury 1977、25ページ、原文に強調表示）。

　課税繰延は就労者の生涯にわたる所得税負担を平準化する。図3.4で示したとおり、課税繰延なしの場合、所得税は就労中により高く、退職後には非

常に低くなる。その正味の結果は図2.13で示したとおり、高所得就労者では、課税繰延は生涯に支払う税負担よりも、所得税のタイミング（支払時期）により大きな影響を与える。

就労者に生涯にわたる本質的な「所得の平準化」をもたらすことによって、課税繰延は間違いなく租税システムの公平性を（低下させるのではなく）高めている。就労者が退職するまでその報酬の一部留保を許容することで、所得の生涯にわたるパターンの影響を減らし、結果として生涯の経済状況をより良く示す課税年間所得という尺度が得られる[4]。これはおそらく、報酬の課税繰延が、米国所得税のもとでほぼその存続期間全体にわたって認められてきたためである[5]。

改革案は水平的な公平性を低下させる

適格な課税繰延報酬にはさまざまな形式がある。報酬に対する所得税は、雇用者が提供する退職金制度またはIRAを通じて繰り延べできる。雇用者が提供する退職金制度は、雇用者が民間セクターの就労者であっても、雇用者が連邦、州、地方自治体政府であっても利用できる。雇用者が提供する退職金制度は、DBプランもしくはDCプランとして設計することができる。退職金制度への課税繰延拠出は、雇用者もしくは従業員が行うことができる。

水平的な公平性の原則とは、公正な税法がすべての適格な課税繰延報酬の形式に対して同じ税の取扱いを与えることを意味する。

現行所得税では、課税繰延の形式にかかわらず同じ恩典を与えている。すなわち、就労者は現在の報酬に課される税を退職金制度から分配を受け取るまで繰り延べる[6]。さらに、種類が異なる課税繰延の取扱いについては、他の規則がだいたいの中立性の維持を試みる。たとえば、民間セクターの就労者と公務員の両方は、DBプランからの年間給付額にほぼ同じ制限があり、DCプランへの年間拠出額にもほぼ同じ制限がある。さらに、DBプランとDCプランの寛大さを制限する規則は連動している。

現行の法律とは対照的に、退職金制度拠出の税制措置の変更を提唱するほ

とんどの主要提案は、DCプランだけを標的にする。また場合によって、課税繰延されたDCプランへの従業員拠出だけを対象にする一方、DBプランは影響を受けない。また場合によって、DBプランとDCプラン両方の雇用者拠出に影響を与えないことによって、税制の中立性を侵害する。さらに、課税繰延の前倒しの恩典を定額の払戻可能税額控除や政府マッチング拠出に入れ替える提案は、生涯所得の低い就労者の拠出よりも、年間所得の低い就労者の拠出を助成するため、目標設定が十分ではない。

DCプランとIRAを対象とする提案

最近の税制改革に関する政策論議において、退職後資金支援制度の税制措置を変更する提案は、主に2つの異なるアプローチをとっている。1つ目の提案は、DCプランに拠出できる年間報酬額をさらに制限する。たとえば、いわゆる20/20提案は、DCプランへの（雇用者と従業員を加えた）年間総拠出を20,000ドルか報酬の20％の少ないほうに制限する[7]。もうひとつの提案は、DCプランもしくはIRAに拠出する前倒しの恩典を減らすものである。これは、課税繰延の前倒し恩典に「上限」を定める[8]。または前倒し恩典を定額の払戻可能税額控除[9]や定額の政府マッチング拠出に置き換えることで達成される[10]。これらの提案のさらなる詳細と、提案される規則変更の歴史的背景は付論に記載している。

20/20提案が実行されると、DBプランとDCプランの寛大さを制限する規則の歴史的な連動性を断つことになる。20/20提案はDCプランだけに影響を与えるので、DBプランの年間給付制限とDCプランの年間拠出制限の割合は、現行法における4対1（付録の図A.2を参照）から10対1以上となる。さらに、20/20提案は、就労中の個人が退職までに報酬を繰り延べる能力を、これまでになく制限することを示している。物価調整後のドルでは、20,000ドルの拠出制限は、ERISAが設定した制限の5分の1未満となる（付録の図A.1を参照）。実際に、20,000ドルの制限は、名目ドルでみて1975年の当初制限よりも少ない。

退職金制度拠出の前倒しの恩典を制限する提案は、課税繰延する従業員負担分のDCプランと課税繰延するIRA拠出のみに影響を与える。DBプランとDCプラン両方への雇用者拠出、従業員によるDCプランとIRAの両方へのRoth拠出は影響を受けない[11]。

　20/20提案ならびに課税繰延の前倒しの恩典の制限の提案は両方とも、雇用者が構築した報酬パッケージをあてにする就労者を勝手に罰することになる。特にこの20/20提案は、（DBプランが依然として標準的な）公務員よりも（DBプランがますます減少している）民間セクターの就労者に打撃を与える。さらに、課税繰延した従業員拠出を対象とする提案は、寛大な雇用者拠出のある就労者の場合と比較して、雇用者が退職金制度にほとんど拠出しない就労者により大きな打撃を与え、プランにRoth拠出のオプションがある就労者よりも、プランへのRoth拠出が許されない就労者により大きな打撃を与える。

定額払戻可能税額控除やマッチング拠出は目標がずれている

　課税繰延の前倒しの恩典を定額払戻し税額控除もしくは政府マッチング拠出と置き換える提案は、課税繰延の恩典の誤解に基づくようにみえるだけでなく、低所得の就労者が課税繰延からほとんど恩典を受けない主な理由にも取り組んでいない。第4章で説明したとおり、この研究でみた低生涯所得の就労者は、退職金制度に拠出した1ドルからより少ない恩典を得るわけではない。これは、低所得就労者の拠出に助成する提案の背後にある暗黙の根拠である。その代わりにこれらの就労者は、社会保障給付が退職前の所得に対してより多くの割合を代替するので、退職金制度への拠出が少なく、目標代替率を達成するのに必要な401(k)プランからの補足的所得が少なくてすむ。

　追加の税制上の優遇措置が、本来これらの提案の対象である低生涯所得の就労者を、退職向け貯蓄にさらに誘導するかは不明である[12]。拠出助成がこれらのグループの就労者の貯蓄を奨励することに成功したとしても、公共政策が低所得就労者にもっと貯蓄するように奨励すべきかは明確ではない。そ

の理由は、貯蓄を増やす結果として、就労中に食料、住宅、衣服（そしてお
そらく子供を産むこと）への支出を少なくする必要があるからである。社会
保障給付の寛大さを減らすことは、401(k)プランへの拠出の奨励には十分で
はないが、低生涯所得就労者に対する課税繰延の恩典を大幅に高めようとす
る退職金制度の提案はほとんどない[13]。

　対象的に、一時的に所得が低い高生涯所得就労者は、おそらくこれらの提
案の対象ではないが、拠出助成をより有効に活用できる可能性がある。これ
らの提案が提供する拠出助成は、就労者の現在の年間所得によって異なる。
すでに述べたとおり、年間所得は必ずしも就労者の生涯にわたる経済財源の
良い尺度とはいえない。仕事のキャリアの間に年間所得が変化する就労者で
は、所得が一時的に低い間、助成金を活用できる。もし活用するならば、こ
れらの就労者は同じ生涯所得で安定した年間所得のあった就労者よりも、生
涯税負担が低くなる。そして、結果として、この提案は水平的な公平性を低
下させる。

世代間の公平性

　課税繰延は、税法における世代間の公平性に対する認識を高め、実際に世
代間の公平性を高める可能性がある。課税繰延がない場合、就労者に対する
課税額はより高くなるが、所得税を支払う退職者はほとんどいなくなる。課
税繰延がある場合、所得税は就労者の生涯により均等に配分される（図3.4
を参照）。課税繰延は、年ごとに世代間の税負担をより公平にすることに加
えて、税収のタイミングをより政府支出のタイミングに一致させる可能性が
高い。予測によると、高齢者に費やされる連邦政府支出の割合は増加し続け
るので、税収のタイミングは将来の大きな懸念事項である[14]。

雇用者が提供する退職年金制度はすべての従業員に恩典を提供する

　米国で課税繰延は、雇用者が自発的に退職金制度を提供することを奨励す
るための中心的な手段である。雇用者が提供する退職金制度という自発的制

度は、何百万人もの就労者が退職に備えた資金を積み立てることを支援してきた。2013年には、55歳から64歳までの就労世帯の81％がDCプランやIRAに積み立てし、DBプランまたは両方からの恩典を蓄積している[15]。

　退職金制度を提供する雇用者が多いことは、制度サービス市場に活気をもたらす。特に、401(k)プランの成長は大衆向けの低コスト投資サービスの開発と一致した。競争と革新により、現在平均的な口座残高を有する401(k)プラン参加者は、30年から40年前の裕福で経験豊富な投資家よりも、より低いコストで多様性のある投資ポートフォリオに投資することができる。2012年に、平均的な401(k)プランの参加者の総プランコストは、資産の0.53％になっている（BrightScope and Investment Company Institute 2014）。

　低生涯所得の就労者は、拠出によって相当な租税の恩典を受けるが、彼らは高生涯所得就労者よりも雇用者提供退職金制度の非課税の恩典を高く評価する可能性がある。たとえば、低所得就労者は給与控除の利便性、投資コストを低減する規模の経済、そして雇用者提供退職金制度を通じて提供される専門家の投資管理を高く評価する可能性がある。加えて、中間および高所得の就労者は退職後資金の恩典と引換えに、手取りの賃金が少なくなることを喜んで受け入れるが、低所得就労者の場合はそうはいかない（Toder and Smith 2011）。したがって、低所得の就労者にとって、雇用者拠出分は報酬形態の変化というよりは、総所得の増加を意味するであろう。

■ 経済成長

　課税繰延を排除する主な動機は、税源が幅広く税率が低い所得税は、経済成長を促進するという考え方による。所得税は、経済行動を歪めることで経済成長を低下させる可能性がある。一般的に、租税支出は、課税ベースを狭め、より高い限界税率を必要とするため、経済的歪みを高めるとみなされている。より高い限界税率は、労働と投資を抑制して経済活動を低下させる。租税支出を排除して税収を上げることが限界税率の引下げにつながるのであ

れば、所得税に内在する労働意欲や貯蓄意欲の喪失が減少するため、経済効率は高まる。加えて、狭い課税ベースは、他の経済活動よりも特定の経済活動を優遇することで、非効率な資源配分につながる。課税繰延を排除すれば、経済資源が以前は助成された活動からより生産性の高い活動に移行するため、より効率的な資源配分につながるだろう。

　しかしながら、課税繰延は、所得税によって生じる経済的歪みを実際に減らすことから、他の租税支出とは異なる。投資収益に課税することで、所得税は貯蓄のインセンティブを低下させる。課税繰延は、投資収益への課税を効果的に減らし、貯蓄するインセンティブを高める[16]。本章の最初に紹介した *Blueprints for Basic Tax Reform*（U.S. Department of the Treasury 1977）の引用で、所得税がもたらす「貯蓄に与える悪影響」を課税繰延が相殺すると述べたが、このことを意味する。

　もし課税繰延が排除され、増加した税収を利用して限界税率を引き下げた場合、経済効率を上げるよりも下げる可能性が高いだろう。すなわち、この変更は労働インセンティブと貯蓄インセンティブ、そして資源配分の効率を高めるより、むしろ下げる可能性が高いだろう。

　ほとんどの納税者にとって、課税繰延を排除し限界税率を下げることは、労働のインセンティブに影響を与えないか、低下させるであろう。生涯の観点からみると、課税繰延は報酬に対する実効税率を引き下げ、労働のインセンティブを高める。生涯の観点からみれば、課税繰延の排除と限界税率の引下げの影響は、あったとしてもお互いを相殺し、労働からの報酬にほとんど影響を与えないか、何も変化をもたらさないであろう。税収の増加分のすべてを法定最高税率の引下げだけに使用すると、すべての就労者は報酬を繰り延べる能力を失うが、ほとんどの就労者は税率の引下げからそれを相殺する恩典を得ることはない。ほとんどの就労者にとって、生涯の税負担を増やし、仕事からの生涯収益を減らす結果となる。

　同様に、課税繰延を排除し、限界税率を引き下げると、正味でみて、すべての就労者の貯蓄インセンティブを低下させる。課税繰延を排除すると、現

行法のもとで雇用者が提供する退職金制度やIRAを通じて実施されている貯蓄から得る投資収益に対する実効税率を急激に上昇させる。しかしながら、この効果を相殺する課税対象となる投資所得に対する限界税率の低下はわずかにとどまる。貯蓄インセンティブに対する全体としての影響は、これら2つの効果の相対的な重要性に依存する。ほとんどの就労者にとって、課税繰延排除の影響は支配的であり、（課税繰延される退職金制度における貯蓄インセンティブの低下と、課税対象口座における貯蓄インセンティブの上昇の両方を勘案すると）貯蓄インセンティブは全体として低下する。このことは、ほとんどの就労者はより低い税率から影響を受けないので、すべての税収増加を法定最高税率の引下げに使用した場合に特に当てはまる。

　最後に、課税繰延が排除された場合、資源配分の効率性が改善する可能性は低い。課税繰延の排除は経済の特定のセクターへの投資に有利に働かないため、課税繰延の排除はそれ自体では、資源配分の効率性を改善しない。限界税率を引き下げる効果は、それ自体、課税対象口座の投資家が税効果にいくらか敏感でなくなることにより、資源配分の効率性を向上させることになる。しかしながら、この効果を相殺するかたちで、課税繰延口座への投資がより税効果に敏感になることは事実であろう。課税繰延を排除し、限界税率を引き下げることが資源配分の効果性に及ぼす影響の全体は、これら2つの影響の相対的な大きさによって異なってくる。

■ 簡素さ

　複雑な規則が報酬の課税繰延が可能な人を規定しているが[17]、IRSによる課税繰延の管理は比較的簡素である。根本的に課税繰延とは、就労者が単純に退職後のために報酬の一部を留保し、就労者が分配を受ける時までその報酬には課税されないことを意味する。プランの規則が守られていれば、IRSは時間の経過とともに納税者の拠出と分配を追跡する必要はない。IRSが確認することは、拠出が年間の制限を超えていないこと、分配が年間の制限を

超えていないこと、すべての分配が分配された年に課税対象になっていることだけである。

　就労者の視点からみると、退職金制度に拠出するかどうかは比較的簡単に決断できる。納税者が税制規則を守ることも比較的簡単である。その理由は、ほとんどの場合、法律を遵守するのに必要なすべての情報が、毎年納税者に郵送されるからである。

　対照的に、課税繰延の前倒しの恩典を制限する提案は、所得税をより複雑にする。政府の視点からみると、雇用者が提供する退職金制度とIRAの管理が著しく複雑になる。特に、払戻可能税額控除の提案および政府マッチング拠出の提案は、低限界税率の就労者に拠出をチャーニングするインセンティブを与える。これらのインセンティブに対処するために、議会は引出しに対してペナルティを新規に採用する必要があり、IRSは長期にわたって納税者の行動を追跡しなければならない。個人納税者の視点からみると、これらの提案は、高限界所得税率の就労者が退職金制度に拠出する際の意思決定を複雑にする。

定額の税額控除または政府マッチング拠出がチャーニングを助長する

　課税繰延を定額の払戻税額控除または政府マッチング拠出に差し替える提案は、低限界税率の就労者による退職後資金支援制度への拠出のチャーニングを助長する。これは、拠出を行っても、拠出金が短期に引き出されることを助長するためである。すなわち、これらの提案は、退職後資金支援制度に対して大きな拠出のインセンティブを与えるが、現行法と比べて、拠出金をプラン内に置いておくインセンティブを与えないからである。

　これらの提案が採用されると、拠出をチャーニングするインセンティブに対処するために、新しい規則が必要となり、税制をより複雑にする。早期引出しに関する現行法のペナルティは、59.5歳未満の就労者のチャーニングを抑止するには十分ではなく、59.5歳以上の就労者にはまったく適用されない。新しいメカニズムはチャーニングを制御する必要があり、またこれらの

提案は、税収損失の観点から想定以上に費用がかかる。必要な時に退職金口座にアクセスする必要がある人々に過度に懲罰的にならないかたちでチャーニングを防止する簡素な罰則を策定することはむずかしい。その代わりに、複雑な罰則を策定する必要があるか、退職後資金支援制度の資産と給付へのアクセスに対する直接的な制限が必要になる。いずれの場合にも、個人が行う退職金制度の拠出と引出しを長年にわたって監視するために、IRSは追加の財源を費やす必要がある。

チャーニングのインセンティブ

現行法における課税繰延は、退職金制度への拠出をチャーニングするインセンティブを提供しない（図7.2(1)）[18]。早期引出しに対する罰則がなくても、退職金制度に拠出して直ちに引き出しても、就労者には何の利益もない。さらに、保有期間が短期の場合課税繰延の恩典は大きくない。

定額の払戻可能税額控除または定額の政府マッチング拠出の提案は、拠出をチャーニングする実質的なインセンティブを与える。たとえば、現在所得税の負担がなく、限界税率がゼロで、報酬から1,000ドルを退職金制度に拠出し、早期引出しの罰則の対象ではない就労者を考えてみる（図7.2(3)）。25%の払戻可能税額控除でも、または33.3%の政府マッチング拠出でも、退職金制度に拠出してすぐに引き出す就労者は333ドルの税制優遇を受ける[19]。実際に、就労者の限界税率がゼロのままである場合、課税繰延は就労者に追加の恩典を与えないため、制度に拠出金を留保しておくインセンティブはない。

現行の罰則ではチャーニングを妨げない

現行の早期引出しの罰則では、払戻可能税額控除や政府マッチング拠出が採用されると、チャーニングを防止するには十分ではないだろう。第一に、罰則が59.5歳以下の就労者にのみ適用されるため、すべての就労者が罰則の対象となるわけではない。そのため、罰則は高齢の就労者によるチャーニン

グの防止には役立たない。第二に、早期引出しの罰則対象である就労者で
あっても、拠出金をチャーニングするインセンティブがある。

　早期引出しに対する現在の10%の罰則は、限界税率がゼロの就労者による
チャーニングを防止するには十分ではない。罰則を支払った後、この事例の
就労者は拠出のチャーニングから200ドルを得る（図7.2(4)）[20]。

　15%の限界税率が課される就労者にとって、10%の罰則はチャーニングの
インセンティブを排除するが、就労者に対して、退職金制度を使って退職以

図7.2
定額払戻可能な税額控除はチャーニングを助長する
代替的税制措置のもとにおける退職金制度拠出からの税の恩典の現在価値

仮定

税引前報酬からの貯蓄分	1,000ドル
税引前市場収益率	6%

個人の限界所得税率は通期で変動しない

拠出と分配の間隔	現行法下の課税繰延		25%の払戻可能税額控除／33.3%の政府マッチング		
	（1）引出ペナルティなし（ドル）	（2）引出ペナルティ10%（ドル）	（3）引出ペナルティなし（ドル）	（4）引出ペナルティ10%（ドル）	（5）払戻可能税額控除（ドル）
	限界税率0%				
直ちに	0	-100	333	200	0
1年後	0	-100	333	200	19
5年後	0	-100	333	200	84
10年後	0	-100	333	200	147
	限界税率15%				
直ちに	0	-100	113	0	-170
1年後	7	-93	121	7	-147
5年後	35	-65	149	35	-63
10年後	69	-31	183	69	25
	限界税率25%				
直ちに	0	-100	0	-100	-250
1年後	11	-89	11	-89	-225
5年後	52	-48	52	-48	-135
10年後	100	- 0	100	- 0	-40

出典：ICI calculations

外の理由で貯蓄することまで思いとどまらせることはない（図7.2(4)）。実際に、早期引出しの罰則の対象となる15％の限界税率の就労者にとって、繰延の税制優遇（図7.2(4)）は、現行法のもとで、早期引出しの罰則のない就労者への恩典と同じである（図7.2(1)）。

チャーニングを防止する簡素な罰則の策定はむずかしい

　払戻可能な定額税額控除と政府マッチング拠出の支持者のなかには、チャーニングが問題であると認識している者もいるが、彼らはチャーニングを防止する簡素なメカニズムを考案することができると信じている。たとえば、政府マッチング拠出の文脈で、Gale, Gruber, and Orszag（2008）は、早期引出しを行う個人には、政府マッチング拠出を剥奪する必要があると提案している。

　政府マッチング拠出の剥奪は、限界税率がゼロの就労者では拠出をチャーニングするインセンティブを排除する（図7.2(5)）。しかしながら、退職以外の理由で退職金制度を使用することを思いとどまらせることまでは排除しないだろう。その理由は、マッチング拠出剥奪後でも、就労者は退職金制度に１年以上の期間できるだけ長く保持することで恩典を得られるからだ。

　しかし、政府マッチング拠出の剥奪は、退職後資産に思いがけずアクセスする必要がある限界税率がプラスの就労者にとっては、いうまでもなく過度に懲罰的である。たとえば、退職金口座に1,000ドル拠出する限界税率が25％の就労者は、課税対象口座に税引後で拠出した場合と比べて、１年後の税引後分配額は225ドル減少し、５年後の税引後分配額は135ドル減少する（図7.2(5)）。現行法における早期引出しと比較して（図7.2(2)）、これらの罰則は２倍以上になる。高い限界税率の就労者は、さらに厳しい罰則に直面することになる。

複雑な罰則は管理がむずかしい

　過度に懲罰的な罰則なしに、チャーニングを阻害する複雑な罰則を策定す

ることは可能だが、IRSが管理することは、現行法に比較してむずかしくな
る。就労者から政府マッチング拠出を剥奪するという比較的簡素な懲罰で
も、IRSは各納税者の政府マッチング拠出の履歴の記録を保持しなければな
らない。罰則を拠出時に就労者の限界税率の関数とするような、罰則を調整
するための複雑な罰則では、納税者とIRSの両方がその情報を追跡し続ける
必要がある。就労者が異なる限界税率の対象となる可能性がある場合、就労
者が複数年にわたって制度に拠出する範囲で、分配を特定の拠出と連動させ
るための方法も必要となる。加えて、高齢の就労者による拠出のチャーニン
グを防ぐため、罰則は納税者の年齢に関係なく設定する必要がある。
　現行法における課税繰延においては、チャーニングは税制上の利益をいっ
さいもたらさないため、IRSがチャーニングを防止する取組みは必要ない。
実際、現行法のもとではチャーニングを防止するために、分配時の早期引出
しの罰則は必要ではない。早期引出しの罰則は、就労者が短期間しか視野に
入れない退職以外の理由で退職金制度を貯蓄に使用することを防止するため
だけに必要となる。さらに、課税繰延では、適格プランに対して毎年プラン
参加者に支払った分配の報告を求めているだけなので、IRSは個々の納税者
の拠出額と分配額を長期間にわたって追跡し続ける必要はない。
　規則ではIRSに個々の納税者が行った退職金制度への拠出と受け取った分
配について記録を入手するよう要請しているが、どの程度有効にこの規則を
強制できるかは明確でない。*Blueprints for Basic Tax Reform*（U.S. Depart-
ment of the Treasury 1977）に記載されているとおり、所得を1年間で測定
するという意思決定は、原則ではなく、実務上の配慮に基づいている。この
実務的な配慮のなかには、IRSが長期間大量のデータを追跡し保管すること
が必要となった場合、IRSが直面することになる困難な取組みが含まれてい
る。

前倒しの恩典を制限すると拠出の意思決定を複雑にする

　前倒しに上限を課したり、前倒しの恩典を払戻可能な税額控除に置き換え

たりすることで、退職金制度拠出の前倒しの恩典を制限すると、限界税率が制限を超える就労者にとって、退職金制度に拠出するかどうかの意思決定がむずかしくなる。これらの就労者にとって、退職金制度拠出の前倒しの租税上の恩典は減少するが、彼らの退職金制度からの分配には引き続き課税される。これらの就労者は、退職金制度に拠出すべきか、単純に報酬に課税され、税引後の金額を課税対象の投資口座に投資するかを慎重に考えなければならない。

現行法のもとでの拠出の意思決定

　課税繰延される退職金制度に拠出するかの意思決定は、現行法における早期引出しの罰則の対象ではない就労者にとっては比較的簡単である[21]。拠出時と分配時で限界税率が上昇しない場合、これらの就労者は通常報酬の課税繰延から恩典を得て、損をすることはない（図7.3(1)）[22]。これらの就労者が拠出をして、直ちに資金を引き出したとしても、損をすることはない。拠出が1年以上制度に保持された場合、拠出することは良い結果を生み、課税繰延の恩典は追加の繰延とともに毎年増加する。

　課税繰延される制度に拠出する意思決定は、早期引出しに10%の罰則がある就労者ではやや複雑になる。これらの就労者は、特定の期間投資を継続しなければならず、その後に退職金制度への拠出が良い状態になることが確認される。

　就労者が早期引出しの罰則の対象であるにもかかわらず、直ちに資金を引き出すと、拠出をしなかった場合よりも損をすることになる（図7.3(3)）。たとえば、退職金制度に拠出しない限界税率35%の就労者では、報酬の1,000ドルが税引後所得650ドルとなる。1,000ドルの報酬を退職金口座に拠出し翌日引き出すと、所得税350ドルと早期引出しの罰則100ドルを差し引いた550ドルとなる。拠出の正味の効果は100ドルの課税罰則（マイナスの恩典）となる。

　直ちに拠出金を引き出さなければ、早期引出しの罰則は部分的に相殺さ

図7.3
前倒しの恩典を制限すると拠出の意思決定を複雑にする
代替的税制措置のもとにおける退職金制度への拠出から得る税の恩典の現在価値

仮定

税引前報酬からの貯蓄分	1,000ドル
税引前市場収益率	6%
限界税率	35%

個人の限界所得税率は通期で変動しない

拠出と分配の間隔	引出ペナルティなし		引出ペナルティ10%	
	（1）課税繰延 （ドル）	（2）25%の前倒し上限 （ドル）	（3）課税繰延 （ドル）	（4）25%の前倒し上限 （ドル）
直ちに	0	-87	-100	-173
1年後	13	-74	-87	-160
5年後	62	-25	-38	-111
10年後	118	31	18	-55

出典：ICI calculations

れ、最終的には繰延の恩典を上回る（図7.3(3)）。たとえば、上記と同じ就労者は、現在価値でみて、5年後に課税対象口座の投資と比較してわずか38ドル悪化し、9年後にはやや好転し（図7.3には示されていない）、10年後には18ドルの利益を得る（図7.3(3)）。

　早期引出しの罰則は、拠出の意思決定をやや複雑なものにするが、それでも多くの就労者が拠出を選択するほど罰則は十分に低い。早期引出しの罰則の対象となる就労者のなかには、報酬から所得税を支払い、税引後の金額を課税対象投資口座に拠出することを選ぶ者もいる。しかしながら、最初の数年で引き出す可能性が低い場合には、退職金制度への拠出から期待される恩典は、その就労者が思いがけず資産にアクセスする必要が出てくるリスクを上回るだろう。

前倒しの恩典が制限された場合の拠出の意思決定
　課税繰延の前倒しの恩典が制限されると、早期引出しの罰則の対象でない

就労者でも、退職金口座に拠出した直後に資金を引き出すことで不利な結果となる可能性がある（図7.3(2)）。1年以上にわたって保有した場合、課税繰延の恩典が相殺し始め、最終的には前倒しの恩典の制限によって課される罰則を上回る。たとえば、退職金制度への拠出は毎年6％の利息を支払う債券に投資されると仮定すると、25％の前倒し上限が課される場合、1,000ドルの報酬を退職金拠出に当てる35％の限界税率の就労者は、退職金口座の恩典が良い状態になるまでに最低8年間投資しておく必要があり（図7.3に示されていない）、10年後でも現在価値で31ドルの純利益しか得ることができない（図7.3(2)）。

前倒しの恩典制限の影響を受け、早期引出しの罰則の対象となる就労者は、思いがけず拠出金を早期に引き出す必要がある場合、大幅に損をすることになる（図7.3(4)）。たとえば、5年後の拠出金引出しに対する課税罰則はおよそ3倍になり、現行法における現在価値の38ドルから（(3)）から111ドル（(4)）となる。早期引出しの罰則の対象である場合、この就労者は、現行法のもとでは9年であるのに対して、課税対象口座と比べて利益を得るまでに16年間投資し続けなければならない（図7.3には示されていない）。

課税繰延の前倒し恩典を制限すると、前倒し制限を超える限界税率の就労者は、退職金制度への拠出の意思決定をより慎重に考える必要がある。就労者は、早期引出しの罰則の対象ではなくても、退職金制度への拠出が不利になる可能性がある。早期引出しの罰則対象の就労者は、思いがけず資産にアクセスする必要がある場合、非常に高い罰金に直面する。就労者のなかには、特に退職に近づいている場合、退職金制度への拠出を止める、または最低でも拠出額を減らす決断をして、報酬に対する税金を支払い、課税対象口座に投資する者もいるかもしれない。それ以外の人のなかには、拠出することにして、無意識に損をすることもあるだろう。

■ 要　　約

　課税繰延は他の租税支出とは異なる。すなわち、機械的に税負担に与える
影響だけでなく、公平性、経済成長性、そして簡素さに与える影響も異な
る。

　課税繰延は、水平的な公平性を高めることで税法の公平性を高める。
Blueprints for Basic Tax Reform（U.S. Department of the Treasury 1977）
で使用された水平方向の公平性の基準は、生涯の税負担は生涯の経済状況に
よって変えるべきというものである。就労者が退職するまでその報酬の一部
を留保することを許容することで、課税対象所得が生涯にわたって変動する
影響を軽減する。生涯の経済状況をより良く示す年間所得の測定がより公平
な税法をもたらす。

　対照的に、課税繰延をさらに制限したり、根本的に変更することを提唱す
るほとんどの改革案は水平的公平性を低下させる。このような提案は、DC
プランのみを対象にする、または課税繰延されたDCプランやIRAへの従業
員拠出のみを対象にすることで、現行税法に存在するすべての適格繰延報酬
のほぼ中立的な税制措置を変えてしまう。さらに、低所得就労者に対する課
税繰延の恩典を増やす提案は、それらが就労者の年収に基づいており、就労
者の生涯所得に基づいていないので、目標が不適切である。

　課税繰延の他の側面も間違いなく公平性を増す。課税繰延によって、就労
者の所得税負担が生涯にわたりより均等に減税される。これは、税収と政府
支出のタイミングを一致させる助けとなり、世代を越えてより公平な税負担
の配分となる。さらに、課税繰延は雇用者提供退職金制度という自発的制度
の中心的存在であり、就労世帯の大多数が退職時期に達するまで恩典を受け
る。

　さらに、課税繰延は経済効率にもプラスの影響を与える。他の租税支出と
は異なり、課税繰延は所得税によって生じる経済的な歪みを実際に軽減する。
これは、通常の所得税構造に内在する貯蓄の阻害要因を排除することによっ

て達成される。課税繰延を排除し、限界税率の低減のために税収を使うことは、労働と貯蓄のインセンティブを上げるよりも、下げる可能性が高いだろう。

　課税繰延はまた、IRSにとって管理が簡易で、そして就労者にとって簡単に理解することができる。対照的に、課税繰延の前倒しの恩典を制限する提案は、所得税をより複雑にする。課税繰延を定額払戻可能税額控除や政府マッチング拠出に変更することは、限界税率が低い就労者に拠出をチャーニングするインセンティブを与えるだろう。チャーニングを阻止するため、引出しに対する新しい罰則を導入する必要があるだろう。IRSにとって、チャーニングを阻止し、引出しに対して過度に懲罰的でない罰則を管理することはむずかしい。限界税率が高い就労者にとって、課税繰延の前倒しの恩典を制限することは、現行法におけるよりも、退職金制度に拠出する意思決定がよりむずかしくなる。

第7章 — 注記

1   Slemrod 1993を参照のこと。累進課税に対するこれら2つの論理的根拠に加え、Slemrod 1993は3つ目の根拠案を提示する。それは、税金を政府のサービスに対する支払いとみた場合、累進性の1つの根拠は、高所得層の納税者は、国防や財産権の保護など、多くの政府サービスからより大きな恩典を受けていることである。しかしながら、累進的所得税を正当化するためには、政府サービスの恩典が所得とともに単純に増加すると考えるだけでは不十分である。むしろ、恩典は所得に対する割合（％）として増加する必要がある。Slemrod 1993に示されているとおり、政府の活動の絶対的な恩典が、高所得の納税者においてより高水準である場合でも、所得に対する恩典の割合（％）が高水準であるかは明らかではない。

2   所得平均はTRA '86によって廃止された。なぜならば、たった2つの法定税率しかなく、最高税率が28％に引き下げられたため、この規定はもはや必要ないとみなされたからである（Conrad 1998を参照）。所得平均は、1997年に農場経営者に、2004年に漁業従事者に対して復活した。

3   生涯サイクルにわたる所得の根拠については、たとえばGuvenen et al. 2015を参照のこと。

4   就労者が退職まで報酬の一部を繰延できることにより所得税の公平性が高まるという議論は、租税支出は現行税法と包括的な消費税の比較により測定されるべきという議論とはまったく異なるものである。もし通常の租税構造が包括的な消費税であるならば、課税繰延が租税支出とみなされないことは確かである。しかしながら、一般的に投資収益を所得に含めることに賛成な就労者は多く、したがって、租税支出を評価する場合、現行税法と比較すべきは通常の所得税構造であると信じる人が多いが、就労者は退職まで報酬の一部を繰延できるべきであると考える人も多い。すなわち、租税支出とみなされるかどうかにかかわらず、課税繰延を許容することが所得税の公平性を高めると議論できる。

5   1913年に創設された所得税により認められた課税繰延報酬の範囲は、初期の税法では詳細な所得の定義がなされず、所得の定義が長い期間をかけて発展してきたため、法令を読んでも明らかではない。税法には、いくつか「事業上合理的に必要とされる以上に」利益や収益を蓄積するエンティティ（entities）を対象とする一般的な不正防止のための用語が含まれており、合理的な必要性の基準は財務省長官に任されていた。The Revenue Act of 1921において、現在のDCプランを通じた課税繰延を明確に許容した。ここにおいて「一部またはすべての従業員の特別手当のために、株式ボーナスもしくは利益分配制度の一部として雇用者によりつくられた信託で、雇用者または従業員または両方によって拠出され、当該従業員に分配する目的で、収益と元本を積み立てた信託」

への雇用者拠出と信託からの投資所得は、従業員にとって課税対象所得を構成しないと定められた。ただし、当該プランからの分配は課税対象となった。従業員拠出は課税対象所得として扱われたが、それらの拠出からの投資収益には課税されなかった。従業員拠出は分配時に控除が認められた。Revenue Act of 1926では、年金プラン（すなわち、DBプラン）が適格な繰延報酬として追加された。Holden, Brady, and Hadley 2006aで説明されているとおり、1950年代のIRS規則では、現金もしくは繰延制度（CODA）を通じた従業員拠出に全額課税繰延を認めることとなった。CODAは、現在の401(k)プランの前身であった。

6　雇用者は課税繰延から直接恩典を得ることはない。雇用者が純事業所得を計算する際に、事業収益から退職資金制度への拠出を控除できるようにすることは、通常の税制構造では純事業所得は収益から費用を差し引いたものと定義されているので、租税支出ではない。

7　Debt Reduction Task Force of the Bipartisan Policy Center 2010とNational Commission on Fiscal Responsibility and Reform 2010の両方が、連邦政府債務を減少させ、所得税を改革するための包括的プランに20/20提案を含んでいた。2014年のDCプランへの年間合計拠出限度額は、52,000ドルまたは報酬の100％のうち少ないほうであった。

8　たとえば、米国2013会計年度から大統領予算提案の例（U.S. Department of the Treasury 2012, 2013, 2014, および2015）およびHouse Ways and Means Chairman Camp's 2014の税制改革提案（Tax Reform Act of 2014）を参照のこと。

9　たとえば、Batchelder, Goldberg, and Orszag 2006を参照のこと。

10　たとえば、Gale, Gruber, and Orszag 2006、Gale 2011およびGale, John, and Smith 2012を参照のこと。

11　雇用者が設定した退職年金制度への雇用者による拠出は、それがDBプランでもDCプランでも、従業員の繰延として同じ連邦所得税の取扱いを受ける。本章の注記6で説明したように、雇用者が純事業所得を計算する際に、事業収益から退職年金制度への拠出を控除できるようにすることは、税制の優遇ではない。その代わりに、これは優遇措置に相当する個人所得税に基づく雇用者年金拠出の扱いとなる。繰延された報酬の現在価値を含む報酬は、通常の所得税構造のもとでは個人の所得に含まれる。特別規則では、報酬に対する所得税を、DB年金制度とDC年金制度などの適格繰延報酬のかたちで繰延することができる。

12　他の政策オプションでは、より直接的に生涯所得の低い個人を対象にして、彼らが確実に適切な退職後の財源をもつことができるようにしている。たとえば、社会保障制度が改革される場合、生涯所得が低い就労者に対する社会保障給付の維持または引下げ制

限により、生涯所得の低い就労者により直接恩典を与えるだろう。

13　たとえば、本分析における課税繰延の恩典の推定には、セーバーズ・クレジットの影響は含んでいない（第2章の注記29の説明を参照）。所得21,000ドルの就労者がセーバーズ・クレジットを請求し、シミュレーションに他の変更がない場合、課税繰延の生涯恩典は、生涯報酬の約0.5％から生涯報酬の約0.6％に増加し、約20％増加するだけである。

14　たとえば、Congressional Budget Office 2015の図4を参照のこと。

15　Federal Reserve Board 2013のSurvey of Consumer Financesのデータを使用し、ICIが表を作成。

16　第4章で示されているとおり、就労者の限界税率が退職後に増加しない場合、課税繰延は通常の所得税構造における貯蓄の阻害要因を取り除くことになる。しかしながら、生涯所得がより中間の就労者では、社会保障給付の段階的除外によって、必ずしも貯蓄の阻害要因を相殺するとは限らない。

17　雇用者による退職年金制度を規定する規則は、税法や関連規制のなかでも最も長く、最も複雑なものである。適格性と課税の取扱いに関して異なる規則が存在する複数のIRAオプションも複雑なものである。

18　図7.2の税務上の恩典評価の逸脱については、付論の図A.4と本文関連個所を参照のこと。

19　課税繰延が、定率25％の払戻可能な税額控除に置き換えられる場合、拠出によって333ドル（＝1,333ドル*0.25）の税還付が発生するため、1,333ドルの拠出は就労者にとって正味1,000ドルのコストしかかからない。就労者が早期引出しのペナルティの対象ではなく、分配に新しい制限が課されない場合、所得税負担を発生させずに1,333ドルの拠出全額を引き出すことができる。その結果、チャーニングによって従業員は333ドルを得る。

20　ペナルティの対象となる場合、就労者は1,333ドルの引出しに対して133ドルの罰金を支払うことになり、その結果、税引後の引出額は1,200ドルとなり、税の恩典は200ドルとなる。

21　59.5歳よりも若い就労者の適格プランからの分配は、一般的に10％のペナルティの対象となる。ペナルティの例外には、次のものが含まれる。①死亡や障害に起因する分配、②雇用者による退職年金制度からの分配で、離職した就労者が受け取るもの、および一連の実質的に同等の定期的支払いの一部、または分配時に55歳以上の個人が受け取るもの、③特定の医療費を支払うためのIRAからの分配、初めて住宅を購入する際の費

用、適格な高等教育費、失業した個人の健康保険費用、もしくは一連の実質的に同等の定期的支払いの一部。

22　図7.3の税務上の恩典評価の逸脱については付論の図A.3と本文関連個所を参照のこと。

CONCLUSION

結　　論

最初の租税支出評価が1960年代に米国財務省から発表されて以来、租税支出は税制改革の論議で中心的役割を果たしてきた。当然のことながら、より最近の税制改革提案も租税支出を削減もしくは排除することに焦点を当てている。しかし、以前の税法改正の取組みとは異なり、最近の政策論議は租税支出からどの納税者が恩典を受けるかにより重きを置いている。

　租税支出の配分分析が近年の政策論議に大きな役割を果たしていることを勘案し、本書では米国政府による国民の退職後資金支援制度がもたらす恩典の累進性の評価を示す。この研究は、租税支出評価という同一の指標を使用して、課税繰延と社会保障制度の両方の恩典を測定した最初の研究である。この分析は、課税繰延を単独で評価した過去の研究結果を解釈する背景を提供し、課税繰延と社会保障制度を組み合わせた場合、どのように米国の就労者に退職後の恩典を与えているかの理解を深めることを目的としている。

　本書の推定では、課税繰延と社会保障制度を組み合わせた場合、米国の退職後資金支援制度は全体として累進的であることを示している。すなわち、課税繰延の恩典と社会保障制度の恩典を組み合わせてみると、生涯総報酬に対する割合としてみた場合、生涯所得の低い就労者のほうが米国の退職後資金支援制度から大きな生涯恩典を受け取っている。年間データを使用した従前の研究結果と一致しているが、所得に対する割合としてみた課税繰延の恩典は、生涯所得の高い就労者のほうが大きくなる。しかしながら、課税繰延は、社会保障制度と組み合わせることで機能しており、社会保障制度の恩典は非常に累進的である。

　米国の退職後資金支援制度の累進性を示すことに加えて、本書のシミュレーションでは、課税繰延の恩典について広く信じられている2つの誤解の解消にも取り組んでいる。

> » 第一の誤解は、高所得の就労者は、(高い限界税率から) 繰延する報酬の1ドルからより大きな恩典を得られるので、彼らのほうが課税繰延から大きな恩典を受けているという誤解である。実際に、高生涯所得の就労者は、課税繰延からより大きな恩典を得ているが、その理由は1ドル当

りの恩典が大きいからではなく、より多くの金額を繰り延べているから
である。そして彼らがより多くの金額を繰り延べる理由は、社会保障が
退職前所得の低い割合しか代替しないからである。

» 第二の誤解は、課税繰延が存在することによって、現行の所得税制度は
貯蓄に「逆効果」となるインセンティブを与えているという誤解であ
る。実際には、課税繰延は就労者全体に対して貯蓄のインセンティブを
平準化している。通常の所得税の取扱いは、投資収益に課税することで
貯蓄を阻害し、その結果、より所得の高い就労者の貯蓄インセンティブ
が最も低くなる。課税繰延は投資収益に税率ゼロで課すことを通じて、
すべての就労者に同等の貯蓄インセンティブを与えている。

従前の研究において課税繰延の判断に使用されたものと同じ基準を用い
て、この調査では米国の退職後資金支援制度が累進的であることを示してい
る。しかしながら、本書の著者は、そのような租税支出の配分評価は、所得
税改革を進める際に大きな役割を果たすべきではないと考えている。

税制改革を進める際に、特定の税法条項の累進性に狭義の焦点を当てると
見誤ることになる。税制改革は、多くの税法条項の変更を伴う。重要なこと
は、税制改革パッケージが全体として所得税全体の累進性に及ぼす影響であ
る。累進性の目標は、税制改革プロセスの初期段階に設定することができ
る。これらの目標を満たす改革のパッケージは、累進性以外には、水平的な
公平性、経済の成長性、簡易性の基準により判断される。個別に評価した場
合、それ自身は累進的でなくても、理にかなった政策目標に取り組む税制条
項であれば、税制改革のパッケージに含めることができる。

公平性、経済の成長性、簡易性の基準からみると、課税繰延の点数は高
い。課税繰延は間違いなく税法の公平性を高める。就労者が退職するまでそ
の報酬の一部の留保を許容することで、ライフサイクルが所得に及ぼす影響
を減らし、結果として、就労者の生涯の状況をより良く表す課税対象年収の
尺度が得られる。課税繰延は、経済の効率性にプラスの影響を与える。投資
収益に効果的に税率ゼロを課すことにより、課税繰延は所得税に内在する貯

蓄の阻害要因を相殺する。また課税繰延は、IRSにとっては管理が容易で、就労者にとっては理解が簡単である。

　対照的に、課税繰延にさらに制限を加えたり、根本的に変更したりする提案は、水平的な公平性を損ね、税法をかなり複雑にするだろう。提案の多くが、DCプランだけを対象にしたり、従業員が行うDCプランやIRAへの課税繰延拠出だけを対象にしたりしており、適格な繰延報酬のすべての形式を全体としてみればほぼ中立的になっている現在の課税の取扱いを変えてしまうだろう。課税繰延の前倒しの恩典を変更する提案は、退職金プランに拠出する意思決定をかなり複雑なものにし、IRSは適切な管理のために多くの財源を必要とするだろう。

謝　　辞

本書の内容の責任はひとえに著者が負うものであるが、本書の刊行にあたっては多くの方々にご協力をいただいた。

　Brian ReidとSarah Holdenには、私の研究の初期段階のドラフトに目を通していただき、税金の専門家以外の方々にもこの研究がわかりやすいものとなるよう、数多くの助言をいただいた。この本の編集にあたっては、私の長文の原稿を削り込むというめんどうな作業をしていただいたMiriam Bridgesに多くを負っている。Janet Zavistovichはこの本のデザインを担当してくれた。そしてICIの広報チームにもお世話になった。ICIの多くのスタッフ、Steven Bass、AnnMarie Pino、Michael Bogdan、Kimberly Burham、Grace Kelemenには折に触れ手助けをいただいた。ICIのプレジデント兼CEOを務めるPaul Schott Stevensには、ICIの調査部門に長年にわたるコミットメントをいただいたことに加え、このプロジェクトについても熱心なサポートをいただき厚く御礼を申し上げたい。

　ICI以外では、税制や退職後政策の分野における数多くの同僚と多くの議論を行うことで有益な示唆を得ることができた。Jim Nunns、Sylvester Schieber、John SabelhausはTax Economist Forumの同僚であり、Urban Instituteと米議会予算局において行った"手弁当"の発表仲間である。

　最後に、私がしばしば夕食の時間に遅れたことを理解してくれ、夕食のときに税制の話を持ち出すことに耐えてくれた私の妻のRachelと子供たちのShannonとJamesにも礼をいいたい。

Proposals to Further Limit or Fundamentally Change Tax Deferral

課税繰延への追加的な制限付与と
根本的な変更に対する提案

税制システム改革に関する近年の政策論議において、退職プランの課税上の取扱いを変更する提案は、基本的に２つの異なったアプローチを採用している。１つ目の提案は、DCプランへの毎年の拠出限度額にさらなる制限を加えるものである。もう１つの提案は、DCプランやIRAが享受する税の前倒しの恩典を減額しようとするものである。

　この付論では、これらの提案の内容を述べたうえで、現行法との比較を行う。DCプランへの毎年の拠出限度額を減らす提案は、課税繰延を相当制限することになり、歴史的に守られてきたDCプランへの拠出制限とDBプランからの給付制限との連動性を損なってしまう。税の前倒しの恩典に制限を加える提案は、提案者は穏健な内容と主張しているが、適格な繰延報酬の課税の取扱いを根本的に変えてしまうことになる。

■ DCプランへの拠出にさらなる制限を加える提案

　"超党派政策センターに属する債務削減タスクフォース"（2010年）と"財政責任・改革に関する国立委員会"（2010年）の双方において、連邦政府債務の削減と所得税改革のための包括プランとしていわゆる20/20提案がなされた。ここで（従業員と雇用者の合計で）DCプランへの年間拠出限度額を20,000ドルまたは所得の20％の少ないほうにすることが提案された（2014年にこの限度額は52,000ドルまたは所得の100％の少ないほうであった）。

1974年以降のDCプランへの拠出限度額

　DBプランからの年間給付額とDCプランへの年間拠出額に対する限度額は、1974年のERISA法（雇用者の退職所得確保法）によって創設された。DCプランの課税繰延は1921年の歳入法により、DBプランの課税繰延は1926年の歳入法により明示的に可能となっていたが[1]、ERISA法が施行されるまで、DBプランからの年間給付額とDCプランへの年間拠出額に明示的な限度

額は存在していなかった。ERISA法が創設されるまでは、非差別ルールが給付と拠出に間接的な制限を加えていたが、そこでは、雇用者が高所得就労者に与えられる給付と拠出に制限を設けていた。

　ERISA法の創設以降、法令の改定により、DCプランへの（雇用者と従業員合計の）年間拠出限度額がインフレ調整後の価値に減額されてきた（図A.1）。1974年のスタート時点では、この年間拠出限度額は25,000ドルまたは従業員の所得の25％の少ないほうであった（図A.1の上段）。ERISA法では限度額を当初インフレ連動としており、名目額は1982年に45,475ドルに増額された。財政からの圧力により、米議会は1983年に拠出限度額を30,000ドルに減額する法律を成立させた[2]。その後2000年まで30,000ドルに凍結することが続いたが、インフレ連動により2001年に35,000ドルに増額された[3]。2002年には、2001年経済成長減税改革法（EGTRRA）により40,000ドルまたは所得の100％の少ない方に増額された[4]。その後、インフレ調整がなされ現在に至っている。インフレ調整後の実質額でみると、現在の法令上の限度額は1975年当時の半分以下となっている（図A.1の下段）。

DBプランとDCプランの連動性推移

　20/20提案は、歴史的に守られてきたDBプランからの給付限度額とDCプランへの拠出限度額との連動性を損なうものになる（図A.2）。ERISA法によって確立された限度額は、DBプランとDCプランの十分性についておおむね同じ制限を設けることを意図していた。DBプランからの年間給付限度額は当初DCプランへの年間拠出限度額の3倍であった。米議会は1982年に両方の限度額を減額し、1986年の税制改革法が成立するまで限度額はインフレ連動ではなかった。しかしながら、雇用者にDBプランの提供を促すため、米議会は、DBプランからの給付限度額がDCプランへの拠出限度額の4倍になるまで、DC拠出限度額のインフレ連動を差し控えた[5]。

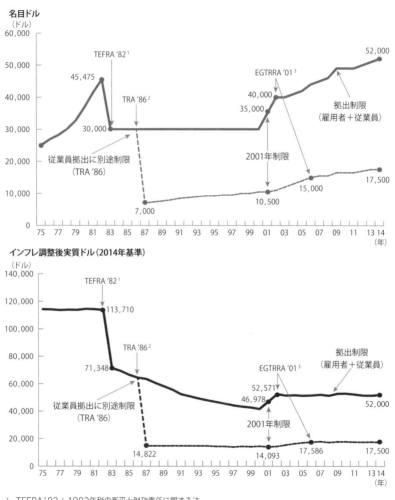

図 A.1
ERISA法創設以降のDCプランの年間拠出限度額
DCプランの年間拠出限度額、名目ドルおよびインフレ調整後実質ドル（2014年基準）、1975年～2014年

名目ドル
（ドル）

TEFRA '82[1]

45,475

30,000

TRA '86[2]

従業員拠出に別途制限
（TRA '86）

EGTRRA '01[3]

40,000

35,000

拠出制限
（雇用者＋従業員）

2001年制限

52,000

7,000

10,500

15,000

17,500

75 77 79 81 83 85 87 89 91 93 95 97 99 01 03 05 07 09 11 13 14
（年）

インフレ調整後実質ドル（2014年基準）
（ドル）

TEFRA '82[1]

113,710

71,348

TRA '86[2]

従業員拠出に別途制限
（TRA '86）

14,822

EGTRRA '01[3]

52,571

46,978

2001年制限

拠出制限
（雇用者＋従業員）

52,000

14,093

17,586

17,500

75 77 79 81 83 85 87 89 91 93 95 97 99 01 03 05 07 09 11 13 14
（年）

[1] TEFRA'82：1982年税の衡平と財政責任に関する法
[2] TRA'86：1986年財政改革法
[3] EGTRRA'01：2001年経済成長および減税調整法

出典：Investment Company Institute summary of Internal Revenue Code

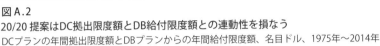

図 A.2
20/20 提案はDC拠出限度額とDB給付限度額との連動性を損なう
DCプランの年間拠出限度額とDBプランからの年間給付限度額、名目ドル、1975年〜2014年

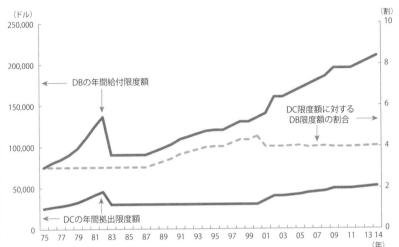

注記：倍率は1997年、1998年、1999年に4倍以上あった。その理由は、DC年間拠出限度額とDB年間給付限度額はインフレ連動で調整されていたが、1995年以降は5,000ドル刻みで切り捨てるルールが適用されたからである。すなわち、限度額は1995年基準でインフレ調整された額に等しくなるよう設定されたが、5,000ドル刻みで切り捨てられた。DB年間給付限度額は、DCよりも頻繁に改定された。その理由は、DBのほうが年間限度額が大きいため、5,000ドルの閾値を超えるインフレ調整が少なくなったためである。倍率は2001年に4倍に戻った。この時にインフレ調整後の年間拠出限度額は35,000ドルを超えていた。2001年に議会を通過した法令により、2002年に開始する限度額が増額され、年間拠出限度額に適用される切り捨てルールの刻みが1,000ドルに改定された。その結果、2001年以降の倍率は4倍近い水準が継続した。

出典：Internal Revenue Service and Investment Company Institute

■ 課税繰延の前倒しの恩典に制限を加える3つの提案

高い限界所得税率を課される就労者が退職プラン拠出時に享受する税の前倒しの恩典に制限を加える提案には、少なくとも3つのタイプが存在する。

» 課税繰延の前倒しの恩典に"上限（cap）"を設定[6]
» 払戻可能税額控除に定率を適用[7]

» 政府マッチング拠出に定率を適用[8]

　前倒しの恩典への上限設定、定率の払戻可能税額控除、定率の政府マッチング拠出は機能的には異なった働きをするが、高い限界所得税率を課される就労者が享受する課税繰延の恩典を減らす程度は同じである。低い限界所得税率を課される就労者にとって、前倒しの恩典に上限を設定することは、課税繰延の恩典に影響を及ぼさない。これとは対照的に、定率の払戻可能税額控除や定率の政府マッチング拠出は、低い限界所得税率を課される就労者にとっては課税繰延の恩典を増加させる。

　課税繰延の前倒しの恩典に上限を設定する提案は、退職後に備えた貯蓄に対する課税の取扱いに重大な変更を与える。この提案は、課税繰延の恩典に対する誤解に基づいているようにみえる。税金を繰り延べることは、控除でもなく免除でもない。退職後に備えた拠出という税の前倒しの恩典に上限を設けることは、恣意的に就労者を罰することになり、特に退職間近の就労者の課税繰延の恩典を著しく減らすことになる。

前倒しの恩典に上限を設定する

　前倒しの恩典に上限が設定されると、所得税負担の当初計算は現行法における計算と同じになるが、キャップ・レートよりも高い税率を課される就労者は、退職プランへの拠出に別途課税（拠出金課税）がなされることになる。拠出金課税の税率は、その就労者の限界税率とキャップ・レートの差になる。たとえば、キャップ・レートを25％とすると、退職後に備えた拠出を行う個人は現行法に基づく所得税額を計算するが、限界税率が25％以上の納税者は追加で税金を支払うことになる。法定税率が35％の就労者を考えてみよう。退職後に備えた拠出は課税される賃金と給与所得から控除され、フォームW-2とフォーム1020の7行目で報告され、当初課税額の計算に使われる課税対象所得の算定から控除される。しかしながら、当初税額を計算した後で、追加の税額が加えられ、現行法においては、代替的最低税

（AMT）として当初税額計算に加えられる。このケースでは、納税者は追加で10％の税金—納税者の限界税率である35％とキャップ・レートである25％の差—を退職プランへの拠出額に対して支払うことになる。拠出金に対する課税の取扱いにこの他の変更は加えられない。特に、退職プランからの給付の100％が課税対象となることは変わらない。

定率の払戻可能税額控除

　定率の払戻可能税額控除が導入されると、退職プランへの拠出は所得から控除されなくなるが、退職プラン拠出の率（パーセンテージ）と同額の税金が所得税額の当初計算から除外される。たとえば、払戻可能税額控除が25％の場合、退職プランへの拠出はフォームW-2とフォーム1040の7行目で報告される賃金・給与所得に含まれ、当初課税額の計算に使われる課税対象所得の算定に含まれる。しかしながら、当初税額を計算した後で、退職プランへの拠出の25％に等しい額が税額から控除される。税額控除の額が当初計算した税額を上回る場合、就労者は税金払戻しの小切手を受け取る。拠出金に対する課税の取扱いにこの他の変更は加えられない。特に、退職プランからの給付の100％が課税対象となることは変わらない。

定率の政府マッチング拠出

　定率の政府マッチング拠出が導入されると、退職プランへの拠出は所得から控除されないが、政府はマッチング拠出分を就労者のために退職プランに直接預託することになる。拠出金に対する課税の取扱いにこの他の変更は加えられない。特に、退職プランからの給付の100％が課税対象となることは変わらない。

経済的に同等な払戻可能税額控除とマッチング拠出であっても率が異なる
　高い法定税率が適用される就労者にとって、25％のキャップ・レートと25％の払戻可能税額控除は経済的に同等である。2つの提案の唯一の違い

は、法定税率が25％未満の就労者の取扱いであり、25％未満の就労者は払戻可能税額控除からより大きな恩典を得る。

これとは対照的に、25％の払戻可能税額控除と25％の政府マッチング拠出は同等ではない。25％の払戻可能税額控除は、従業員拠出の3分の1（33.3％）に等しい政府マッチング拠出と経済的に同等である。異なる率でも同等とみなされるのは、払戻可能税額控除は"込み"の率（すなわち、払戻可能税額控除の価値を含む）であるのに対して、政府マッチング拠出率は"除き"の率（すなわち、政府マッチング拠出の価値を除く）であるからである[9]。

高い限界税率が適用される就労者の事例

図A.3は、限界税率が35％の就労者にとっての退職プラン拠出に対する課税の取扱いを、現行法と3つの提案について図示したものである。例示のなかでは、報酬のうち1,000ドルを拠出に充当し、投資収益は6％の金利収入とし、個人の限界税率は時間が経過しても不変と仮定している。

現行法における課税繰延の恩典

現行法において就労者は、報酬のうち1,000ドルを退職プランに拠出するか、1,000ドルを直ちに受け取って、フォーム1040の7行目で報告する課税対象の賃金・給与所得に含め、課税対象投資口座に課税後として拠出することができる。もし就労者が所得の繰延を選択した場合、所得のうち1,000ドル全額が退職プランに拠出される（図A.3(1)）。就労者が1,000ドルを直ちに受け取ることを選択した場合、350ドル（1,000ドル×35％）が所得税として差し引かれ、残りの650ドルが課税対象口座に拠出される（図A.3(2)）。

所得税の前倒しの減額は課税繰延の恩典とはいえない。課税繰延の恩典とは、課税対象口座と対比して、就労者が退職後に得られる追加的な課税後の分配となる。第4章で詳述したように、課税繰延の恩典は所得の繰延期間が

長期になるほど増加する。

　もし就労者に早期引出しの罰則が科されず、退職プランへの拠出を直ちに引き出すことを決定した場合、課税繰延の恩典は得られない（図A.3(3)）。退職プランには1,000ドルの残高があるものの、引き出してしまった場合、その全額が所得税の課税対象となり、課税後の分配額は650ドルとなる（図A.3(1)）。課税対象口座には650ドルの残高しかないものの、引き出した後に所得税は課されず、課税後の分配額は650ドルとなる（図A.3(2)）。拠出後直ちに引き出した場合には、税金が繰り延べられないため、課税繰延の恩典は得られない。

　課税繰延の恩典は、投資収益への税率がゼロである恩典と同等である。税率ゼロが適用される恩典は、毎年税金が繰り延べられることで増加する[10]。たとえば、拠出金が1年後に引き出された場合、課税繰延退職プランは税引後で689ドルを分配する（図A.3(1)）[11]。これとは対照的に、すべての税金を支払った後で、課税対象口座は675ドル（図A.3(2)）を分配することになり、14ドル（図A.3(3)）[12]少なくなる。現在価値でみると、1年間継続したことによる課税繰延の恩典は13ドル（図A.3(4)）[13]となる。拠出期間が長期になるほど税の恩典は大きくなり、現在価値でみると、5年の拠出期間で62ドル、10年の拠出期間で118ドルとなる。

代替案における課税繰延の恩典

　3つの提案のいずれも課税繰延の本質を根本的に変えてしまう[14]。3つの代替的な課税の取扱いはお互いに異なったかたちで実行されるが、3つの施策はすべて同じ金額を当初退職口座に拠出することになる（図A.3）。

　» 課税繰延の前倒しの恩典を25％に制限する場合、1,000ドルの所得によって退職プランに867ドルを拠出することになる（図A.3(5)）[15]。残りの133ドルは当年度所得とみなされ、所得税47ドル（133ドル×35％）と

図 A.3
高い限界税率が適用される就労者向けの代替的課税の取扱いの提案

前提条件:

ファンド拠出に使用される税引前報酬	1,000 ドル
税引前投資収益（金利）	6%
限界税率	35%
限界税率は時間の経過とともに変化しない	

	現行法		現行法の税の恩典		代替的課税の取扱い			代替的課税の取扱いの税の恩典	
	課税繰延 (1) (ドル)	課税対象 個人投資口座 (2) (ドル)	名目 (3) (ドル)	現在価値 (4) (ドル)	25%上限 (5) (ドル)	25%払戻可能 税額控除 (6) (ドル)	33%政府 マッチング拠出 (7) (ドル)	名目 (8) (ドル)	現在価値 (9) (ドル)
報酬	1,000	1,000			1,000	1,000	1,000		
課税対象報酬	0	1,000			133	1,000	1,000		
当初計算所得税額	0	350			47	350	350		
払戻可能税額控除 (-)	NA	NA			NA	217	NA		
拠出税 (+)	NA	NA			87	NA	NA		
最終所得税額	0	350			133	133	350		
就労者の拠出	1,000	650			867	867	650		
政府マッチング拠出	NA	NA			NA	NA	217		
拠出合計	1,000	650			867	867	867		

次ページに続く

図A.3 前ページからの続き
高い限界税率が適用される就労者向けの代替的課税の取扱いの提案

	現行法		現行法の税の恩典		代替的課税の取扱い			代替的課税の取扱いの税の恩典	
	課税繰延 (1) (ドル)	課税対象 個人投資口座 (2) (ドル)	名目 (3) (ドル)	現在価値 (4) (ドル)	25%上限 (5) (ドル)	25%払戻可能 税額控除 (6) (ドル)	33%政府 マッチング拠出 (7) (ドル)	名目 (8) (ドル)	現在価値 (9) (ドル)
税引後拠出 **（早期引出しに罰則なし）**					税引後と同じ				
直後に引出し	650	650	0	0	--------	563	--------	-87	-87
1年後に引出し	689	675	14	13	--------	597	--------	-78	-74
5年後に引出し	870	787	83	62	--------	754	--------	-33	-25
10年後に引出し	1,164	953	211	118	--------	1,009	--------	56	31

NA＝該当なし
出典：ICI calculations

拠出税87ドル（867ドル×10%）の支払いに充当される。

» 払戻可能税額控除を25％とする場合、1,000ドルの所得によって退職プランに867ドル拠出することになる（図A.3(6)）。残りの133ドルは所得税の支払いに充当される。1,000ドル全額が当年度所得とみなされる。初年度の所得税計算では、1,000ドルの所得は350ドルの税負担を生む。しかしながら、税額控除の217ドル（867ドル×25%）による相殺効果を勘案すると、所得税負担は133ドル（350ドル−217ドル）となる。

» 政府マッチング拠出を33％とする場合、1,000ドルの所得によって退職プランに650ドル拠出することになる（図A.3(7)）。残りの350ドルは所得税の支払いに充当される。しかしながら、政府は217ドル（650ドル×33％）のマッチング拠出を行うため、拠出額総額は867ドル（650ドル＋217ドル）となる。

現行法と異なり、就労者に早期引出しの罰則が科されず、退職プランへの拠出を直ちに引き出すことを決定した場合、就労者は退職プランへの拠出によって損をすることになる（図A.3(8)）。3つのすべての代替案において、口座残高の867ドルを引き出すことは303ドル（867ドル×35%）の所得税負担を発生させ、税引後の分配は563ドルとなった。単純に所得に対して所得税を支払い、税引後で課税口座に拠出することと比べ、就労者は87ドル（650ドル−563ドル）損をすることになる。

課税繰延の前倒しの恩典の上限を超える限界税率が適用される就労者に対して、3つのすべての代替案は拠出税をそれぞれ効果的に課す。拠出金が口座に十分長く滞留して投資されれば、課税繰延の恩典は結果として拠出税を上回る（図A.3(9)）。この事例では、拠出金の投資滞留期間が8年を超えてから分配を受けると、就労者は得をする（図A.3参照）。しかしながら、拠出金の投資滞留期間が拠出税を相殺するほど長期になった後は、課税繰延の恩典は急速に減少する。10年後に税の恩典は、現在価値でみて118ドル（図A.3

(4))から31ドル（図A.3(9)）に74％減少し、20年後には50％近く減少する（図A.3には表示せず）[16]。

低い限界税率が適用される就労者の事例

　図A.4は、15％の限界税率が適用される就労者の退職プランへの拠出に対する課税の取扱いについて、現行法と3つの代替的提案に分けて示している。図A.3の例示と同じく、報酬のうち1,000ドルを拠出に充当し、投資収益は6％の金利収入とする。

現行法における課税繰延の恩典

　現行法において、就労者が報酬の繰延を選択する場合、報酬のうち1,000ドル全額を拠出する（図A.4(1)）。就労者が拠出金を直ちに引き出すことを選択すると、150ドル（1,000ドル×15％）が所得税として徴収され、残りの850ドルが課税投資口座に拠出される（図A.4(2)）。

　このケースでも、所得税の前倒しの減額は課税繰延の恩典とはいえない。課税繰延の恩典とは、課税対象口座と対比して、就労者が退職後に得られる追加的な課税後の分配となる。

　もし就労者に早期引出しの罰則が科されず、退職プランへの拠出を直ちに引き出すことを決定した場合、課税繰延の恩典は得られない（図A.4(3)）。退職プランには1,000ドルの残高があるものの、引き出してしまった場合、その全額が所得税の課税対象となり、課税後の分配額は850ドルとなる（図A.4(1)）。課税対象口座には850ドルの残高しかないものの、引き出した後に所得税は課されず、課税後の分配額は850ドルとなる（図A.4(2)）。

　拠出金が退職プランに長く滞留するほど、課税繰延の恩典は大きくなる。たとえば、拠出金が1年後に引き出された場合、課税繰延退職プランは税引

図A.4
低い限界税率が適用される就労者向けの代替的課税の取扱いの提案

前提条件

ファンド拠出に使用される税引前報酬	1,000ドル
税引前投資収益（金利）	6%
限界税率	15%
限界税率は時間の経過とともに変化しない	

	現行法		現行法の税の恩典		代替的課税の取扱い			代替的課税の取扱いの税の恩典	
	課税繰延 (1)（ドル）	課税対象個人投資口座 (2)（ドル）	名目 (3)（ドル）	現在価値 (4)（ドル）	25%上限 (5)（ドル）	25%払戻可能税額控除 (6)（ドル）	33%政府マッチング拠出 (7)（ドル）	名目 (8)（ドル）	現在価値 (9)（ドル）
報酬	1,000	1,000			1,000	1,000	1,000		
課税対象報酬	0	1,000			0	1,000	1,000		
当初計算所得税額	0	150			0	150	150		
払戻可能税額控除(-)	NA	NA			NA	283	NA		
拠出税(+)	NA	NA			0	NA	NA		
最終所得税額	0	150			0	-133	NA		
就労者の拠出	1,000	850			1,000	1,133	850		
政府マッチング拠出	NA	NA			NA	NA	283		
拠出合計	1,000	850			1,000	1,133	1,133		

次ページに続く

図A.4 前ページからの続き

低い限界税率が適用される就労者向けの代替的課税の取扱いの提案

	現行法		現行法の税の恩典		代替的課税の取扱い			代替的課税の取扱いの税の恩典	
	課税繰延 (1) (ドル)	課税対象 個人投資口座 (2) (ドル)	名目 (3) (ドル)	現在価値 (4) (ドル)	25%上限 (5) (ドル)	25%払戻可能 税額控除 (6) (ドル)	33%政府 マッチング拠出 (7) (ドル)	名目 (8) (ドル)	現在価値 (9) (ドル)
						------ 税引後金額は同じ ------			
税引後拠出 **（早期引出しに罰則なし）**									
直後に引出し	850	850	0	0	850	------	963	113	113
1年後に引出し	901	893	8	7	901	------	1,021	128	121
5年後に引出し	1,137	1,090	47	35	1,137	------	1,289	199	149
10年後に引出し	1,522	1,398	124	69	1,522	------	1,725	327	183

NA＝該当なし
出典：ICI calculations

後で901ドルを分配する（図A.4(1)）[17]。これとは対照的に、すべての税金を支払った後で、課税対象口座は893ドル（図A.4(2)）を分配することになり、8ドル（図A.4(3)）[18]少なくなる。現在価値でみると、1年間継続したことによる課税繰延の恩典は7ドル（図A.4(4)）[19]となる。拠出期間が長期になるほど税の恩典は大きくなり、現在価値でみると、5年の拠出期間で35ドル、10年の拠出期間で69ドルとなる。

代替案における課税繰延の恩典

　高い限界税率が適用される就労者のケースと異なり、3つの代替的な課税の取扱いは、同じ金額を当初退職口座に拠出することにならない。15%の限界税率が適用される就労者にとって、前倒しの税の恩典に25%の上限を設定することは、現行法と対比して当初拠出に影響を及ぼさない（図A.4(5)）。25%の払戻可能税額控除と従業員拠出の3分の1（33.3%）に相当する政府マッチング拠出は当初拠出額に同様の変化をもたらす。

» 払戻可能税額控除を25%とする場合、1,000ドルの所得によって退職プランに1,133ドル拠出することになる（図A.4(6)）。この提案では、拠出の多寡にかかわらず、すべての報酬が所得税の対象となる。退職プランへの拠出がない場合、1,000ドルの所得から150ドルの所得税が差し引かれ、850ドルの税引後所得となる。退職プランに1,333ドルを拠出した場合、拠出により払戻可能税額控除は283ドルとなる。払戻可能税額控除283ドルを控除すると、1,133ドルの拠出は税引後所得を850ドル減らすことになる。したがって、税引後所得でみると、1,133ドルの拠出は1,000ドルの課税所得と同等の負担を就労者に課すことになる[20]。

» 政府マッチング拠出を33%とする場合、1,000ドルの所得によって退職プランに850ドル拠出することになる（図A.4(7)）。残りの150ドルは所得税の支払いに充当される。しかしながら、政府は283ドル（850ドル×33%）のマッチング拠出を行うため、拠出額総額は1,133ドル（850ドル＋283ドル）となる。

払戻可能税額控除であっても、政府マッチング拠出であっても、低い限界税率が課される就労者にとって課税繰延の性質を根本的に変えることになる。現行法においては、課税繰延が恩典をもたらすのは、拠出金が口座に滞留している場合であり、時間の経過とともに恩典はゆっくりと大きくなる。拠出金が相当の長期にわたって投資滞留しない限り、繰延の恩典は穏やかなものになる。上記の2つの代替的政策のどちらについても、ただ退職プランに拠出するだけで大きな税の恩典が得られる。まさに現行法において拠出の恩典は、当初拠出した後に、経年的に時間をかけて大きくなるのである。

　現行法と異なり、早期引出しの罰則を科されない低い限界税率の就労者は、退職プランに拠出して直ちに拠出金を引き出せば、払戻可能税額控除を受け取ったり、政府マッチング拠出を受け取ったりすることで相当の税の恩典を受けることになる（図A.4(8)）。代替的提案の両方において、1,133ドルの拠出残高は170ドル（1,133ドル×15％）の所得税を発生させ、税引後拠出は963ドルとなる。単純に報酬に対して所得税を支払い、課税口座に税引後で拠出することと比べて、就労者は113ドル（963ドル－850ドル）ほど得することになる。

　低い限界税率が課される就労者にとって、これらの提案は拠出に効果的に補助金を提供することになる。提案された代替案における繰延の恩典は、拠出に対する補助金と課税繰延の恩典の合計となる。課税繰延の恩典と異なり、拠出に対する補助金は、現在価値でみて、繰延期間が長期化しても増加しない。

付論 — 注記

1 第7章の注記5を参照のこと。

2 Tax Equity and Fiscal Responsibility Act of 1982 § 235（PL 97-248）では、DCプラン拠出の総限度額を30,000ドルに引き下げ、1985年までインフレ調整を許さなかった。Deficit Reduction Act of 1984 § 15（PL 98-369）では、1987年までインフレ調整を延期した。Tax Reform Act of 1986（TRA '86）では調整が復活したが、インフレ調整によりDBプランの年間給付限度額がDCプランの年間拠出額制限の3倍（ERISA法施行以降の値）から4倍に増加するまで、DCプランの年間拠出限度額の調整を延期した。実施は1995年であったが、1994年のUruguay Round Agreements Act of 1994 § 732（PL 103-465）では1995年の限度額を、両方の限度額のインフレ調整を条件に、それぞれ30,000ドルと120,000ドルに設定した。しかしながら、同法では新しく5,000ドル切り捨てルールも制定し、1995年以降の限度額は1995年の限度額をインフレ調整したものとなるが、最も近い5,000ドル単位で切り捨てることになった。これらすべての法制変更が及ぼした正味の影響は、1995年の限度額がインフレ調整後に35,000ドルを超えた2001年まで、限度額が30,000ドルに据え置かれたことである。年間拠出の総限度額の調整を遅らせたことに加えて、TRA '86では、401(k)プランにおいて従業員が選択する繰延に別途限度額を設けた。これは1987年に7,000ドルに設定されたが、1994年以降500ドル切り捨てルールの対象となった。TRA '86以前には、雇用者拠出と従業員拠出の間に区別はなかった。

3 付論の注記2を参照のこと。

4 年間拠出の総限度額の増加に加え、EGTRRAでは従業員が選択する繰延の限度額を2001年に10,500ドル、2006年に15,000ドルへと段階的に引き上げた。また、50歳以上の就労者に追加的に「キャッチアップ」拠出を行うことを許容した。

5 付論の注記2の議論を参照のこと。比率は1997年、1998年、1999年には4対1を大幅に上回った。その理由は、DC年間拠出限度額とDB年間給付限度額は両方ともインフレ調整されていたが、1995年以降の調整が5,000ドル切り捨てルールの対象となったからである。すなわち、限度額はインフレ調整後の1995年の限度額に等しく設定されたが、5,000ドル未満を切り捨てたためである。DBの年間拠出限度額は、限度額が大きくなり、インフレ連動の額が5,000ドルの閾値を超える頻度が増えたため、より頻繁に変更された。2001年にインフレ連動の年間拠出限度額が35,000ドルを超えて、倍率は4対1に戻った。2001年にEGTRRAは、限度額をそれぞれ40,000ドルと160,000ドルに引き上げて、2002年に施行した。また、年間拠出限度額の切り捨てルールを1,000ドルに変更した。その結果、年間拠出限度額はより頻繁に変更されることになり、その倍率は2001年から4対1に近い値にとどまっている。

6 たとえば、2013会計年度に始まる大統領予算提案の例（U.S. Department of the Treasury 2012, 2013, 2014 and 2015）とHouse Ways and Means Chairman Camp's 2014の税制改革提案（Tax Reform Act of 2014）を参照のこと。

7 たとえば、Batchelder, Goldberg, and Orszag 2006を参照のこと。

8 たとえば、Gale, Gruber, and Orszag 2006、Gale 2011、およびGale, John, and Smith 2012を参照のこと。

9 控除的比率を包括的比率として、また、包括的比率を控除的比率として表現することもできる。たとえば、1,000ドルの就労者拠出に対する333ドルの政府マッチング拠出は、控除ベースでみると3分の1の比率となる（333ドル/1,000ドル）。同様に、1,000ドルの就労者拠出に対する333ドルの政府マッチング拠出は、包括ベースでみると25%の比率となる（333ドル/1,333ドル）。所与の払戻可能税額控除率 t においては、同等のマッチング拠出率はt/（1−t）として計算される。この例では、払戻可能税額控除率が25%なので、同等のマッチング拠出率は3分の1（25%/75%）となる。払戻可能税額控除とマッチング拠出の率の違いについては、Gale, John, and Smith 2012を参照のこと。

10 拠出時と分配時で限界税率が同じである場合、課税繰延の恩典は、報酬が課税対象口座に拠出された場合に得られるはずの投資収益に、税率ゼロを適用することと同等である。これは、限界税率が同じである場合、分配時に支払う税金は、単純に"利子"に係る当初の税の恩典（すなわち、当初の所得税減額分に相当する当初拠出金の一部から得られる投資収益）を返戻しているだけだからである。拠出時と分配時の限界税率が異なる場合、課税繰延の恩典は、報酬が課税対象投資口座に拠出された場合に得られるはずの投資所得に税率ゼロを適用することに、税率の違いの調整を加えたものと同等である。たとえば、退職後に税率が10%低くなる場合、報酬1,000ドルに対する課税繰延の恩典は、繰延期間にかかわらず、課税対象投資口座に100ドル多い報酬が拠出された場合に得られるはずの投資所得に税率ゼロを課したものを現在価値に直したものと同等である。同様に、退職後に税率が10%高くなる場合、報酬1,000ドルに対する課税繰延の恩典は、繰延期間にかかわらず、課税対象投資口座に100ドル少ない報酬が拠出された場合に得られるはずの投資所得に税率ゼロを課したものを現在価値に直したものと同等である。この点に関するさらなる議論については、Brady 2012a、2013a及び2013bを参照のこと。

11 1,000ドルの拠出は、1年で1,060ドル（1,000ドル＋1,000ドル×6%）の残高となる。1,060ドルを引き出した場合、371ドル（1,060ドル×35%）の所得税が発生し、税引後は689ドル（1,060ドル−371ドル）となる。

12 650ドルの拠出は39ドル（650ドル×6%）の利子を生む。所得税13.65ドル（39ドル×

35%）を支払った後、1年後の残高は675.35ドル（650ドル＋39ドル－13.65ドル）となる。課税繰延の恩典は、13.65ドル（689ドル－675.35ドル）と同等となり、これは課税対象口座で生じる利子所得に課される税金に等しくなる。

13 この例では、1年後の13.65ドルは今日の12.88ドル（13.65ドル/1.06）の価値となる。

14 これらの提案がどのように課税繰延の特性を変えるかに関する追加的考察については、Brady 2013cを参照のこと。

15 拠出額を導き出す代数学はあまり直観に訴えるものではない。あえていうなら、1,000ドルの報酬では、拠出金900ドルと課税対象報酬100ドルに対する所得税35ドルと拠出税90ドルをまかなえない（900＋25＋90＝1,015）。この場合、拠出金を850ドルにすると、課税対象報酬150ドルに対する所得税52.50ドルと拠出税85ドルを支払った後お釣りが出る（850＋52.50＋85＝987.50）。
代数学を確認したい人のために、拠出額は以下の計算式により算出される。

$$\frac{C}{1 + t_{cap} + \dfrac{t_{cap} * t_i}{1 - t_i}}$$

ここで、
　C　＝拠出（この場合1,000ドル）
　t_{cap}　＝拠出税率（この場合10%）
　t_i　＝限界所得税率（この場合35%）
この場合、報酬1,000ドルで拠出できる金額は866.67ドルとなる。

16 この例では、課税繰延の前倒し恩典を制限することで、繰延期間にかかわらず、現在価値に換算して87ドルの拠出税の分だけ課税繰延の恩典が小さくなる。これは拠出額に10%課税した額である。

17 1,000ドルの拠出は、1年で1,060ドル（1,000ドル＋1,000ドル×6%）の残高となる。1,060ドルを引き出した場合、159ドル（1,060ドル×15%）の所得税が発生し、税引後は901ドル（1,060ドル－159ドル）となる。

18 850ドルの拠出は、51ドル（850ドル×6%）の利子所得を生む。所得税7.65ドル（51ドル×15%）を支払った後、1年後の残高は893.35ドル（850ドル＋51ドル－7.65ドル）となる。課税繰延の恩典は、7.65ドル（901ドル－893.35ドル）と同等となるが、これは課税対象口座で生じる利子所得に課される税金に等しくなる。

19 この例では、1年後の7.65ドルは、今日の7.21ドル（7.65ドル/1.06）の価値となる。

20 この説明を直感的にとらえることができない場合、拠出を同時に行われる一連の取引

として考えることができる。最初に、就労者は1,000ドルを拠出する。これが当初の税負担150ドル、税額控除250ドル、そして税額払戻し100ドルを生み出す。もし報酬1,000ドルの拠出から100ドルの税額払戻しが発生し、それを拠出する（合計拠出が1,100ドルとなる）ことになると、追加的な当初税負担は発生しないが、追加的な25ドルの払戻可能税額控除が発生する。もしこの25ドルが拠出されると（拠出合計額は1,125ドル）、追加的に5ドルの払戻可能税額控除が発生する。税額計算に最低制限がない場合、このプロセスは拠出額の合計が1,133.33ドルになるまで続く。その結果、報酬1,000ドルの当初拠出は合計拠出1,133.33ドルを生み出すことになる。

REFERENCES

参考文献

Aon Consulting. 2008. *Replacement Ratio Study^{TM}: A Measurement Tool for Retirement Planning.* Chicago, IL: Aon Consulting. Available at www.aon.com/about-aon/intellectual-capital/attachments/human-capital-consulting/RRStudy070308.pdf.

Arias, Elizabeth. 2006. "United States Life Tables, 2003." *National Vital Statistics Reports* 54, no. 14 (April, revised March 2007). Hyattsville, MD: National Center for Health Statistics. Available at www.cdc.gov/nchs/data/nvsr/nvsr54/nvsr54_14.pdf.

Bartlett, Bruce. 2001. "The End of Tax Expenditures as We Know Them?" *Tax Notes* 92, no. 3 (July): 413–422.

Batchelder, Lily L., Fred T. Goldberg Jr., and Peter R. Orszag. 2006. "Efficiency and Tax Incentives: The Case for Refundable Tax Credits." New York University Law and Economics Working Papers 77 (October).

Bernstein, Jared. 2014. "Room for Small Deals on Tax Policy." *New York Times*, February 3. Available at http://economix.blogs.nytimes.com/2014/02/03/federal-tax-policy-its-not-all-about-comprehensive-reform/.

Bittker, Boris I. 1969. "Accounting for Federal 'Tax Subsidies' in the National Budget." *National Tax Journal* 22, no. 2 (June): 244–261.

Brady, Peter J. 2010. "Measuring Retirement Resource Adequacy." *Journal of Pension Economics and Finance* 9, no. 2 (April): 235–262. Published online: September 8, 2008. Available at http://dx.doi.org/10.1017/S1474747208003806.

Brady, Peter J. 2012a. "Can 401(k) Plans Provide Adequate Retirement Resources?" *Public Finance Review* 40, no. 2 (March): 177–206. Published online: November 24, 2011. Available at http://pfr.sagepub.com/content/40/2/177.

Brady, Peter. 2012b. *The Tax Benefits and Revenue Costs of Tax Deferral* (September). Washington, DC: Investment Company Institute. Available at www.ici.org/pdf/ppr_12_tax_benefits.pdf.

Brady, Peter. 2013a. "Retirement Plan Contributions Are Tax-Deferred—Not Tax-Free." *ICI Viewpoints* (September). Available at www.ici.org/viewpoints/view_13_deferral_explained.

Brady, Peter. 2013b. "Marginal Tax Rates and the Benefits of Tax Deferral". *ICI Viewpoints* (September). Available at www.ici.org/viewpoints/view_13_marginal_tax_and_deferral.

Brady, Peter. 2013c. "A 'Modest' Proposal That Isn't: Limiting the Up-Front Benefits of Retirement Contributions." *ICI Viewpoints* (September). Available at www.ici.org/viewpoints/ view_13_limiting_upfront_benefits.

Brady, Peter. 2013d. "Tax Reforms Should Not Favor DB Plans over DC Plans." *ICI Viewpoints* (September). Available at www.ici.org/viewpoints/view_13_equal_tax_treatment.

Brady, Peter. 2014. "Unconventional Wisdom on Retirement Preparedness." *ICI Viewpoints* (August). Available at www.ici.org/viewpoints/view_14_four_studies.

Brady, Peter, and Michael Bogdan. 2014a. "Who Gets Retirement Plans and Why, 2013." *ICI Research Perspective* 20, no. 6 (October). Available at www.ici.org/pdf/per20-06.pdf.

Brady, Peter, and Michael Bogdan. 2014b. "A Look at Private-Sector Retirement Plan Income After ERISA, 2013." *ICI Research Perspective* 20, no. 7 (October). Available at www.ici.org/pdf/per20-07.pdf.

Brady, Peter, Kimberly Burham, and Sarah Holden. 2012. *The Success of the U.S. Retirement System.* Washington, DC: Investment Company Institute (December). Available at www.ici.org/pdf/ppr_12_success_retirement.pdf.

Brady, Peter J., Julie-Anne Cronin, and Scout Houser. 2006. "Variation in the Utilization of the Mortgage Interest Deduction Between and Within Metropolitan Areas." Paper presented at the National Tax Association Annual Conference (November). Mimeo. (October; revised March 2007).

BrightScope and Investment Company Institute. 2014. *The BrightScope/ICI Defined Contribution Plan Profile: A Close Look at 401(k) Plans.* San Diego, CA: BrightScope and Washington, DC: Investment Company Institute (December). Available at www.ici.org/pdf/ppr_14_dcplan_profile_401k.pdf.

Burman, Leonard E., William G. Gale, Matthew Hall, and Peter R. Orszag. 2004. "Distributional Effects of Defined Contribution Plans and Individual Retirement Arrangements." *National Tax Journal* 57, no. 3 (September): 671–701. Available at www.ntanet.org/NTJ/57/3/ntj-v57n03p671-701-distributional-effects-defined-contribution.pdf.

Burtless, Gary, and Eric Toder. 2010. "The Shrinking Tax Preference for Pension Savings: An Analysis of Income Tax Changes, 1985–2007." Center for Retirement Research Working Paper 2010-3 (April). Available at http://crr.bc.edu/wp-content/uploads/2010/04/wp_2010-3-508.pdf.

Butrica, Barbara, Benjamin H. Harris, Pamela Perun, and C. Eugene Steuerle. 2014. *Flattening Tax Incentives for Retirement Saving* (June). Washington, DC: Urban Institute. Available at www.urban.org/UploadedPDF/413169-flattening-tax-incentives.pdf.

Carroll, Robert, David Joulfaian, and James Mackie. 2012. "Income Versus Consumption Tax Baselines for Tax Expenditures." *National Tax Journal* 64, no. 2 (June): 491–510.

Cilke, James. 1994. *The Treasury Individual Income Tax Simulation Model.* Washington, DC: U.S. Department of the Treasury (April). Available at https://archive.org/details/treasuryindividu00cilk.

Committee on Ways and Means. 1972. *Estimates of Federal Tax Expenditures.* Washington DC: Government Printing Office (October). Available at www.jct.gov/publications.html?func= startdown&id= 4457.

Congressional Budget Office. 1987. *Tax Policy for Pensions and Other Retirement Saving.* Washington, DC: U.S. Government Printing Office (April). Available at www.cbo.gov/sites/default/files/doc05-entire.pdf.

Congressional Budget Office. 2006. "Is Social Security Progressive?" *Economic and Budget Issue Brief.* Washington DC: Government Printing Office (December). Available at www.cbo.gov/sites/default/files/cbofiles/ftpdocs/77xx/doc7705/12-15-progressivity-ss.pdf.

Congressional Budget Office. 2009. *CBO's Long-Term Model: An Overview.* Washington DC: Government Printing Office (June). Available at www.cbo.gov/publication/20807.

Congressional Budget Office. 2013. *The Distribution of Major Tax Expenditures in the Individual Income Tax System.* Washington, DC: U.S. Government Printing Office (May). Available at www.cbo.gov/publication/43768.

Congressional Budget Office. 2014. *CBO's 2014 Long-Term Projections for Social Security: Additional Information, Supplemental Data.* Washington DC: Government Printing Office (December). Available at www.cbo.gov/sites/default/files/cbofiles/attachments/49795-Supplemental_Data.xlsx.

Congressional Budget Office. 2015. *Updated Budget Projections: 2015 to 2025.* Washington DC: Government Printing Office (March). Available at www.cbo.gov/sites/default/files/cbofiles/attachments/49973-UpdatedBudgetProjections.pdf.

Conrad, Kent. 1998. "Permanent Extension of Income Average for Farmers." *Congressional Record* 144:13 (July 31): S9593–S9594. Available at www.congress.gov/crec/1998/07/31/CREC-1998-07-31.pdf.

Corporation for Economic Development. 2014. "Upside Down: Tax Incentives to Save and Build Wealth." *CFED Federal Policy Brief* (January).

Cronin, Julie-Anne. 1999. "U.S. Treasury Distributional Analysis Methodology." *OTA Paper*, no. 85 (September).

Debt Reduction Task Force of the Bipartisan Policy Center. 2010. *Restoring America's Future: Reviving the Economy, Cutting Spending and Debt, and Creating a Simple, Pro-*

Growth Tax System. Washington, DC: Bipartisan Policy Center (November). Available at http://bipartisanpolicy.org/library/restoring-americas-future/.

DeWitt, Larry. 2001. "Taxation of Social Security Benefits." *Social Security Administration Historian's Office Research Note,* no. 12. Available at www.ssa.gov/history/taxationof benefits.html.

Ellis, Charles D., Alicia H. Munnell, and Andrew D. Eschtruth. 2014. *Falling Short: The Coming Retirement Crisis and What to Do About It.* New York: Oxford University Press.

Federal Reserve Board. H.15 Statistical Release, Selected Interest Rates (Weekly). Retrieved February 4, 2015. Available at http://www.federalreserve.gov/releases/h15/.

Forman, Jonathan. 1986. "Origins of the Tax Expenditure Budget." *Tax Notes* 30 (February): 537–545.

Gale, William G. 2011. "A Proposal to Restructure Retirement Saving Incentives in a Weak Economy with Long-Term Deficits." Brookings Working Paper (September). Available at www.brookings.edu/~/media/research/files/papers/2011/9/08-retirement-incentives-gale/0908_retirement_incentives_gale.pdf.

Gale, William G., Jonathan Gruber, and Peter R. Orszag. 2006. "Improving Opportunities and Incentives for Saving by Middle- and Low-Income Households." Hamilton Project Discussion Paper 2006-02 (April).

Gale, William G., Jonathan Gruber, and Peter R. Orszag. 2008. "Improving Opportunities and Incentives for Saving by Middle- and Low-Income Households." In *Path to Prosperity: Hamilton Project Ideas on Income Security, Education, and Taxes*, edited by Jason Bordoff and Jason Furman, 93–126. Washington, DC: The Brookings Institution.

Gale, William G., J. Mark Iwry, and Peter R. Orszag. 2005. "Making the Tax System Work for Low-Income Savers: The Saver's Credit." *Tax Policy Issues and Options*, no. 13. Washington, DC: Urban-Brookings Tax Policy Center (July). Available at www.urban.org/UploadedPDF/311196_IssuesOptions_13.pdf.

Gale, William G., David C. John, and Spencer Smith. 2012. "New Ways to Promote Retirement Saving." *AARP Public Policy Institute Research Report*, no. 2012-09 (October). Available at www.aarp.org/content/dam/aarp/research/public_policy_institute/econ_sec/2012/new-ways-promote-retirement-saving-A ARP-pp-econ-sec.pdf.

Gokhale, Jagadeesh, Laurence J. Kotlikoff, and Mark J. Warshawsky. 2001. "Life-Cycle Saving, Limits on Contributions to DC Pension Plans, and Lifetime Tax Benefits." NBER Working Paper 8170 (March). Available at www.nber.org/papers/w8170.pdf.

Goodfellow, Gordon P., and Sylvester J. Schieber. 1993. "Death and Taxes: Can We Fund for Retirement Between Them?" In *The Future of Pensions in the United States*, edited by Ray Schmitt, 126–193. Philadelphia: Pension Research Council.

Gustman, Alan L., Thomas L. Steinmeier, and Nahid Tabatabai. 2009. "How Do Pension Changes Affect Retirement Preparedness? The Trend to Defined Contribution Plans and the Vulnerability of the Retirement Age Population to the Stock Market Decline of 2008–2009." University of Michigan Retirement Research Center Working Paper 2009-206 (October).

Gustman, Alan L., Thomas L. Steinmeier, and Nahid Tabatabai. 2012. "How Did the Recession of 2007–2009 Affect the Wealth and Retirement of the Near Retirement Age Population in the Health and Retirement Study?" *Social Security Bulletin* 72, no. 2 (November). Available at www.ssa.gov/policy/docs/ssb/v72n4/v72n4p47.pdf.

Guvenen, Fatih, Fatih Karahan, Serdar Ozkan, and Jae Song. 2015. "What Do Data on Millions of U.S. Workers Reveal About Life-Cycle Earnings Risk?" *Federal Reserve Bank of New York Staff Reports*, no. 710 (February). Available at www.newyorkfed.org/research/staff_reports/sr710.pdf.

Hanlon, Seth. 2011. *Six Principles for Tax Expenditure Reform*. Washington, DC: Center for American Progress (October). Available at https://cdn.americanprogress.org/wp-content/uploads/issues/2011/10/pdf/tax_expenditure_reform.pdf.

Holden, Sarah, and Steven Bass. 2014. "The IRA Investor Profile: Traditional IRA Investors' Activity, 2007–2012." *ICI Research Report* (March). Available at www.ici.org/pdf/ rpt_14_ira_traditional.pdf.

Holden, Sarah, Peter Brady, and Michael Hadley. 2006a. "401(k) Plans: A 25-Year Retrospective." *Investment Company Institute Research Perspective* 12, no. 2 (November). Available at www.ici.org/pdf/per12-02.pdf.

Holden, Sarah, Peter Brady, and Michael Hadley. 2006b. "Appendix: Additional Information for a 25-Year 401(k) Retrospective." *Investment Company Institute Research Perspective* 12, no. 2 (November). Available at www.ici.org/pdf/per12-02_appendix.pdf.

Holden, Sarah, and Daniel Schrass. 2014. "The IRA Investor Profile: Roth IRA Investors' Activity, 2007–2012." *ICI Research Report* (June). Available at www.ici.org/pdf/ rpt_14_ira_roth_investors.pdf.

Holden, Sarah, and Daniel Schrass. 2015. "The Role of IRAs in U.S. Households' Saving for Retirement, 2014." *ICI Research Perspective* 21, no. 1 (January). Available at www.ici.org/pdf/per21-01.pdf.

Hurd, Michael, and Susann Rohwedder. 2008. "The Retirement-Consumption Puzzle:

Actual Spending Change in Panel Data." R AND Labor and Population Working Paper, no. 563 (April). Available at www.rand.org/pubs/working_papers/WR563.html.

Hurst, Eric. 2008. "Understanding Consumption in Retirement: Recent Developments." In *Recalibrating Retirement Spending and Saving*, edited by John Ameriks and Olivia S. Mitchell, 29–45. New York: Oxford University Press.

Internal Revenue Service. 2013. *Publication 939: General Rule for Pensions and Annuities* (December). Available at www.irs.gov/pub/irs-pdf/p939.pdf.

Joint Committee on Taxation. 1976. *Joint Committee "Blue Book" Tax Legislation Enacted in the 94th Congress*. Washington, DC: U.S. Government Printing Office (October). Available at www.jct.gov/s-31-76.pdf.

Joint Committee on Taxation. 1987. *General Explanation of the Tax Reform Act of 1986 (H.R. 3838, 99th Congress; Public Law 99-514)*. Washington, DC: U.S. Government Printing Office (May). Available at www.jct.gov/publications.html?func=startdown &id=3367.

Joint Committee on Taxation. 2011. *Summary of Economic Models and Estimating Practices of the Staff of the Joint Committee on Taxation*. Washington, DC: House of Representatives (September). Available at www.jct.gov/publications.html?func=startdown&id= 4373.

Joint Committee on Taxation. 2014. *Estimates of Federal Tax Expenditures for Fiscal Years 2014–2018*. Washington, DC: House of Representatives (August). Available at www.jct.gov/ publications.html?func=download&id=4663&chk=4663&no_html=1.

Kahn, Douglas A., and Jeffrey S. Lehman. 1992. "Tax Expenditure Budgets: A Critical Review." *Tax Notes* 54 (March): 1661–1665. Available at http://scholarship.law.cornell.edu/ facpub/1325/.

Malm, Liz, Richard Borean, and Dan Carvajal. 2013. "Monday Map: State Income Taxes on Social Security Benefits." *Tax Policy Blog* (September). Available at http://taxfoundation. org/blog/monday-map-state-income-taxes-social-security-benefits.

Marr, Chuck. 2013. "Tax Incentives for Retirement Savings Are Ripe for Reform." *Center for Budget and Policy Priorities* (December). Available at www.offthechartsblog.org/tax-incentives-for-retirement-savings-are-ripe-for-reform/.

Marr, Chuck, Nathaniel Frentz, and Chye-Ching Huang. 2013. "Retirement Tax Incentives Are Ripe for Reform." *Off the Charts* (blog), Center for Budget and Policy Priorities (December). Available at www.cbpp.org/research/retirement-tax-incentives-are-ripe-for-reform?fa=view&id=4063.

Marr, Chuck, and Brian Highsmith. 2011. *Reforming Tax Expenditures Can Reduce Deficits While Making the Tax Code More Efficient and Equitable* (April). Available at www.cbpp.org/files/4-15-11tax.pdf.

Mitchell, Olivia S., James M. Poterba, Mark J. Warshawsky, and Jeffrey R. Brown. 1999. "New Evidence on the Money's Worth of Individual Annuities." *American Economic Review* 89, no. 5: 1299–1318.

Morrissey, Monique. 2011. "Fixing Upside-Down Tax Breaks Should Be a No-Brainer, But..." *Economic Policy Institute Blog* (September). Available at www.epi.org/blog/refundable-tax-credits-retirement-brainer/.

National Commission on Fiscal Responsibility and Reform. 2010. *The Moment of Truth: Report of the National Commission on Fiscal Responsibility and Reform.* Washington, DC: The White House (December).

Nunns, James R., Deena Ackerman, James Cilke, Julie-Anne Cronin, Janet Holtzblatt, Gillian Hunter, Emily Lin, and Janet McCubbin. 2008. "Treasury's Panel Model for Tax Analysis." *OTA Technical Working Paper* 3 (July).

Office of Management and Budget. 2015. *Analytical Perspectives, Budget of the United States Government, Fiscal Year 2016.* Washington, DC: U.S. Government Printing Office (February).

Orszag, Peter. 2011. "Tax Code Has Upside-Down Rewards for Good Behavior." *Bloomberg* (September). Available at www.bloombergview.com/articles/2011-09-07/orszag-tax-code-has- mixed-rewards-for-good-behavior.

Perun, Pamela. 2002. "Social Security and the Private Pension System: The Significance of Integrated Plans." Center for Retirement Research Working Paper 2002–2 (July). Available at http://crr.bc.edu/wp-content/uploads/2002/07/wp_2002-02.pdf.

Poterba, James, Steven Venti, and David A. Wise. 2011. "The Composition and Drawdown of Wealth in Retirement." *Journal of Economic Perspectives* 25, no. 4: 95–118. Available at http://pubs.aeaweb.org/doi/pdfplus/10.1257/jep.25.4.95.

Poterba, James, Steven Venti, and David Wise. 2013. "The Drawdown of Personal Retirement Assets: Husbanding or Squandering?" Working paper (January). Available at http://economics.mit.edu/files/6318.

President's Advisory Panel on Federal Tax Reform. 2005. *Simple, Fair, and Pro-Growth: Proposals to Fix America's Tax System.* Washington, DC: President's Advisory Panel on Federal Tax Reform (November).

Rohaly, Jeffrey, Adam Carasso, and Mohammed Adeel Saleem. 2005. *The Urban-Brookings Tax Policy Center Microsimulation Model: Documentation and Methodology for Version 0304.* Washington, DC: The Urban-Brookings Tax Policy Center (January).

Schieber, Sylvester J. 2012. *The Predictable Surprise: The Unraveling of the U.S. Retirement System.* New York: Oxford University Press.

Schieber, Sylvester J. 2014. "Tax Subsidies for Retirement Provision: Taking a Broader View." Working Paper. (September).

Schwabish, Jonathan A., and Julie H. Topoleski. 2013. "Modeling Individual Earnings in CBO's Long-Term Microsimulation Model." Congressional Budget Office Working Paper 2013-04 (June). Available at www.cbo.gov/publication/44306.

Senate Budget Committee. 2015. "Fixing a Broken and Unfair Tax System."

Shaviro, Daniel. 2003. "Rethinking Tax Expenditures and Fiscal Language." *NYU Law School, Public Law Research Paper* 72. Available at http://papers.ssrn.com/sol3/papers.cfm?abstract_id= 444281.

Slemrod, Joel B. 1993. "Progressive Taxes." *The Concise Encyclopedia of Economics.* Library of Economics and Liberty. Available at www.econlib.org/library/Enc1/ProgressiveTaxes.html.

Smith, Karen, and Melissa M. Favreault. 2004. *A Primer on the Dynamic Simulation of Income Model (DYNASIM3).* Washington, DC: The Urban Institute (February). Available at http://webarchive.urban.org/UploadedPDF/410961_DYNASIM3Primer.pdf.

Smith, Karen, and Melissa M. Favreault. 2013. *A Primer on Modeling Income in the Near Term, Version 7 (MINT7).* Washington, DC: The Urban Institute (October). Available at www.urban.org/research/publication/primer-modeling-income-near-term-version-7-mint7.

Smith, Karen E., and Eric J. Toder. 2014. "How Progressive Are the Combined Net Benefits of Social Security and Tax Benefits for Retirement Saving?" Prepared for the 16th Annual Joint Meeting of the Retirement Research Consortium, August 7–8, 2014. Washington, DC: Urban Institute. Available at http://crr.bc.edu/wp-content/uploads/2014/06/Panel-1_2-Smith-and-Toder1.pdf.

Smith, Karen, Eric Toder, and Howard Iams. 2004. "Lifetime Distributional Effects of Social Security Retirement Benefits." *Social Security Bulletin* 65, no. 1 (April): 33–61. Available at www.ssa.gov/policy/docs/ssb/v65n1/v65n1p33.pdf.

Social Security Administration. 2006. *2006 OASDI Trustees Report.* Available at www.ssa.gov/OACT/TR/TR06/trTOC.html.

Social Security Administration. 2014. "Annual Statistical Supplement to the Social Security Bulletin, 2013." *SSA Publication*, no. 13-11700 (February). Available at www.ssa.gov/policy/docs/statcomps/supplement/2013/supplement13.pdf.

Social Security Administration. 2015a. "How You Earn Credits." *SSA Publication*, no. 05-10072 (January). Available at www.socialsecurity.gov/pubs/EN-05-10072.pdf.

Social Security Administration. 2015b. "National Average Wage Index." Available at www.ssa.gov/oact/cola/AWI.html (accessed January 15, 2015).

Social Security Administration. 2015c. "Primary Insurance Amount." Available at www.ssa.gov/oact/cola/piaformula.html (accessed January 15, 2015).

Social Security Administration. 2015d. "Indexing Factors for Earnings." Available at www.ssa.gov/oact/cola/awifactors.html (accessed January 15, 2015).

Surrey, Stanley S. 1957. "The Congress and the Tax Lobbyist—How Special Tax Provisions Get Enacted." *Harvard Law Review* 70, no. 7 (May).

Surrey, Stanley S. 1973. *Pathways to Tax Reform: The Concept of Tax Expenditures.* Cambridge, MA: Harvard University Press.

Surrey, Stanley S., and Paul R. McDaniel. 1976. "The Tax Expenditure Concept and the Budget Reform Act of 1974." *Boston College Industrial and Commercial Law Review* 17, no. 5 (June).

Surrey, Stanley S., and Paul R. McDaniel. 1985. *Tax Expenditures.* Cambridge, MA: Harvard University Press.

Tax Reform Act of 2014, H.R. 1, 113th Congress (2014).

Toder, Eric, and Daniel Baneman. 2012. *Distributional Effects of Individual Income Tax Expenditures: An Update.* Washington, DC: Urban-Brookings Tax Policy Center (February). Paper originally presented at the National Tax Association Meetings, New Orleans, Louisiana, November 18, 2011. Available at www.taxpolicycenter.org/UploadedPDF/412495-Distribution-of-Tax-Expenditures.pdf.

Toder, Eric, Leonard E. Burman, and Christopher Geissler. 2008. "How Big Are Total Individual Income Tax Expenditures, and Who Benefits from Them?" Urban Institute Discussion Paper 31 (December). Available at www.urban.org/UploadedPDF/1001234_tax_expenditures.pdf.

Toder, Eric J., Benjamin H. Harris, and Katherine Lim. 2009. *Distributional Effects of Tax Expenditures.* Washington, DC: Urban-Brookings Tax Policy Center (July). Available at www.taxpolicycenter.org/UploadedPDF/411922_expenditures.pdf.

Toder, Eric, and Karen E. Smith. 2011. "Do Low-Income Workers Benefit from 401(k) Plans?" Center for Retirement Research Working Paper 2011-14 (September). Available at http://crr.bc.edu/wp-content/uploads/2011/10/wp_2011-14_508-1.pdf.

U.S. Department of the Treasury. 1969. "Excerpts from Remarks by Assistant Secretary Surrey, November 15, 1967, Before the Money Marketeers, on the U.S. Income Tax System—The Need for a Full Accounting; and Treasury Department Report 'The Tax Expenditure Budget: A Conceptual Analysis.'" *Annual Report of the Secretary of the Treasury on the State of the Finances for the Fiscal Year Ended June 30, 1968*, 322–340. Washington, DC: U.S. Government Printing Office. Available at https://fraser.stlouisfed.org/scribd/?item_ id=5602&filepath=/docs/publications/treasar/AR _TREASURY_1968. pdf#scribd-open.

U.S. Department of the Treasury. 1977. *Blueprints for Basic Tax Reform*. Washington, DC: U.S. Department of the Treasury (November).

U.S. Department of the Treasury. 1984. *Tax Reform for Fairness, Simplicity, and Economic Growth*. Washington, DC: U.S. Department of the Treasury (November).

U.S. Department of the Treasury. 1985. *The President's Tax Proposals to the Congress for Fairness, Growth, and Simplicity*. Washington, DC: U.S. Government Printing Office (May).

U.S. Department of the Treasury. 2012. *General Explanations of the Administration's Fiscal Year 2013 Revenue Proposals* (February). Available at www.treasury.gov/resource-center/tax-policy/documents/general-explanations-fy2013.pdf.

U.S. Department of the Treasury. 2013. *General Explanations of the Administration's Fiscal Year 2014 Revenue Proposals* (April). Available at www.treasury.gov/resource-center/tax-policy/Documents/General-Explanations-FY2014.pdf.

U.S. Department of the Treasury. 2014. *General Explanations of the Administration's Fiscal Year 2015 Revenue Proposals* (March). Available at www.treasury.gov/resource-center/tax-policy/Documents/General-Explanations-FY2015.pdf.

U.S. Department of the Treasury. 2015. *General Explanations of the Administration's Fiscal Year 2016 Revenue Proposals* (February). Available at www.treasury.gov/resource-center/tax-policy/Documents/General-Explanations-FY2016.pdf.

Valenti, Joe, and Christian E. Weller. 2013. *Creating Economic Security: Using Progressive Saving Matches to Counter Upside-Down Tax Incentives*. Washington, DC: Center for American Progress (November).

Van Hollen, Chris. 2013. "Van Hollen Statement on CBO Report on Tax Expenditures." *Budget Committee Democrats Press Releases* (May).

米国はいかに国民の退職後を支援しているか
——"DC年金は高所得者優遇"という社会的通念への挑戦

2020年1月21日　第1刷発行

　　　　　　著　者　ピーター J. ブレイディ
　　　　　　訳　者　一般社団法人投資信託協会
　　　　　　　　　　Investment Company Institute
　　　　　　発行者　加　藤　　一　浩

　　〒160-8520　東京都新宿区南元町19
　発　行　所　一般社団法人 金融財政事情研究会
　企画・制作・販売　株式会社きんざい
　　　出 版 部　TEL 03(3355)2251　FAX 03(3357)7416
　　　販売受付　TEL 03(3358)2891　FAX 03(3358)0037
　　　　　　　　URL https://www.kinzai.jp/

DTP・校正：株式会社アイシーエム／印刷：株式会社太平印刷社

ISBN978-4-322-13456-8